U0692612

应用型本科规划教材

国际贸易理论

（第二版）

主　编　马淑琴

副主编　王　瑾　黄海蓉　熊永芳

ZHEJIANG UNIVERSITY PRESS 浙江大学出版社

图书在版编目(CIP)数据

国际贸易理论/马淑琴主编. —杭州:浙江大学
出版社,2007.4(2012.7重印)
应用型本科规划教材
ISBN 978-7-308-05169-9

Ⅰ.国… Ⅱ.马… Ⅲ.国际贸易－经济理论－
高等学校－教材 Ⅳ.F740

中国版本图书馆 CIP 数据核字(2007)第 025802 号

国际贸易理论(第二版)
马淑琴 主编
王 瑾 黄海蓉 熊永芳 副主编

责任编辑	周卫群	
封面设计	联合视务	
出版发行	浙江大学出版社	
	(杭州市天目山路 148 号 邮政编码 310007)	
	(网址:http://www.zjupress.com)	
排 版	杭州中大图文设计有限公司	
印 刷	富阳市育才印刷有限公司	
开 本	710mm×960mm 1/16	
印 张	18.75	
字 数	336 千	
版 印 次	2011 年 3 月第 2 版 2012 年 7 月第 5 次印刷	
书 号	ISBN 978-7-308-05169-9	
定 价	35.00 元	

总　序

胡祖光

应用型本科教育是在我国经济建设现代化和高等教育大众化推动下产生的一种新类型本科教育。研究型和教学研究型高校主要培养理论型人才，高职类院校培养技能型人才，而大量的教学型本科院校、独立学院培养的是介于前两类院校之间的应用型人才。应用型本科教育作为一种独立的教育类型，它具有自己的人才培养目标、培养规格、培养过程、培养方式和评价标准。

随着办学规模的快速扩大和分类指导、分层教学的开展，应用型本科高校的人才培养定位日益清晰，但作为实现培养目标重要工具的教材建设却远远滞后。由于应用型教材种类和数量的匮乏，使得许多院校不得不沿用传统研究型教学的教材。严重影响了应用型本科院校人才培养目标的实现。浙江大学出版社一直关注应用型本科院校的建设与发展，把开发应用型本科教育教材列为重要工作，组织力量并与相关高校密切合作，与广大一线教师、院系教学领导进行充分有效的研讨、交流，组织优秀的作者队伍编写教材，努力编写出适合应用型人才培养需要的教材。

应用型本科院校大多设置有经管类专业，在学人数量很大，涉及的课程也很多。浙江大学出版社在调查研究基础上，优先开发了教学急需、改革方案明确、适用范围较广的教材。

胡祖光　浙江工商大学党委书记、校长，浙江省社会科学界联合会主席，教授、博导。

本系列教材具有以下特色：

1. 强调教材要符合应用型本科教育的定位和人才培养目标。考虑到应用型本科教育既要符合高等教育法关于本科教育学业标准的规定，又要充分体现应用性的特点，强调以应用为主线来构建教材的结构和内容，做到基本理论适度，实际应用性突出。同时，把经管类学生应当学习和掌握的应知应会的基本技能贯彻于教材中，把理论与实验实训有机结合起来。

2. 强调教材及时反映新观点、新技术、保证学生接收和掌握前沿实用的知识和技能。把当前生产工程、管理、服务一线的新观点、新技术收到教材中，增强学生的学习能力、就业能力、转岗能力和创业能力。

3. 聚集多校力量，吸纳各校教改成果，提高教材质量。将情况较为类似的学校组织到一起进行教材编写，挑选业务水平高、教学经验丰富的一线骨干教师作为主编。通过集体讨论来决定教材的整体框架、内容选取，把各校的教学改革成果体现到教材中。

相信这套精心策划、认真编写出版的系列教材会得到广大院校的认可，对于应用型本科院校经济管理类专业的教学改革和教材建设将起到积极的推动作用。

2006 年 8 月

前　言

　　当人类历史跨越又一个千年步入21世纪,经济学已进入"帝国主义式"全面扩展的鼎盛时代。相对经济学其他领域的空前繁荣而言,国际贸易理论目前似乎正处于落寞的萧条期。自萨缪尔森(1970)、俄林(1977)和米德(1977)等一些世界一流经济学家因对贸易理论的贡献而问鼎诺贝尔经济学奖后,贸易理论家们似乎已无缘再次牵手诺奖,有影响力的贸易理论创新也是凤毛麟角。然而,当我们追溯经济学发展的历史时,当代经济学人应该向国际贸易理论及其创立者致以崇高的敬意。正是重商主义关于国际贸易利弊的评说引致了重农学派的繁荣,而古典学派的奠基人亚当·斯密及其经济学开山巨著《国富论》又是从重商主义与重农主义关于国际贸易的论战中获取了诸多直接的思想源泉。因此,我们说国际贸易理论孕育了现代经济学,并且贸易领域内的诸多经典理论在经历历史的洗礼后依然焕发出不可匹敌的魅力,左右着世界经济发展的航向。

　　21世纪是一个变幻莫测又催人奋进的时代,经济的竞争始终是时代的主旋律。伴随科学技术的飞速发展与知识更替的日新月异,经济全球化和区域经济一体化不断推进,世界各国开展国际贸易的热情方兴未艾。相当程度上来讲,谁最终赢得这场世纪经济博弈将取决于各国国际贸易开展的水准,因此学习和研究国际贸易理论就具备了深刻的时代底蕴,并凸显重要。不言而喻,国际贸易理论的研究与学习对我国转变贸易增长方式,实现从贸易大国走向贸易强国亦具有极强的现实意义与指导意义。

　　本书的编写正是基于上述思考,力图以凝练的语言向读者介绍与分析国际贸易的经典理论,力求重点突出,从而使读者能尽快了解并掌握国际贸易理论和相关分析方法。

　　《国际贸易理论》的特点主要有:第一,博采众长。本教材在写作过程中汲取国内外相关研究成果的精华。第二,体系完整。本教材力求根据最新动态,调整体系,以国际贸易的成因→国际贸易理论→国际贸易调整之政策→国际贸易调整之手段为主轴进行编写。第三,内容丰富。本教材涵盖了国际贸易最新理论、最新动态、最新数据和图表以及大量的案例分析。第四,适用范围广。本教材编写注重基本理论、基本知识和基本技能的培养,以应用型人才培养为目标,适宜于独立院校应用经济学专业使用,也可作为其他研究的重要参考。

　　《国际贸易理论》的具体分工如下:浙江工商大学马淑琴教授负责框架设计,落实分工、协调与通稿;第一章和第二章,马淑琴教授撰写;第三章第一节,绍兴文理学院曹冬梅老师撰写,第二节马淑琴教授撰写;第四章、第七章和第八章,之江学院熊永芳老师撰写;第五章、第六章和第十章浙江理工大学黄海蓉老师撰写;第九章和第十一章绍兴文理学院王瑾副教授、江爱情老师、曹冬梅老师撰写。

　　十分感谢浙江大学出版社的真诚合作和相关人员付出的辛勤劳动。感谢浙江工商大学经济学院硕士研究生张国锋、周世婷、乔宇红、戴晋、陆维杰、周乐秀、徐英及王孝瑜同学,他们为本书的撰写做了大量的校对工作。

《国际贸易理论》编委会

2007 年 2 月于杭州

目　　录

第 1 章

导　论　　　　≫ ≫ ≫　≫

　　本章重点介绍国际贸易或对外贸易的含义;对外贸易产生的条件及其发展;国际贸易的分类和国际贸易常用术语;对外贸易在一国国民经济中的地位和作用。目的是从体系上了解国际贸易理论课的内容,以有助于今后的学习。

1.1　国际贸易的产生和发展及作用

1.1.1　国际贸易或对外贸易的含义

　　国际贸易(International Trade)或对外贸易(Foreign Trade),是指国家与国家之间的商品和劳务交换活动,是世界各国在国际分工的基础上相互交换的主要形式,反映了世界各国在经济上的相互依赖。从一个国家或地区的角度称为对外贸易,从国际范围来看,称为国际贸易或世界贸易。

1.1.2　国际贸易的产生和发展

　　1. 国际贸易的产生

　　国际贸易属于历史范畴,是在一定的历史条件下产生和发展起来的,并经历了漫长的演进过程。

　　原始社会初期,人类处于自然分工状态,生产力极其低下,人们集体劳动,平均分配,生产品只能维持公社成员最简单的生活需要,没有剩余产品,不存在交换,当然也就不可能有对外贸易。

原始社会后期,社会生产力发展,畜牧业从原始部落中分离出来,发生了第一次社会大分工,社会生产力得到了发展,产品有了少量剩余,于是出现了简单的部落之间、氏族之间的交换。生产力继续发展带来的第二次社会大分工使手工业从农业中分离出来,标志着以交换为目的的生产的产生。而商品生产和交换的不断扩大,导致货币产生,商品交换演变为以货币为媒介的商品流通。随着商品货币关系的发展,出现了专门从事贸易的商人。人类社会第三次社会大分工后出现了专门从事商品交换的群体,生产力的进一步发展使得商品生产和交换活动更加频繁、广泛,私有制、阶级和国家产生,商品流通不断扩大,并超出国家的界限,对外贸易产生。

可见,国际贸易的产生必须同时具备两个条件:一是生产力发展到一定水平,有剩余的产品可以作为商品进行交换;二是社会分工的扩大和国家的产生。从根本上说,社会生产力的发展和社会分工的扩大是国际贸易产生和发展的基础。

2. 国际贸易的发展

(1)奴隶社会对外贸易发展

公元前 2000 年,人类文明进入奴隶社会后,由于水上交通便利,地中海沿岸的奴隶社会国家的对外贸易有所发展,出现了腓尼基、迦太基、亚历山大、希腊、罗马等贸易中心和贸易民族。腓尼基人以他们的手工产品同埃及人交换谷物、象牙等,从塞浦路斯贩运铜,从西班牙贩卖金银,从希腊贩运奴隶。公元前 2000 年左右,它已成为一个依靠对外贸易而繁荣起来的民族。希腊约在公元前 1000 年成为地中海第二个商业国家。到公元前 4 世纪,希腊手工业已相当发达,分工精细,手工业产品不仅销售到了北非、西欧,还流传到了东方。其他贸易民族也先后在地中海东部和黑海沿岸地区从事贩运贸易,贩卖奴隶以及粮食、酒和其他为奴隶主阶级所需要的奢侈品,如宝石、丝绸、香料等。由于奴隶社会的生产方式以自然经济占统治地位,生产的目的主要是消费,商品生产比重较小,品种有限,生产技术和交通运输等条件也较差,对外贸易范围因此较小,商业发达的民族或国家在当时只是局部现象。

奴隶社会对外贸易的商品,主要是奴隶以及王室和奴隶主阶级需要的奢侈消费品,如宝石、香料、装饰品和纺织品等。这种外贸商品的构成,不仅反映了奴隶社会的特征,也反映了这一时期对外贸易在社会经济生活中的地位。这一时期对外贸易还处于萌芽状态,其作用和影响不是十分显著,但是,对外贸易促进了许多国家社会生产的进步,推动了手工业的发展,并处于逐步扩展的过程之中。

（2）封建社会国际贸易的发展

早在公元前2世纪西汉时期，中国就开辟了从新疆经中亚通往西亚和欧洲的商路——"丝绸之路"，中国商人把中国的茶叶、丝绸商品以及火药、罗盘等发明和手工业技术输往欧洲，并将亚、欧各国的土产和优良种子运输到中国。唐朝对外贸易又有了进一步发展，开辟了通往波斯湾、朝鲜和日本等地的海上贸易。明初郑和下西洋，七次带领商队经东南亚、印度洋到达非洲东海岸，途经30余国，这些远航把中国的丝绸、瓷器等运往国外，换回了香料、象牙、宝石等当地特产。

欧洲封建社会初期，罗马中央集权统治的瓦解使这一地区分裂成众多各自为政的小王国，林立的关卡阻碍了贸易的发展。这一时期贸易中心位于地中海东部。公元11世纪以后，意大利北部和波罗的海沿岸城市开始崛起，手工业得到较快发展，推动了国际贸易的发展，贸易范围扩大到地中海、北海、波罗的海和黑海沿岸。11—13世纪，十字军通过多次东征夺得了地中海，使其再一次成为欧亚大陆贸易的海上通道，同时将西欧融入了世界。由于地理和资源的限制，西欧人迫切需要寻找新的资源和产品，从而大大推动了欧洲以及亚洲的贸易发展。

公元13—14世纪，东西方之间的贸易通道除了陆上通道"丝绸之路"外，海上通道主要从地中海，经红海和印度洋到印度，或从波斯湾经阿拉伯海到印度。欧洲从东方进口的主要有欧洲人钟爱的消费品，如中国的茶叶、瓷器，印度珠宝、药材、地毯及东南亚的香料等。但欧洲除了羊毛、呢绒和金属制品外，向东方出口的商品不多，不得不支付大量的黄金和白银。

封建社会开始出现国际贸易中心。早期的中心位于地中海中部，公元11世纪以后范围逐步扩大到地中海、北海、波罗的海等几个主要的贸易区。到了14世纪，整个欧洲形成了地中海、北海、波罗的海、罗斯、汉萨、不列颠等几个主要的贸易区。这些地区的区内贸易及地区间贸易都非常密切。亚洲也形成了东亚、东南亚及南亚等几个主要的贸易区。

这时期国际贸易的主要商品仍然是奢侈品，如金银、丝绸、香料、瓷器、宝石和呢绒等。封建社会商品生产得到了较大的发展，对外贸易也随之有了显著发展。从封建社会中期开始实物地租转变为货币地租，晚期随着城市手工业的较快发展，资本主义因素已开始孕育和生长。但总体来说，这一时期国际贸易的发展及其对商品经济的作用仍具有巨大的局限性。因为在封建社会中自然经济仍占主体地位，社会分工水平不高，商品经济发展不充分，贸易在社会经济中的地位并不重要，还只是人们经济生活中的补充。因而，各国的国内贸易在社会经济生活中的地位仍不高,对外贸易的地位则更低,各地区之间的贸易仍具有很大程度的局部性和不稳定性。

(3)资本主义社会国际贸易的广泛发展

①资本主义制度发展初期的国际贸易。14世纪末到15世纪土耳其奥斯曼帝国的崛起及其对埃及等地的占领,使欧亚商路几乎中断,欧洲国家不得不努力寻找新的贸易通道。同时欧洲在造船及航海等方面的技术也有较大发展,在13—16世纪,欧洲已能够生产重600—800吨的圆体帆船。随着火药和指南针技术传到欧洲,欧洲人已能够在舰船上配备火炮,还装配了罗盘仪和星象仪,绘制航海图。加之宗教传播的动力,通过贸易牟取利益的强烈愿望,使"地理大发现"成为必然。"地理大发现"使欧洲经济产生了巨大变化,出现了商业革命,表现为商业性质、经商技术以及商业组织方面的巨大变化。各国地理与资源上的差异使得国际流通中的商品种类与数量大大增加。贸易的扩大促进了生产的专业化分工,价格差造成的巨大利润进一步推动了国际贸易的发展,并逐渐成为巨大产业。

由于各国地理与资源的差异使国际流通中的商品种类与数量迅速增加,国际贸易在范围和规模上都有了显著的扩大。同时西欧国家纷纷走上了向亚洲、美洲和拉丁美洲的扩张道路,引发了长达两个世纪的殖民扩张和殖民贸易,推动了洲际贸易的发展。从15世纪中期开始,葡萄牙就向西非沿海扩张。到15世纪末,已占领了非洲西海岸的大片土地。哥伦布发现美洲新大陆后,葡萄牙又占领了巴西,随后由达·伽马绕过好望角,占领了非洲南端和整个东海岸。然后又东进印度,甚至占领了中国澳门,葡萄牙通过其殖民统治在很长一段时期内垄断了东方贸易。从15世纪开始,西班牙用武力征服了巴西和圭亚那之外的整个中南美洲。西班牙殖民者大量掠夺了美洲的金银财富,并大量从事奴隶贸易,将非洲黑人贩卖到美洲从事劳动。荷兰于15世纪开始到16世纪初期也加入殖民扩张的行列,主要从葡萄牙人手中争夺殖民地。到16世纪中期,基本占领了原葡萄牙殖民地,势力超过了西班牙、葡萄牙两国。为了垄断殖民贸易,荷兰成立了东印度公司和西印度公司,凭借着政府特权从殖民地获得大量珍贵物产后运往欧洲高价出售。英国于16世纪末开始远征印度,对于利润的强烈欲望使他们开始了疯狂的殖民扩张,到18世纪中期成为了世界上最大的殖民国家。英、法分别在17世纪初成立"东印度公司"和"西印度公司"在亚洲和北美从事殖民贸易和殖民掠夺,后又大量贩卖奴隶,仅在1680年后的100多年里,英国运往北美殖民地的奴隶就达200万人。殖民贸易给英国带来了巨大利益。据统计,在17世纪末,英国贸易所得利润年平均为200万英镑,其中种植园贸易60万英镑,与非洲、远东、欧洲的贸易 60 万英镑,将近 2/3 的利润来自殖民贸易。

"地理大发现"及其所带来的殖民扩张,在客观上极大地推动了洲际贸易的发展,一个以西欧为中心的世界市场初步形成。这一时期的贸易流向主要是:欧洲向美洲出口制成品,非洲向美洲输送奴隶,美洲流向欧洲的主要是黄金和白银,亚洲出口到欧洲的主要是香料、丝织品和茶叶等。这一时期,世界贸易从单纯的互通有无变成了以牟利为主的商业行为,但决定贸易流向和商品种类的仍是各国的资源差异和生产技能水平的不同。贸易的主要方式是暴力控制下的殖民贸易,显示出资本原始积累的一些特征,殖民主义者用武力、欺骗等手段实行掠夺性的贸易,把广大殖民地国家卷入到国际贸易中,对于资本主义生产方式的形成起到了重要的促进作用。

②自由竞争资本主义时期的国际贸易。18 世纪 60 年代至 19 世纪 60 年代,欧洲经济发生了很大变化,掠夺而来的财富使各国积累了大量的商业资本和工业资本,资本原始积累基本完成,并为新生产方式的产生和发展奠定了基础。世界市场的发展使欧洲工业品的需求迅速增长。虽然与亚洲的贸易中处于逆差状态,但美洲市场的发展使这种情况大大改善,并刺激了欧洲工业生产的发展。资本主义制度确立和发展起来,欧美主要国家先后发生了产业革命和资产阶级革命。

第一次工业革命是工场手工业发展到机器大生产的一个飞跃。它不仅是一场生产技术上的革命,也是一次深刻的社会革命,引起了生产关系的重大变革。18 世纪下半叶,以蒸汽机为主要标志的第一次工业革命,首先在英国,然后在西方各国迅猛发展起来。在生产方式上,瓦特蒸汽机的发明,为最终实现由工场手工业向机器大工业的变革提供了强大的杠杆。自此之后,首先在英国,其后在法国、德国、荷兰、瑞典等国家,都先后实现了由工场手工业转变为机器大工业的这场生产方式的大变革。由于生产方式的变革,整个社会生产面貌也为之一新。当瓦特蒸汽机革新成功以后,英国当时正急切需要动力的第一次工业革命得到了适用广泛的强大的动力机,从此,第一次工业革命以更加迅猛的声势向前发展。

采矿业、纺织业和冶金业是当时工业革命的主要行业。

在采矿业中,1783 年,英国著名的康沃尔采矿中心的所有纽可门蒸汽机几乎全部为瓦特蒸汽机所取代。随后,在其他金属矿区,原有的纽可门蒸汽机也相继被瓦特蒸汽机所取代。

在纺织业中,1785 年,诺定昂郡建立了英国的第一座蒸汽机纺织厂。由于采用瓦特蒸汽机作为原动机,使纺织厂打破了必须建在河谷地区的地理条件的限制,纺织业的发展进入了一个新的时期。

在冶金业中,从 1790 年开始,许多炼铁厂相继采用蒸汽机来开动更大的鼓风机,为更大的高炉提供更大的风力。在此之前,炼铁工人达比已在 1780 年发明焦炭炼铁法。新的燃料加上新的动力,使高炉越建越大,产量越来越高。1788年,英国的生铁产量为 61300 吨,而在各炼铁厂相继采用蒸汽机后,到了 1796年,英国的生铁产量即猛增到 125000 吨。

由于社会生产对瓦特蒸汽机需求量越来越大,这也使以蒸汽机的制造为主体的机器制造业也随之发展起来。自此之后,车床、刨床、钻床、磨床等各种机床制造工业以及纺织、采矿、冶金、运输等各种工种工作机的制造业也相应地发展起来。以农业机械为例,至 18 世纪末至 19 世纪初,在英国的许多大农场就相继出现了播种机、收割机、打谷机、割草机等多种农业机械。尽管这些农业机械都是以人或畜为动力的,但它们却是瓦特蒸汽机在推动第一次工业革命的深入发展中结出的技术果实。这说明,第一次工业革命不但在工业领域迅速发展,而且迅速地波及到工业以外的其他领域。

另外,在科学技术和生产关系上,瓦特蒸汽机的发明也起到了重要作用。瓦特蒸汽机的发明,第一次大规模地把热能转变为机械能,这就直接推动了科学、热力学和能量转化方面的基础理论的研究,同时直接推动了纺织、采矿、冶金、机械等各类技术科学的发展。

瓦特蒸汽机的发明,也为生产关系的革命提供了有力的杠杆。自此之后,由于机械大工业的迅速发展,社会日益分成两大明显对立的阶段:无产阶级和资产阶级。资本主义从手工业时代发展到机器大工业时代,火车替代了马车,轮船代替了帆船,商品运输量大大增加,运输效率显著提高。交通工具的巨大发展使各国间联系密切,为世界市场的连接创造了必备条件。工业革命后,资本主义进入自由竞争时代,机器大工业需要扩大销售市场,大量商品需要被输送到世界市场,并将原材料、食品等运往国内。商品种类多,结构变化快,大宗商品,如茶叶、香料、丝绸等在贸易中所占比重下降,纺织品贸易迅速增长。另外,粮食、煤炭、钢铁、机器及运输材料等商品的贸易也有了较大增长。贸易方式也随之进步,各种信贷关系发展起来,银行业、保险业在国际贸易中得到广泛应用。1800—1870年,国际贸易增长了 10 倍多,超过世界生产的增速。

国际贸易使资本主义商品形式的生产成为普遍的和世界的。国际贸易的发展,国际分工的深化,形成了这些国家对国际贸易的依赖,生产原料的来源和产品的销售都需要国际市场的支持。国际贸易的发展把生产水平高的国家和生产水平低的国家都卷入国际商品交换领域中来。

这一时期英国在国际贸易中处于优势地位,生产水平落后的国家成了英国工业品的销售市场和原材料来源地,到 19 世纪中叶,其他资本主义国家先后发展起来,世界市场的竞争逐渐激烈起来。

③垄断资本主义时期的国际贸易。随着第一次工业革命和资本主义的迅速发展,自然科学的研究工作呈现空前活跃的局面,并取得许多重大突破。自然科学同技术发展有着密切的联系,因此,19 世纪自然科学的重大突破,为资本主义的进一步发展所要求的新技术革命创造了条件。1870 年以后,科学技术的发展主要表现在电力的广泛应用、内燃机和新交通工具的创制、新通讯手段的发明和化学工业的建立等四个方面。这些科学技术的新成果被迅速、广泛地应用于工业生产,大大促进了资本主义经济的发展。这是近代以来科学技术上的第二次大突破,工业革命进入了一个新的发展时期,即第二次工业革命时期。第二次工业革命以电力的广泛应用为显著特点。

早在 1831 年,英国科学家法拉第发现了电磁感应现象,提出了发电机的理论基础。科学家们根据这一发现,从 19 世纪六七十年代起对电作了深入的探索和研究,出现了一系列电气发明。1866 年德国人西门子制成发电机。19 世纪70 年代,实际可用的发电机问世,它由蒸汽或水力带动,能把机械能变为电能。这一时期,能把电能转化为机械能的电动机也被发明出来,电力开始用于带动机器,成为补充和取代蒸汽动力的新能源。随后,电灯、电车、电钻、电焊等电气产品如雨后春笋般地涌现出来。但是,要把电力应用于生产,还必须解决远距离输送问题。1882 年,法国人德普勒发现了远距离送电的方法,美国科学家爱迪生建立了美国第一个火力发电站,把输电线联接成网络。电力是一种优良而价廉的新能源。它的广泛应用,推动了电力工业和电器制造业等一系列新兴工业的迅速发展。列宁指出:"电力工业是最能代表最新技术成就,代表 19 世纪末 20世纪初的资本主义的一个工业部门。"人类历史从蒸汽时代跨入了电气时代。

内燃机的创制和使用是第二次工业革命时期应用技术上的一个重大成就。早在 1876 年,德国人奥托制成了四冲程内燃机,使用煤气为燃料。19 世纪 80年代中期,德国发明家格·戴姆和卡尔·本茨提出了轻内燃发动机的设计,这种发动机以汽油为燃料。90 年代,德国工程师狄塞尔设计了一种效率较高的内燃发动机,因它可以使用柴油作燃料,又名柴油机。内燃机的发明,一方面解决了交通工具的发动机问题,引起了交通运输领域的革命性变革。19 世纪晚期,新型的交通工具——汽车出现了。80 年代,德国人卡尔·本茨成功地制成了第一辆用汽油内燃机驱动的汽车。1896 年,美国人亨利·福特制造出他的第一辆四轮汽车。与此同时,许多国家开始建立汽车工业。随后,以内燃机为动力的内燃机车、远洋轮船、飞机等也不断涌现出来。1903年，美国人莱特兄弟制造的飞机试飞成功，实现了人类翱翔天空的梦想，预告了交通运输新纪元的到来。另一方面，内燃机的发明推动了石油开采业的发展和石油化学工业的产生。石油也像电力一样成为一种极为重要的新能源。1870年，全世界开采的石油只有80万吨，到1900年猛增至200万吨。

这一时期电讯事业也有了显著发展。早在1844年，摩尔斯在美国华盛顿和巴尔的摩之间试拍有线电报成功，打下了近代电讯事业的基础。第二次工业革命时期，电讯事业广泛地发展起来。1876年，定居美国波士顿的苏格兰人贝尔试通电话成功，爱迪生等人在贝尔发明的基础上作了重大改进，使电话通讯很快风行于许多国家。1877年，美国建成第一座电话交换台。随后，在巴黎、柏林、彼得堡、莫斯科和华沙等地相继成立了电话局。无线电的发明是19世纪末最为重要的技术成就之一。1888年，德国科学家赫兹发现了电磁波。利用这种电磁波，建立无线电通讯的任务，则是由俄国人波波夫和意大利人马可尼几乎同时完成的。1896年，波波夫首次把无线电报拍到250米远的地方，但他在俄国的试验所能得到的支持却很有限。而马可尼在英国资本家的资助下，依靠比较优越的条件，研制出了无线电通讯设备。1899年，马可尼在英法之间发报成功。1901年，横越大西洋发报成功。近代电讯事业的发展，为快速传递信息提供了方便。化学工业是第二次工业革命时期出现的新兴工业部门。在无机化学工业方面，60—70年代发明了以氨为媒介生产纯碱和利用氧化氮为催化剂生产硫酸的新方法，使这两种化学工业的基本原料的综合利用得到迅速发展。有机化学工业也随着煤焦油的综合利用得到迅速发展。从80年代起，人们开始从煤焦油中提炼氨、苯、人造染料等。利用化学合成方法，美国人发明了塑料，法国人发明了人造纤维。化学工业的发展，极大地改变了人们的生活。

19世纪晚期，在第二次工业革命的影响下，资本主义经济开始发生重大的变化。这种变化主要表现为：一方面，科学技术的新成果被迅速应用于工业生产，大大促进了生产的发展，使生产的规模越来越大，集中的程度越来越高；另一方面，在资本主义制度下，科学技术的发展和生产的发展，使大量的社会财富日益集中到少数大资本家手中。生产和资本的高度集中，产生了垄断。列宁指出："集中发展到一定阶段，可以说就自然而然地走向垄断。因为几十个大型企业彼此之间容易达成协定；另一方面，正是企业的规模巨大造成了竞争的困难，产生了垄断的趋势。"主要资本主义国家首先在石油、汽车等工业部门中，相继出现了卡特尔、辛迪加、托拉斯等不同形式的垄断组织。这些垄断组织控制某一个或几个部门的生产、价格和市场，以赚取高额利润。由于各主要资本主义国家的社会经济和历史条件的差异,垄断组织发展的程度和形式也不尽相同。在美国和德国,生产和资本集中的程度尤为突出。

通过工业革命,欧美发达国家的生产力大大提高,经济体制和经济结构发生了巨大变化。到了1914年第一次世界大战爆发时,欧洲、北美、日本和澳大利亚先后完成了工业化,从自然的农业手工业经济过渡到资本主义工业经济。整个世界形成了以欧洲现代工业经济为一方和其他国家农业手工业经济为另一方的格局。

资本主义的生产方式和工业革命对世界贸易的影响极其深远。贸易一方面是商品销售和资本积累的方式,促进了资本主义生产方式及工业革命的产生和发展;另一方面,贸易作为资本主义社会化生产方式和工业革命的必然结果而不断得到扩大。在资本主义生产方式下,贸易不再是自然经济中的互通有无,而是作为主要的牟利手段。工业革命彻底改变了世界的经济结构,使国际分工和世界贸易成为人类经济活动中的必要组成部分。

工业革命对世界贸易的影响主要体现在:第一,刺激并产生与别国进行交换的欲望。工业革命使劳动生产率大大提高,生产能力得以促进,生产出来的商品除满足本国需要外,还有大量的剩余用来与别国进行交换。欧洲为自身生产的剩余产品寻找市场,亚洲也不再一味处于逆差地位。第二,交通通讯业的发展使国际贸易变得更加迅捷方便。工业革命大大促进了交通通讯业的发展,整个世界被铁路、轮船、汽车及电报等连接成整体。各个国家间经济、政治、文化相互联系紧密起来,国际贸易变得更加迅捷方便。第三,使国际分工和交换成为现代经济中不可缺少的一部分。工业革命使世界从单一的农业社会转向以工业生产为主的现代社会。工业产品的种类千差万别,更新速度较快,随着科技的进步日新月异。没有哪个国家可以生产全部的工业产品,农业社会的"自给自足"不可能实现。各国用自己生产的产品与他国交换已经成为必然。从18世纪初到19世纪初的100年里,世界贸易总额增长了一倍多。尽管随后贸易保护主义盛行,但1870—1913年贸易额还是增长了2.6倍。

这一时期世界贸易产品的结构也发生了巨大变化。地理大发现之前,世界贸易的主要产品是各洲特产和手工业产品,如香料、丝绸等。殖民开发后增加了种植园生产的大宗消费品,如蔗糖、咖啡等。工业革命后,贸易产品结构又发生了巨大变化,机器纺织品以其低廉的价格和稳定的质量成为重要的大宗贸易产品;大宗原料成为主要出口产品;机器设备和金属制品在国际贸易中地位上升;谷物贸易大量增加。

总之,工业革命后的世界逐渐成为一个整体。机械工业和交通运输业的发展,世界工业生产的飞跃式发展,科技革命的大力推动,使人类进入电气化时代。新的科技成果广泛应用于生产,带动了汽车工业、化学工业和电气工业的发展,原有的工业也因得到新技术的改造而迅速发展。世界工业产值 1870—1900 年 30 年间增长了 2.2 倍,20 世纪初的 13 年间又增长了 66%。交通运输业的迅速发展,铁路运输的普及,航空运速的提高和运费的降低都为国际贸易的发展提供了条件。这一时期,世界国际贸易发展呈现绝对量增加但增长速度缓慢的特点。1900 年有所加快但很快因第一次世界大战的爆发停滞,后经历经济危机,工业生产水平倒退至 19 世纪末的水平,垄断组织争夺世界市场的竞争异常激烈,贸易战不断爆发。两次大战之间的 25 年内,国际贸易额不但没有增加反而减少了 32%。

3. 第二次世界大战后的国际贸易

两次世界大战和几次经济衰退大大削弱了欧洲各国的经济和军事实力,因而也极大地影响了世界贸易。第一次世界大战使国际贸易缩减了 40%,1929—1933 年的大萧条使世界贸易又一次大幅度下降,直至第二次世界大战爆发前都未能恢复到 1929 年的水平。第二次世界大战后,世界经济又一次得到了飞速增长的契机,这一时期国际贸易的增长甚至超过了世界 GDP 的增长,意味着国际贸易在各国 GDP 中的比重上升,国际贸易在现代经济中的地位越来越重要。

第二次世界大战后美国的经济地位下降,西欧和日本的力量迅速成长,亚、非、拉地区的殖民地半殖民地国家相继独立。不同类型的国家在统一的世界市场上相互依存相互竞争,这种世界经济格局影响着国际贸易的发展。

(1)第二次世界大战后国际贸易飞速发展的主要原因

①战后国际社会进入了较长的和平时期。西方各国经历两次大战的洗礼不愿再次轻易卷入战争。国际组织的建立和政治经济军事联盟的成立为战争的爆发降低了可能性。欧盟与东盟两个经济集团的建立使经济竞争日益激烈,在一定程度上推动了世界经济的发展。

②在第三次科技革命的推动下,国际分工和生产国际化得到了进一步深化与扩大,世界经济又一次飞速增长。战后以美国为先导出现了以原子能、电子、合成材料、航天技术为代表的新技术革命,这场新的科技革命产生了一系列新产业,如原子能工业、半导体工业、石油工业、电子工业和生物工业等。这些新兴产业的诞生和发展,一方面意味着新的工业产品的出现,国际贸易产品更加丰富,制成品成为国际贸易产品中的重心;另一方面也意味着国际分工日益扩大和深入。经济发达国家在新兴产业发展的同时,传统产业相对衰落,国际贸易的必要性增强。随着互联网的发展,信息产业技术革命创造了另一个新的产业,为现代

贸易提供了新的信息交流的平台和交易的方式。

③国际经济秩序得到了显著发展和改善。19世纪末20世纪初,西方国家为了争夺资源和市场,纷纷实行贸易保护主义,不断出现的关税战、贸易战影响了经济与贸易的发展,甚至导致战争的爆发。战后,各国以经济的长远发展为考虑,决心建立国际经济新秩序。以布雷顿森林协定为基础的国际货币体系相对稳定,有利于国际贸易的发展。《关贸总协定》的确立和1995年世界贸易组织的建立为关税的降低,以及贸易纠纷的解决创建了国际规范,为国际贸易的发展提供了一个相对稳定、公正和自由的环境。

这一时期随着贸易自由化的趋势加强,加之跨国公司的发展和世界政局的稳定,国际贸易取得了快速发展。1950—2000年,世界商品出口总值从约610亿美元增加到61328亿美元,增长了约100倍。其增长速度超过了同期世界实际GDP的增长速度,意味着国际贸易在各国经济中的地位越来越重要。

(2)第二次世界大战后国际贸易的主要特点

①国际贸易商品结构产生巨大变化。第二次世界大战后国际贸易中制成品的增长快于初级产品,国际贸易商品结构一改战前初级产品占主要地位的局面,制成品贸易比重上升,初级产品比重下降,制成品所占比重在1953年超过初级产品贸易比重,国际贸易商品结构日趋优化。另外,两大贸易的内部结构也有所变化,在工业制成品中,劳动密集型轻纺产品比重下降,资本货物所占比重上升,高技术产品增长加快,化工产品、机器设备等的贸易比重增长也较快。知识经济的到来将产业结构智能化、高级化。智能物化产品尤其是高附加值的成套设备和高科技产品将成为出口增长最快、贸易规模最大和发展后劲最足的支柱商品,高技术密集型产品所占比重越来越大。在初级产品中,石油贸易增长迅速,而原料和食品贸易发展缓慢。

②服务贸易成为国际贸易中的重要组成部分。国际服务贸易是指国家之间提供作为劳动活动服务的特殊使用价值。它随资本主义生产方式的产生而出现,并随资本主义商品经济的发展而不断发展。第二次世界大战后,随着第三次科学技术革命的发生,各国尤其是发达国家产业结构不断优化,第三产业急剧发展,加上资本国际化和国际分工的扩大与深化,服务贸易得以迅速发展。据统计,1967—1980年,国际服务贸易额由700亿美元猛增到6500亿美元,1997年再增至13200亿美元,相当于当年国际贸易的19.86%。服务贸易迅速增加的主要原因在于各国尤其是发达国家的服务业急剧发展,服务活动在就业和国内生产总值中的比重不断加大。目前,发达国家服务业在其国内生产总值中所占达1/2。发达国家服务业从业人数占其总就业人数达2/3。随着服务业的发展,

其专业化程度日益提高,经济规模不断扩大,效率不断上升,为服务贸易的发展打下了坚实的基础。

战后世界经济的复苏使各类行业对服务的需求增加,形成了部门齐全的大规模国际服务市场,使国际服务贸易成为可能。国际分工的扩大和产业结构的调整,促进了国际服务贸易规模的扩大,必然导致大规模服务的输出和输入,而各国生产力水平的差异和资源及劳动力分布的不均使其发展各具比较优势,通过国际贸易,各自的服务需求得到满足。

另外,跨国公司的发展和国际技术合作的多样化推动了服务贸易的发展。各国政府对服务贸易的支持和鼓励对服务贸易的发展产生了推动作用。许多国家采取各种政策措施,鼓励和扶持本国服务业的发展,如建立服务业自由贸易区,鼓励外国在服务业的投资,支持和鼓励国际和区域内部的合作与一体化等。

③发达国家之间的贸易在国际贸易总额中的比重加大。战后国际贸易的地理分布表现为越来越多的国家参与国际贸易,各种类型国家的对外贸易都有了不同程度的增长,增长最快的是发达国家之间的贸易,发达国家与发展中国家的贸易则相对缩减。在国际贸易中,发达国家继续处于支配地位,其进口和出口在世界进口额和出口额中均占 2/3 以上的份额。在发展中国家中,新兴工业国家处于领先地位,中国的贸易地位迅速上升,近年来逐渐成为贸易大国。

④区域自由贸易迅速发展。由于国际竞争的日趋激烈,世界主要贸易国为保持其在全球市场的竞争地位,不断寻求与其他国家的联合,通过优惠贸易安排、自由贸易区、关税同盟、共同市场等不同方式,组建区域贸易集团,实现区域贸易自由化。以 1950 年成立的欧共体为先导,贸易集团在全球迅速蔓延。20世纪 80 年代中期以后,随着冷战的结束,世界政治经济格局发生了深刻变化,世界经济多极化趋势明显加快。世界贸易集团化成为了世界经济走向一体化、全球贸易走向自由化的一个发展阶段和步骤,集团贸易成为全球贸易自由化的推动力。随着区域贸易集团化的纵深发展,区域集团将进一步联合,世界经济将走向全面一体化的道路,贸易边境壁垒将趋于消亡,而贸易投资政策、竞争政策以及宏观、微观经济政策的协调与规范将达到一个比较统一的水平,国家政治经济主权将在一定程度上受到削弱,贸易政策和经济政策的界限也将越来越模糊,世界经济一体化,全球贸易自由化将最终实现。

⑤跨国公司成为国际贸易的主力军。二战后跨国公司迅速发展,到 2001 年生产总值已达到 34950 亿美元,占当年世界国内生产总值的 10%,国外子公司的销售额为 185170 亿美元,相当于当年世界出口贸易额的 2 倍,跨国公司子公司出口额 26000 亿美元,相当于当年世界出口贸易额的 1/3。跨国公司的迅猛

发展促进了国际分工形式的巨大变化。国际分工已从部门间和部门内部的分工发展成为跨国公司内部的分工,从而促进了跨国公司内部贸易的迅速发展。由于跨国公司对外直接投资主要集中在制造业,尤其在资本、技术密集型产业。这种投资流向影响了国际贸易商品结构的变化,并极大地促进了技术开发和技术贸易的发展。

1.1.3 国际贸易的作用

很多经济学家从不同角度强调了国际贸易在国民经济增长中的作用。马克思从生产与流通的关系角度阐述了对外贸易对经济增长的作用。罗伯特逊、诺克斯等提出了"对外贸易是经济增长发动机"的理论,强调了对外贸易,特别是出口对经济增长的作用。凯恩斯主义的对外贸易乘数理论认为,对外贸易与消费,投资和政府支出是构成经济增长的四大部分,对外贸易,特别是贸易顺差可以带动国民经济增长。以上这些理论均强调了国际贸易在国民经济中的地位和作用。

1. 国际贸易对贸易国的作用

(1)对外贸易是各国实现社会产品价值的重要途径,并丰富本国消费商品的多样性

由于自然条件和社会经济条件的差异,以及生产要素状况和生产力发展水平的不同,各个国家都不可能拥有或生产它需要的一切产品,有些产品的生产可能出现空缺,另一些产品可能供不应求。这些供求不平衡的现象会妨碍一国经济的深入发展。通过国际贸易,能够在各国间互通有无,调剂余缺,实现使用价值的互补。原材料缺乏的国家可以依靠进口原料生产更多的工业制成品;粮食短缺的国家,通过进口来满足本国需要。各国通过出口相对优势产品,进口相对短缺产品,用以满足本国需求和促进经济发展。对于不同的商品来说,由于自然条件或其他生产条件及需求条件的变化,在国内市场上会出现供求不平衡的现象,通过对外贸易可以调剂余缺,使经济发展相对稳定。

(2)有利于保持本国企业的利润率水平

由于技术进步和市场竞争,企业必须不断进行资本积累,以便更新机器设备,必然使资本有机构成不断提高,即在全部资本中不变资本所占比重不断提高,可变资本所占比重不断降低,利润率下降。对外贸易可以通过以下途径阻止利润率下降:①从国外获得廉价原料和食品,降低工资从而降低生产成本;②扩大工业制成品的销路,扩大生产规模,充分发挥现有生产设备的能力,取得规模经济效益;③国际市场的激烈竞争使企业不得不努力改进技术,提高产品质量,

提高生产率，降低成本。

对外贸易有利于充分发挥分工的经济效益，以及节约社会成本，增加生产总量。

世界各国的商品生产具有自身的比较优势和相对劣势，在国际分工产生前，满足国内市场的多样化需求，一国需要将生产要素安排到各种商品的生产上，往往造成生产效率低下和生产要素的浪费。国际贸易促使各国充分发挥本国的比较优势，扩大优势产品的生产，减少劣势产品的生产，大大提高生产效能，节约社会资源，获取国际分工带来的经济效益，是当今世界各国大力发展国际贸易的重要基础。

(3)对外贸易是一国"经济增长的发动机"

19世纪，国际贸易具有这样的性质：欧洲中心国家经济的迅速增长通过对外贸易传递到外围国家，中心国家经济增长引起对外围国家的原材料和食品需求迅速增加，给这些国家带来增加生产的压力和动力，导致中心国家资本和劳动力转移到贫困地区，促进那里的投资和生产。这不仅保证了对中心国家市场的扩大供应，而且提高了外围国家国民收入，刺激了他们对消费品的需求，从而再次推动了外围国家和地区的经济增长。

澳大利亚经济学家马克斯·科登指出，一国对外贸易对本国宏观经济将产生以下积极效应：收入效应，资本积累效应，替代效应，收入分配效应以及要素加快效应。这些效应都具有积累性，会使对外贸易对经济增长的带动作用随着经济发展而逐渐增强。

国际贸易的高速增长，特别是出口的增长将带来动态利益。①出口扩大意味着进口能力的提高，资本货物的进口对经济相对落后的国家发展具有重要意义，使该国获得国际分工的利益，节约社会劳动，提高国内技术水平，缩短与发达国家的差距。②国际贸易的发展使投资集中于比较优势领域，专业化生产可以大大提高生产效率。③相对扩大的国际市场使生产规模不断扩大，达到相对优化的程度，从而生产效率不断提高、单位成本不断下降，增强了国际竞争能力。

(4)对外贸易是各国进行政治斗争、维护经济权益的手段

2006年3月底俄罗斯宣布禁止从格鲁吉亚进口葡萄酒、矿泉水及农产品，当9月底发生格鲁吉亚扣押俄罗斯军人之后，俄罗斯对格鲁吉亚实施了空前的报复性制裁。新措施包括：暂停同格的海、陆、空交通运输和通邮，查抄并遣返格非法移民，关闭违章的格鲁吉亚餐馆和娱乐场所等。人们普遍认为，俄格紧张关系折射出俄美争夺外高加索地区的斗争，是大国在地缘政治斗争中的一次较量。

格鲁吉亚是独联体内为数不多的坚持加入北约的国家，其"入约"问题一直

得到美国的支持。近来,格鲁吉亚进入与北约"加紧对话"阶段,这标志着在加入北约道路上格鲁吉亚迈出了新的步伐。若格鲁吉亚成为北约成员国,将大大削弱俄罗斯对外高加索地区的影响和控制力,北约也将实现继东扩后从南部包抄俄罗斯的又一重大战略设想。在此背景下,俄罗斯对格鲁吉亚背后的西方大国表示了特别的不满。

同时,对外贸易也是各国加强合作、维护世界和平的重要途径,有利于国际环境的改善。

(5)对外贸易对于一国企业的发展和国民福利的提高有着重要作用

企业通过从国外获得廉价原材料和机器设备等途径降低成本;通过资本输出到别国建立企业,利用经济发展不平衡,自然资源的差异以及当地比较优势进行生产,以达到避税、拓展东道国销售渠道等目的。

另外,由于各国需求偏好的差异,导致本国相对偏好商品的价格高于其他国家,于是其他国家该商品生产商将产品运往该国销售,通过国际贸易获利并满足不同国家消费者的需求。

2. 国际贸易对世界经济的作用

(1)国际贸易有利于促进世界经济的发展

世界经济的发展决定了国际贸易的规模、速度、结构和流向,而国际贸易是世界经济的重要组成部分,其发展必然促进世界经济的不断发展。国际贸易有利于加强各国之间经济交流与合作,加强国际分工的发展和加速生产要素的国际流动,促进生产的国际化、资本的国际化和经营的国际化,从而促进整个世界的经济发展。当今国际间的经济关系已经从单纯的商品贸易发展成全面的经济,从商品交易发展到劳务交易,进而发展到与投资、信贷相关的经济技术合作。但对外经济关系的发展始终是以对外贸易为核心,对外贸易仍占据着十分重要的地位。

(2)国际贸易使世界经济产生"传递性",是联系各国经济的纽带

在国际经济中,一国经济的繁荣与衰退会通过各种渠道影响到其他国家,对外贸易是这种经济传递的重要渠道。国际经济中对外贸易"传递"是指在国际经济领域中,一国经济的盛衰通过对外贸易渠道直接或间接地对另一国产生影响。

国际贸易的存在与发展,使各国经济相互联系、相互依赖增强。虽然近年来,国际经济关系已从货物贸易发展到资本、信贷和服务等领域,但对外贸易仍居重要地位,其他对外经济关系多数以对外贸易为核心,因此国际贸易是国际经济关系的重要传递渠道。

当国际市场价格有较大变动时,首先受影响的是本国经贸部门,然后通过这

些部门与其他部门的经济联系影响其价格、产量与就业状况，从而整个国内经济受到国际市场价格变动的影响。

历史上，英国经济的迅猛发展曾通过对外贸的"传递"作用带动美国等经济的发展。第二次世界大战后，美国经济的飞速发展也以同样的方式影响了日本、西欧经济的复苏和发展。

当今世界各国，无论经济发展程度高低，不分社会意识形态差异，大都实行了对外开放政策，自由贸易成为世界贸易的主流。国际贸易的自由化推动了全球化的进程，成为推动全球化向纵深发展的动力和源泉。尤其在冷战结束后，国际贸易更加成为了联系各国经济发展的重要纽带和拉动各国经济增长的重要动力。贸易增长速度的加快、贸易依存度的加深和贸易结构的优化等从不同侧面反映了贸易全球化的深入发展。对外贸易逐渐成为各国对外经济关系的核心，并在一定情况下成为各国进行政治斗争的重要手段。

（3）对外贸易是参与经济全球化的重要形式

经济全球化在当今国际经济关系中起着重要作用。国际分工向纵深发展，各国间商品、服务及其他生产要素流动加快，减少了因资源不合理配置造成的资源浪费。科学技术不断扩散和转移，各国产业结构因此而优化和调整。世界市场逐渐融合，无形资产价值提高，交易成本下降，各国积极增加研发投资。产品升级换代加快，产品生命周期大大缩短。

对外贸易已成为获取经济全球化利益的重要途径，促进了国内市场与世界市场的融合，进一步引导国际分工的深化和广化，并可抑制经济差距的拉大，使竞争向着有序化和规范化的方向发展，由此缓和经济全球化中出现的负面影响。

1.2 国际贸易的分类

1.2.1 按交易内容划分

按照交易内容不同，国际贸易可分为有形贸易和无形贸易。

有形贸易（Visible Trade）是指国际贸易中的货物贸易，即指那些有形的、看得见摸得着的实物性的产品。国际贸易中有形商品种类繁多，为便于统计，联合国编制的《标准国际贸易分类》（Standard International Trade Classification，SITC)将有形产品分为 10 大类、63 章、233 组、786 个分组共计 1924 个基本项目。世界海关组织的《协调商品名称和编码制度》将商品分为 21 大类,97 章、1242 个品目,5019 个子目。我国海关自 1992 年 1 月 1 日起开始采用《协调制度》,以此为基础结合我国实际进出口货物情况,编制了《中华人民共和国海关进出口税则》和《中华人民共和国海关统计商品目录》。有形贸易的进出口额要经过海关手续表现在海关贸易统计上,它是国际收支主要的构成部分。

无形贸易(Invisible Trade)的贸易标的不是物质产品,而是服务,如旅游、保险、运输、租赁和银行服务等,产品不具有可见和可触摸的物理特性。过去习惯把无形贸易等同于服务贸易,事实上服务贸易是无形贸易的重要组成部分但并非无形贸易的全部。无形贸易还包括跨国的投资利息、利润、股息等收付以及政府和个人款项的国际转移。根据《服务贸易总协定》(GATS)的解释,国际服务贸易是指各种类型的服务的跨国交易,指一国的服务提供者通过商业现场或自然人的商业现场向他国服务消费者提供服务并获得外汇收入的过程。通常有四种提供方式:(1)过境交付,即从一国境内向他国境内提供服务,如电信服务;(2)境外消费,即在一国境内通过服务向他国消费者提供服务,如旅游;(3)商业存在,即一国在他国境内通过提供服务的实体介入而提供服务,如在国外建立独资或合资企业等提供服务;(4)自然人流动,即一国的自然人在他国境内提供服务,如劳务人员出国服务。

国际贸易从有形贸易发展起来,而后随着国际间经济关系的不断扩大,围绕商品购买的各种服务,如运输、保险等发展起来,后又有旅游、专利及技术转让等服务贸易形式逐渐发展起来。一般认为,有形贸易和无形贸易的主要区别是:商品的进出口经过海关手续,表现在海关贸易统计上,是国际收支的重要项目;而无形贸易则不经过海关手续,通常不显示在海关贸易统计上,但是国际收支的组成部分。随着科学技术的不断发展,有形贸易与无形贸易的界限有逐渐模糊的趋势。

1.2.2　按货物移动方向划分

按照货物移动方向不同,国际贸易可分为出口贸易、进口贸易和过境贸易。

出口贸易(Export Trade)是指一国把自己生产的商品和加工商品输往国外市场销售。一国对从外国进口的商品不经任何实质性加工改制,再进行出口称为复出口。

进口贸易(Import Trade)指一国将外国的商品输入本国市场用以生产和消费。输往国外的商品未经加工改制又输入本国,叫做复进口,造成复进口的原因可能是销路不畅、货物损坏等质量问题,或者是经济体制方面等其他原因。

过境贸易（Transit Trade）指某种商品从甲国经乙国,不经加工改制运往丙国销售,对乙国来说就是过境贸易。货物不经过境国海关保税仓库存放,完全为了转运过境称为直接过境贸易;而商品需要分类包装,暂时的转运困难,购销当事人的意愿中途变更等把货物存放在过境国海关仓库,后再转运出境的为间接过境贸易。

1.2.3　按交易对象划分

按照交易对象不同,国际贸易可分为直接贸易、间接贸易和转口贸易。

直接贸易（Direct Trade）是指贸易商品由生产国直接运往消费国,没有第三方参与。生产国是直接出口,消费国是直接进口。

间接贸易（Indirect Trade）是指商品生产国通过第三国同商品消费国进行买卖商品的活动。生产国为间接出口,消费国为间接进口。

转口贸易（Entrepot Trade）是指商品生产国与消费国通过第三国进行贸易,对第三国来说,就是转口贸易,转口贸易亦属于复出口,是过境贸易的一部分。即使商品直接从生产国运到消费国,只要两国间未直接发生交易关系,而是第三国转口商分别同生产国与消费国发生交易关系,仍属于转口贸易。

1.2.4　按贸易方式划分

按照贸易方式不同,国际贸易可分为包销、代理、招标、寄售、商品交易所交易、加工贸易等。

包销是出口企业和国外某家企业达成包销或独家经销的协议,把某类商品在某地区的独家经营权利在一定期限内给予对方的行为,用以开拓当地市场。

代理是出口商与国外的代理商达成协议。由出口商作为委托人,授权代理商代表出口商推销商品、签订合同,由此而产生的权利和义务直接对委托人发生效力。代理人在委托人授权的范围内行事,不承担销售风险和费用,不必垫付资金,通常按达成交易的数额提取约定比例的佣金而不管交易的盈亏。根据代理商职责的大小可分为独家代理和一般代理。

招标是招标单位采购商品或兴办工程时,说明有关条件邀请企业在指定期限内按照一定程序进行投标,由招标人选择最满意的投标人进行交易。

寄售是指出口企业和国外的代销商订立寄售协议,货物交由代销商代为销售,出售后,扣除协议规定的销售费用及佣金后把货款交付给寄售商。

商品交易所交易是按一定规章程序买卖特定商品的有组织的市场,所经营的产品一般是标准化的原材料,且按标准化的合同交易,以期货交易为主。

加工贸易分为来料加工和进料加工。来料加工是指国内生产企业接受外商提供的原材料或零部件,按照外商要求进行加工装配成产品,将产品交付外商,并收取相应的加工费用。进料加工是企业自主从国际市场上进口原材料,自行加工生产,自营出口。

1.2.5 按货物运输方式划分

按照货物运输方式不同,国际贸易可分为陆路贸易、海路贸易、空运贸易、多式联运贸易和邮购贸易。

陆路贸易(Trade by Road)是采用陆路运输方式进行货物运输的贸易。是用于陆地相邻国家间的贸易方式,运输工具主要是火车、卡车等。

海路运输(Trade by Seaway)是指通过海上运输货物的贸易形式。国际上大多数贸易采用这种形式,运输工具是各种船舶。

空运贸易(Trade by Airway),是指采用航空运输开展的贸易,适用于贵重、数量小或时间性强的商品。

多式联运贸易是海、陆、空各种运输方式结合运送货物的行为。国际物流"革命"促进了多式联运贸易方式的应用。

邮购贸易(Trade by Mail Order),是指采用邮购包裹方式寄送货物的贸易方式。可用于数量不多的商品贸易。

1.3 国际贸易常用术语

1.3.1 总贸易体系和专门贸易体系

总贸易体系(General Trade System)与专门贸易体系(Special Trade System)是各个国家进行对外货物贸易统计所采用的统计制度。

总贸易体系也称一般贸易体系,是以货物通过国境作为统计进出口的标准。据此,所有进入本国国境的货物一律计入进口贸易,所有离开本国国境的货物一律计入出口贸易。

专门贸易体系也称特殊贸易体系,是以货物经过关境作为统计进出口的标准。凡是通过海关结关进入的货物均记为进口贸易,凡是通过海关出口的货物均记为出口贸易。

　　一国进口货物的渠道一般有三种：（1）为国内消费和使用而直接进口的货物；（2）进入海关保税工厂的进口货物；（3）为国内消费和使用而从海关保税仓库中提出的货物以及从自由贸易区进口的货物。

　　一国出口商品的渠道一般为：（1）直接出口；（2）从海关保税工厂出口的货物；（3）具有原产地证书的本国化货物的出口；（4）从海关保税仓库和自由贸易区出口的货物。

　　在贸易体系中，计入进口贸易的货物包括进口渠道的（1）（2）（3）；计入出口贸易的货物包括出口渠道的（1）（2）（3），而（4）不在一国关境以内。

　　总贸易体系和专门贸易体系表明了一国在世界货物贸易中的作用和意义。前者说明一国在国际货物流通中的地位和作用；后者说明一国作为生产者和消费者在国际货物贸易中的意义。各国在编制货物进出口统计时有的采用总贸易体系，如美国、加拿大、英国、中国等国家；有的采用专门贸易体系，如德国、法国等。由于服务贸易额的统计不计入海关，因此总贸易体系与专门贸易体系只适用于货物贸易。

1.3.2　对外贸易额和对外贸易量

　　对外贸易额是指用某种货币来表示的贸易规模，是一个国家在一定时期对外货物贸易额（Value of Foreige Merchandise Trade）和服务贸易额（Value of Foreign Trade in Commercial Services）之和。

　　一定时期内一国从国外进出口货物的全部价值称为进出口贸易额，它是反映一国对外货物贸易规模的重要指标之一，各国一般用本国货币表示，为便于比较，许多国家同时通过美元计算。世界货物贸易总额不是全世界在一定时期内货物出口额和进口额的总和，因为从世界角度看，一国的出口必定是另一国的进口，从而如果将世界出口和进口之和作为世界货物贸易额则会造成重复计算。世界货物贸易额一般按一定时期（通常为一年）世界各国出口商品 FOB 价格计算。由于世界进出口货物贸易总额没有独立经济意义，通常以货物出口贸易额代表世界货物贸易额。

　　服务贸易额一般以各国国际收支的经常项目中的商业服务额代表。经常项目包括：货物、服务、收入和经常转移。整个服务减去政府服务为商业服务。商业服务包括运输、旅游和其他服务。商业服务的提供为出口，商业服务的消费为进口。

　　用某种物理量，如数量、重量、面积、体积等计量单位表示的贸易规模叫做对外贸易量（Quantum of Foreign Trade）。由于计量单位的差异难以计算总量，人们用某年的价格为不变价格,计算各年的进出口商品价格指数,用各年的进出口贸易值除以该年的进出口商品价格指数,就得到以不变价格计算的贸易价值,可以近似替代贸易量。因此,有可能出现一国实际进出口商品量上升,但由于商品价格下跌而进出口贸易额反而下降的情况;或反之出现进出口商品量减少,但价格上涨,贸易额增加的情况。

1.3.3 对外贸易差额

一国在一定时期内(通常为一年),出口总额与进口总额的差额叫做总贸易差额(Balance of Trade)。进口额与出口额相等时,叫做"贸易平衡";出口额大于进口额叫做"贸易顺差"或"贸易盈余"或"出超";进口额大于出口额叫做"贸易逆差"或"贸易赤字"或"入超"。对外贸易差额是衡量一国对外贸易状况的重要标志。一般情况下,贸易顺差表明一个国家在国际收支上处于有利地位,贸易逆差则表明国际收支上的不利地位。但是从长期来看,一国进出口应基本保持平衡。

此外,为了表明货物贸易和服务贸易各自进出口贸易额之间的关系,还可以细分为货物贸易差额和服务贸易差额。

1.3.4 对外贸易或国际贸易结构

对外贸易或国际贸易结构是指货物、服务在一国进出口或世界贸易中所占的比重。对外贸易或国际贸易结构可以反映出一国的或世界的经济发展水平、产业结构状况和第三产业发展水平等。

对外贸易货物结构(Composition of Foreige Merchandise Trade)是指一定时期内一国或世界进出口货物贸易中以百分比表示的各类货物的构成。根据商品的加工程度,可以分为初级产品和工业制成品。初级产品主要是加工程度较浅的农、林、牧、渔以及矿产品等。联合国编制的《标准国际贸易分类》规定初级产品包括食品、饮料、动植物油脂、燃料,以及农、矿原料等。工业制品是指经过机器完全加工的产品。按照联合国上述分类,工业制品一般指化学品及有关产品、只要按原料分类的制成品、机械及运输设备、杂项制品,以及没有分类的其他商品。

对外服务贸易结构(Composition of Foreige Trade in Commercial Services)是指一定时期内一国或世界进出口服务贸易中以百分比表示的各类项目的构成。

一国出口制成品及服务的构成取决于其国民经济状况及对外经济政策等,

反映了国际分工的特点和世界经济的发展水平，也反映了出口国在国际分工中的地位和该国经济发展水平。

此外，对外贸易结构还可以细分为货物贸易结构和服务贸易结构。

1.3.5 对外贸易地区分布

对外贸易地区分布是指对外贸易地理方向和在世界贸易中的地位。

对外贸易地理方向（Direction of Foreign Trade）表明一国进出口货物和服务的国别和地区分布，表明该国同世界各国的经济贸易联系程度。对外贸易地理方向通常受经济互补性、国际分工形式、需求偏好和贸易政策的影响。计算公式为：（对某国家和地区的出口或进口贸易额/对世界出口或进口贸易额）×100%。通常把对外贸易结构和对外贸易地理方向结合起来研究，可以查明一国出口中不同类别货物与服务的去向地和进口中不同类别货物与服务的来源地，总结主要和次要的贸易对象和国家。

对外贸易地位（International Trade by Country or Region）是表明世界各洲、各国或地区在国际贸易中所占的比重。其计算公式为：（对世界出口或进口/世界贸易总额）×100%。其中，在世界货物贸易中的地位的计算公式为：（对世界货物出口贸易额/世界货物出口贸易额）×100%；在世界服务贸易中的地位的计算公式为：（对世界服务出口贸易额/世界服务出口贸易额）×100%。影响对外贸易地理位置的因素众多，主要有世界各国或地区的国内生产总值多寡，贸易的发展和所处的地理位置等等。

1.3.6 对外贸易依存度

对外贸易依存度（Degree of Dependence upon Foreign Trade）又称对外贸易系数，是指一国对外贸易额在该国国内生产总值中所占比重。公式为：进出口总额/国内生产总值（GDP）×100%。对外贸易依存度可以分为出口贸易依存度和进口贸易依存度，还可以细分为对某个国家的贸易依存度。例如：根据中国商务部统计数据，2005年我国进出口总额14221.2亿美元，其中出口额7620亿美元，进口额6601.2亿美元，国内生产总值22257亿美元，则2005年我国对外贸易依存度为63.90%，出口依存度为34.25%，进口依存度为29.67%。影响一国对外贸易依存度的主要因素有：国内市场的发展程度、加工贸易的层次、汇率的变化等。通常，国内市场发展程度高的国家对外贸易依存度低于国内市场欠发达的国家的对外贸易依存度；在加工贸易中从事低层次国家的对外贸易依存度高于从事高层次国家的对外贸易依存度。

▷【本章小结】

　　本章从介绍国际贸易的含义入手,简要概括了国际贸易的产生与发展过程,分析了国际贸易在经济发展史上的作用。用不同分类方法对国际贸易从不同角度进行了分类,并对常用术语进行了概念界定。目的是从体系上了解国际贸易课的内容,并为以后的学习奠定基础。

▷【案例分析】

外贸"双顺差"难题如何破解?

　　我国国际贸易一直保持"双顺差"的局面,2005 年,经常项目顺差达 1608 亿美元,资本顺差达 629 亿美元。2006 年,这一趋势继续保持,推动了外汇储备高速增长,现在已突破 1 万亿美元大关。我国长期保持"双顺差"局面的原因何在? 要纠正"双顺差"有哪些对策? 就此,本报专访了中国社会科学院世界经济与政治研究所所长余永定。

"双顺差"何以愈演愈烈

　　问:中国目前不但有大量的资本项目顺差,而且有大量的经常项目顺差,"双顺差"导致了外汇储备的增加,"双顺差"本身并不是一种理想的国际收支格局。那么,为什么中国在过去 15 年中保持了这样一种格局,并且有愈演愈烈之势?

　　余永定:1990 年以来(除 1993 年外),中国一直维持经常项目顺差的原因可以归结为以下几点。

　　其一,储蓄率过高。经济学的常识告诉我们,储蓄－投资＝经常项目顺差。2005 年中国的投资率高达 48.6％,但储蓄率更高,因而,2005 年中国的经常项目顺差达到 GDP 的 6％以上是不奇怪的。

　　其二,国内外经济的周期性变动。1993 年中国经济过热,同年中国贸易出现逆差,亚洲金融危机和美国 IT 泡沫破灭对中国的出口增长造成重要影响。2005 年,特别是 2005 年上半年,中国经济相对疲软,进出口增长速度受到影响,因而 2005 年中国贸易顺差大幅度增加。

　　其三,中国的出口鼓励政策。长期以来中国政府执行了力度很大的"奖出限入"的外贸政策,包括:出口退税政策、有利于出口的汇率政策以及鼓励发展加工贸易的政策等等。

　　其四,出口加工贸易在中国贸易中占支配地位。

加工贸易创造贸易顺差

问:怎样看待中国当前的贸易顺差?

余永定:在旧国际分工格局下,比较优势决定了各国的贸易结构。在当前的国际生产网络的价值增值链中,由于中国所处的特定位置,不管储蓄和投资的关系如何,也不管宏观经济周期如何,由国际生产网络中的加工和装配地位所决定的加工贸易是一定要创造贸易顺差的。2005年,中国1020亿美元的贸易顺差中,出口加工贸易的顺差为1400亿美元(这意味中国的一般贸易存在380亿美元的贸易逆差)。值得注意的是,在中国的加工贸易中,外资占据支配地位。可以推断,由于长期执行鼓励出口的政策恰逢国际生产网络的迅速发展,中国目前已经形成一种具有巨大风险的以外资为主导、出口加工贸易占支配地位的国际贸易格局。

长期以来中国基本保持了资本项目的顺差主要是外国直接投资。直到前几年这还是导致中国外汇储备增加的主要原因。从外国投资者的角度来看,中国经济的迅速崛起,以及由此带来的利润和利润前景自然是首要原因。但是,在正常情况下,外国直接投资带来的外汇应该用于购买外国机器设备、技术和管理,通常应该转化为相应的贸易逆差而不应该导致外汇储备的增加。外资流入转化为外汇储备的增加,意味着尽管我们自己有足够的资源购买外国机器设备、技术和管理,外国直接投资取代了国内投资。换言之,在中国所发生的并不是外国资源的利用而是股权与债权的置换(中国出让本国高收益股权换取美国低收益债权)。这种现象的发生同中国资本市场不发达以及对外资的各种优惠政策等有关。

美元贬值缩水外汇资产

问:"双顺差"给中国带来了哪些影响?

余永定:中国的双顺差是同各种制度缺陷、价格扭曲、宏观经济不平衡相联系的。作为世界的第三大资本净输出国,中国的投资收益一直是负数(2005年是例外)。与此相对照,作为一个资本净输入国(拥有大量外债),美国的投资收益却一直是正数。事实上,世界人均收入排名第128位的中国正在每年给美国提供数百亿美元的补贴。

从长期看,随着外资存量的增加,中国国际收支平衡表中,外国投资收入汇出的数量会不断增加,中国在未来可能不得不进一步扩大贸易顺差以便维持经常项目的平衡。从短期来看,"双顺差"是当前流动性过剩的最主要根源。中国的外汇储备已经突破1万亿美元,外汇储备的持续增加给中央银行实行紧缩性货币政策造成了越来越大的困难。2002年以来,美元已经开始了所谓"战略性贬值"的过程,中国的外汇资产已经缩水。一旦美元大幅度贬值,中国外汇资产将会大幅度缩水。

增加公共财政支出

问:纠正"双顺差",降低中国外汇储备的增长速度,有哪些对策?

余永定:增加旨在完善社会保障体系、医疗体系以及教育体系的公共财政支出,以降低居民对未来不确定性的担忧,从而降低储蓄率。通过财政和其他手段,例如法律、法规,缩小城乡、地区和阶层收入差距。深化国内金融市场、投融资体系改革,使国内储蓄能够顺利转化为国内投资。允许人民币更多地根据市场供求关系决定汇率。

取消针对外国直接投资的优惠政策,对内、外资实行国民待遇。取消鼓励出口的优惠政策。采取有力措施,制止地方政府为引入外资而进行恶性竞争。进一步推进价格体制改革,使价格能够充分反映国内资源的稀缺性。各级政府制定应急预案,为出口企业的结构调整做好充分准备,把结构调整对经济和社会稳定造成的冲击降低到最低限度。鼓励企业在国内上市,利用国内资金进行并购。鼓励三资企业利用国内金融市场筹集资金。实行与WTO不相冲突的产业政策,限制外资对某些特定产业的进入。而所有这些都离不开国内经济体制改革的深化。

宏观政策与调整相配合

问:"双顺差"是当前中国经济内外部失衡的集中表现,如何校正这种失衡?

余永定:失衡的经济结构已经形成,校正这种失衡显然无法仅仅通过宏观经济政策(如通过财政、货币政策刺激内需等)在短期内实现。中国必须尽快调整外资、外贸和产业政策,必须加速市场化进程。宏观经济政策应与上述调整相配合,并能促进这些调整的进行。

中国的以外国直接投资为基础的出口导向发展战略是历史的产物,积极引入外国直接投资(而不是借债)和积极出口创汇的方针在当时是完全正确的。现在中国经济已经发展到了一个新阶段,为了提高中国对外开放水平,我们必须对中国的发展战略、经济结构进行调整。所谓提高对外开放水平,就是要提高中国在全球范围内进行跨国和跨代资源配置的效率,唯其如此,中国经济才能实现可持续增长。

只要我们在"十一五"期间能够实现经济发展战略和经济结构的调整,在未来的十年和二十年中,中国就能够继续维持稳定、高速的经济增长。

(资料来源:《人民日报》海外版,2007 年 1 月 23 日)

案例点评

我国国际收支双顺差的主要原因有:国内的高储蓄率和低投资率引起国际收支顺差;长期实施的出口鼓励政策;以加工贸易为主的出口扩大了经常项目顺差。在资本项目方面,长期实施的出口引资政策和外资政策的扭曲是主要原因。

国际收支双顺差对中国的影响有:首先,其导致了我国内需不足和对外依存度过高。双顺差引起的外汇储备持续增长,造成了外汇市场上的供求关系明显失衡,使人民币处于持续升值压力下。其次,双顺差直接冲击我国货币政策的独立性和有效性,使央行旨在弱化基础货币大量投放负面影响的"对冲"操作带有很大的波动性,限制了央行货币政策的调控空间和主动程度。另外,由于双顺差的存在,我国已经积聚了大量的外汇储备,这严重影响了我国的货币供给水平,在人民币汇率保持稳定的前提下,国内有通胀的压力。

面对国际收支的双顺差,在贸易政策方面,我国必须转变外贸增长方式,逐步降低高额贸易盈余,同时不断优化贸易结构;我国的贸易失衡也部分源自于贸易伙伴的结构性问题,需加强国际间的政策协调。在金融政策方面,我国需深化人民币汇率改革,实现更富有弹性的人民币汇率制度,进一步拓宽外汇储备的使用面。对引入的外资要实施严格的质量控制和合理引导,提高其为我国产业的利用效率。

⇨【思考练习】

1.名词解释

国际贸易　国际贸易量　服务贸易　贸易条件　国际贸易商品结构
对外贸易依存度

2.国际贸易产生的基本条件是什么?

3.国际贸易的作用有哪些?

4.第二次世界大战后国际贸易的发展有何新特点?

5.国际贸易如何分类?

第 2 章

国际分工与世界市场 ≫ ≫ ≫ ≫

　　本章系统地阐述了国际贸易的基础知识,主要包括四个方面:国际分工、世界市场、世界市场价格和贸易条件。国际分工是国际贸易和世界市场的基础,国际贸易和世界市场随着分工的发展而发展,世界市场是国际贸易活动的场所,是国际分工的重要实现手段。随着世界市场的形成,国际价值得以形成,并通过货币表现为国际价格。另一方面,国际经济关系,特别是贸易关系,其实质是各参与国为获取国际分工和国际交换的利益——贸易利益的竞争关系,而贸易利益的分割与贸易条件又息息相关。本章最后将对贸易条件的决定、变动及其对贸易利益的影响作一定的探讨。

2.1　国际分工概述

2.1.1　国际分工的含义

　　国际分工(International Division of Labor),是指世界各国之间的劳动分工,是社会分工超越国家界限的产物。一般来说,一定的生产力发展水平决定了与此相应的社会分工的形式与内容。另一方面,分工又能促进生产力的发展。可以说,国际分工是社会生产力和社会分工发展到一定阶段的产物。它是在近代举世闻名的产业革命以后才出现的。资本主义以前的社会经济形态,自然经济占统治地位,商品生产和商品交换不发达,商品经济在一国经济中不占重要的地位,各国之间的经济联系并不十分密切。因此说,在资本主义生产方式建立以前,既没有形成世界性的贸易,也没有形成真正意义的国际分工。18 世纪 80 年代,蒸汽机的发明和推广应用延续到 19 世纪,继英国之后,法、德、美等国资本主义生产方式的最终确立,使社会分工超越国家的界限向国际领域扩展,从而形成了与资本主义大机器相适应的分工——国际分工。

2.1.2 影响国际分工形成和发展的因素

国际分工的形成和发展受到多种因素的制约和影响,包括各国的生产力发展水平,国内市场的大小,各国自然资源条件的差异,包括气候、土地、资源、人口、地理条件等,以及国际政治方面的条件,包括各国政府及国际经济秩序的情况。

1. 社会生产力是国际分工形成和发展的决定性因素

生产力发展水平的高低决定了商品生产的成本。商品生产成本的高低决定了该商品在世界市场上的竞争力。取得竞争优势的出口国,可以在较长一段时期内形成生产该商品的固定分工格局。在历史上,英国最先完成了产业革命,生产力水平较高,在相当长一段时间内,它在资本主义国际分工中处于“世界工厂”的地位。以后,其他资本主义强国,由于生产力的发展,竞争力增强,在国际分工中都处于支配地位。随着生产力的发展,越来越多的国家加入到国际分工行业,国际分工已把各国紧密结合在一起,形成了世界性的分工。生产力发展水平决定了国际分工的产品内容。国际贸易总的趋势是工业制成品、服务性产品的比重不断提高,这一类产品需求弹性大,创汇水平高,只有工业水平高的国家才有能力提供这类产品。生产力水平还决定了一国在国际分工中扮演的角色,如国际分包、生产协作等,要求一国的生产力水平达到较高的程度。

2. 自然条件是国际分工产生和发展的基础

任何社会的经济活动都是建立在一定的自然经济条件之上的。马克思指出:“正像威廉·配第所说,劳动是财富之父,土地是财富之母。”这里所说的土地就是指自然条件。应当指出,一定的自然条件只是提供了进行生产和国际分工的可能性,并不是提供这方面的现实性。要把可能性变为现实性还需要其他条件的配合。铁矿、煤炭、石油的生产前提是应该有这方面的矿藏,但是要使这些矿藏开发出来并销售到世界市场上去,没有一定的科学技术和生产力水平是不可能的。良好的自然条件不仅有助于国内经济的发展,也有助于国际分工的形成。

随着人类社会的发展,科学技术的进步在许多方面已降低了自然因素对生产过程的影响,生产过程中也不断地用资本、技术替代自然资源,这使得自然资源在国际分工中的作用下降。然而有些方面还是难以用其他因素来替代的。

3. 人口、劳动规模和市场规模影响着国际分工的规模

人口数量直接影响劳动的供给,因而影响国际分工。人口分布的不均衡会使分工和贸易成为一种需要。人口稀少、土地广阔的国家往往偏重发展农业、牧业、矿业等产业,而人口稠密的国家可以通过发展劳动密集型产品与别国产品相交换。

劳动规模或生产规模也制约和影响着国际分工。现代大规模的生产,使分工变得必不可少,这种分工跨越了国界,就产生了国际分工。随着劳动规模越来越大,分工就越来越细,任何一个国家都不可能包揽所有的生产,必须参与国际分工。

国际分工的实现和发展还受制于市场的规模。市场规模越大,交换的商品越多,单位商品的交易费用越少,交易效率就越高,从而分工越细。当代国际市场规模越来越大,国际分工的广度和深度日益扩大和加深。对于一个国家来说,其市场规模越大,该国参与国际分工的可能性就越大,实现国际分工的程度也越高。

4. 资本国际化是国际分工深入发展的关键

资本的国际化促进了国际分工的深入发展。自19世纪以来,资本输出就成为世界经济中的重要经济现象。第二次世界大战以后,随着跨国公司的迅猛发展以及发展中国家投资环境的改善,在一定程度上加速了资本国际化进程,从而促进了国际分工向纵深方向发展。首先,跨国公司通过对外直接投资,在海外建立子公司,并把子公司所在的东道国纳入国际分工体系。跨国公司的子公司生产的产品可能是为满足东道国市场需求;也有的跨国公司的子公司在不同国家分别生产某种产品的某种零部件,然后把这些"中间产品"运往某地进行组装;还有的跨国公司子公司只是在各东道国完成某一产品的不同工序,直到成为最终产品,这些产品成为"国际产品"。其次,跨国公司通过承包方式构筑世界性的生产体系和营销网络。这种承包方式在汽车、家用电器、机器设备、纺织品、鞋类和服装被广泛运用,进一步促进了国际分工向深化和广化发展。

5. 国家政策和国际政治经济秩序

首先,上层建筑可以推进或延缓国际分工的形成和发展。在一定经济基础上产生的上层建筑,如国家力量、经济政策、国际组织等又能给经济基础以反作用力,促进和推动经济基础的发展。在国际分工方面也是如此。当年,英国等欧洲殖民帝国为了形成有利于自己的国际分工,就运用国家的力量,强迫其他殖民

地按照宗主国的需要去发展单一农作物。殖民主义者还用武力打开别国大门，强迫受侵略国家接受殖民主义者的贸易条件，把别国纳入到有利于其剥削的国际分工体系中去。上层建筑对国际分工的促进作用主要表现在：①建立起超国家的经济组织，调节相互的经济贸易政策，促进国际分工的发展。②制定自由贸易政策，推动自由贸易，加速国际分工的步伐。③推行全球化策略。上层建筑对国际分工的延缓作用表现在：如制定保护贸易政策会阻碍国际分工的发展。

其次，国际的政治经济秩序也起着延缓或推进国际分工的作用。如第二次世界大战以前，各资本主义国家为了转嫁经济危机，实行以邻为壑的高关税政策。各国进行竞争性货币贬值，国与国之间的关系十分紧张，极大地阻碍了国际分工的发展。战后各国达成了《关税贸易总协定》，建立了国际货币基金组织和世界银行。这些超国家的国际经济组织协调了各国的贸易政策，通过了多次关税和非关税减让谈判，大幅度地降低了各国的关税水平，减少了非关税壁垒，保护了汇率的稳定，推进了贸易自由化。战后国际贸易的增长速度高于世界经济的增长速度，这表明战后的国际经济秩序促进了国际分工的发展。

2.1.3 国际分工的发展阶段

生产力发展水平是国际分工形成和发展的决定性因素。事实上，每一次科技革命都推动了国际分工的发展，对应于产业革命前和每一次产业革命，国际分工的产生和发展大致可以分为以下几个阶段。

1. 产业革命前——地理大发现促进了近代国际分工的萌芽

15世纪末到16世纪上半期的"地理大发现"，不仅促进了欧洲国家的个体工业向工场手工业过渡，而且为近代国际分工提供了地理条件，在一定程度上推动了世界市场的形成与发展。然而，在产业革命尚未发生前，由于自然经济占主导地位，生产力水平低下，商品经济不发达，各个民族、各个国家的生产方式和生活方式差距不大，因此各国之间的分工仍主要建立在自然条件不同的基础之上，并且具有明显的地域局限性，故产业革命以前的国际分工还只是近代国际分工的萌芽。

2. 18世纪第一次产业革命时期——国际分工的形成

18世纪后半叶从英国开始的产业革命，使人类的生产力获得空前的发展。蒸汽机、纺纱机、织布机等的发明和应用，使工场手工业发展到了机器大工业，于是以小生产为基础的自然经济开始崩溃。机器大工业使社会生产规模不断扩大，原先自然经济条件下的民族孤立性开始消失，各国开始被纳入国际分工的轨道。

机器大工业对国际分工的形成起了特别重要的作用。机器大工业使生产规模和能力不断扩大,源源不断地创造出来的商品不仅需要国内市场,而且需要日益扩大的国际市场。同时,生产扩大引起了对原料需求的急剧增长,开辟廉价的海外原料基地成为必要。到19世纪中叶以前,资产阶级的足迹几乎遍及全球。

与此同时,机器大工业还带来了交通运输工具的变革。海洋轮船和铁路大大改善了运输条件,不仅速度大大加快,而且费用大规模下降。另一方面,电报及海底电缆等现代通信工具的出现,使得信息的传播日益广泛和迅速,这些都便利了国际贸易的扩展,促进了国际分工的发展。

这一时期,国际分工的基本格局是拥有先进技术的工业国与以自然条件为基础的农业国之间的国际分工,它是一种垂直型分工,而且这种分工是建立在不同产业层次上,即第二产业与第一产业之间的国际分工。

3. 19世纪末第二次产业革命时期——国际分工的发展

19世纪末70年代开始的以电力的发明和应用以及钢铁、化学和交通运输业的革新为代表的第二次科技革命,使资本主义经济在19世纪最后30年里,得到了发展。由于发电机、电动机和新的炼钢法等科学技术的广泛应用,导致了钢铁工业、冶炼工业、汽车制造业、化学工业等许多新兴工业部门的出现。新的科技进步标志着社会生产力又一次极大地提高,国际分工和世界市场再一次发生深刻的变化。各个资本主义强国分别在一个或几个工业部门形成了自己的优势。比如,德国作为后起的资本主义国家,在化学工业及电器、精密仪器等方面比较领先。而英国在钢铁、机械等部门保持领先地位。于是在这些工业化的资本主义国家之间开始发展成一种"水平式"的国际分工。到19世纪末20世纪初时,这种"水平式"的国际分工已在世界上占有重要地位。

总的来看,这一时期,发达资本主义国家与殖民地半殖民地国家之间的垂直分工进一步深化,殖民地半殖民地对发达国家的经济依赖进一步加强了。同时,发达资本主义国家之间的水平分工开始得到发展,各个发达国家在某些工业部门的发展上各自显示出自己的优势,它们出口自己具有优势的工业产品,形成一种国际分工的格局。

4. 战后国际分工的深化

第二次世界大战以后,兴起了以原子能、电子计算机和空间技术的发展和应用为主要标志的第三次科学技术革命。新科技革命使生产力有了巨大的增长,而战后的国际经济秩序又比较有利于国际分工和国际贸易的发展。因此,世界经济获得了前所未有的发展。国际分工在这种形势下显示出一些新的特点。

（1）跨国公司的兴起和发展是推动国际分工深入发展的一股主要力量

第二次世界大战后，国际分工的深入发展与跨国公司在世界范围的扩张有密切关系，跨国公司以其母国为基地，在国外广设分支机构和建立子公司。它实行高度集中管理，全面安排母公司、子公司及分支机构的生产、销售、研究开发和资金调拨，是当代国际分工的主要组织者。跨国公司财力雄厚，技术先进，规模巨大，其内部生产专业化和协作的高度发展是国际分工进一步深化的重要推动力量。

（2）国际分工格局中，工业国与工业国之间的分工居于主导地位

在战前的国际分工中，发达国家与发展中国家的垂直分工居主导地位，发达国家之间的水平分工居次要地位。在战前的 1938 年，发达国家之间的贸易额占资本主义世界国际贸易总值的 39％，发达国家与发展中国家的贸易额占 49％，发展中国家之间贸易额占 12％。而 1980 年，上述几种类型的国际贸易额占资本主义世界国际贸易总额的比重分别为 53％、39％ 和 8％。可见，发达国家之间的国际分工在战后已成为国际分工的主流。

（3）战后发达国家之间除了工业部门之间的分工，还发展了工业部门内部的分工

第二次世界大战以后，随着社会分工的发展，原来的生产部门逐步划分为更细的部门，原来的一个部门变为若干个新的独立部门。部门内的分工不仅限于一国国内，而且越来越多地跨越国界，形成国际间的部门内部分工。国际间产业内部分工得到了迅速发展，国际竞争和合作越来越表现为同类产品、同类产业之间的竞争和合作。这是以技术为基础的国际分工迅速发展的结果，也是产品的差异化零部件生产专业化的结果。

（4）发达国家与发展中国家的分工也有了变化

战后大批殖民地国家独立，这些国家要求经济上摆脱对单一经济的依赖，发展民族工业，因此传统的垂直分工开始削弱，发展中国家开始发展自己的民族制造业，逐步完成本国的工业化过程，最终使本国与发达国家在国际分工中取得平等的地位。战后的世界经济表明，有一部分发展中国家在实现工业化过程中取得了成功，如韩国、墨西哥、巴西等，以至于有人把它们称为“新兴工业化国家”。但是从总体上看，广大亚、非、拉发展中国家尚未完成工业化过程。

（5）区域性经济集团内部分工进一步加强

战后，区域性经济集团化的进程明显加快。经贸集团内部通过贸易和投资的自由化，以各种计划协调各成员内部产业之间的分工。

(6)从垂直型分工向水平型分工发展

由于各国经济发展水平不同,参与国际分工的表现形式也就不尽相同。国际分工主要有垂直型分工、水平型分工和混合型分工三种类型。

垂直型国际分工(Vertical International Division of Labor)是指经济发展水平不同国家之间的纵向分工。主要是指发达国家与发展中国家之间制造业与农业、矿业的分工。

水平型国际分工(Horizontal International Division of Labor)是指经济发展水平基本相同国家之间的横向分工。主要是指发达国家之间在工业部门上的分工。

混合型国际分工(Mixed International Division of Labor)是指垂直型与水平型混合起来的国际分工。德国曾经是混合型国际分工的典型代表,它一方面与发达国家进行水平型分工,另一方面与发展中国家展开垂直型分工。

2.1.4　国际分工与世界市场、国际贸易的关系

分工、交换和市场这三个概念是密不可分的。分工引起交换,交换需要市场。生产越发展,分工就越细密,交换越频繁,市场也日益扩大。也就是说,没有分工,就没有商品交换,也就不需要市场。所以,社会分工是商品经济的基础,市场是商品经济中社会分工的表现。社会分工的发展,决定着交换的深度、广度和方式,也决定着市场的规模和内容;反之,交换的种类、数量以及市场的规模,也会影响生产和分工的发展。

同样,国际分工是国际贸易和世界市场的基础。没有国际分工,就没有国际商品交换,也就不会出现世界市场。国际贸易和世界市场随着国际分工的发展而发展。国际分工的发展水平决定着国际交换活动的深度、广度和方式,也决定着世界市场的规模和内容。反之,国际交换和世界市场又是国际分工的实现手段和途径,其发展也必然影响和制约国际分工的发展。

2.2　世界市场

2.2.1　世界市场简介

世界市场是世界各国交换产品、服务和技术的场所,是由世界范围内通过国

际分工联系起来的各个国家内部以及各国之间的市场综合组成。

国际贸易是国家之间的商品、服务和技术的交换，世界市场是世界各国商品、服务和技术交换的领域。狭义的世界市场专指世界商品市场，这也是本书将讨论的范畴，广义的世界市场包括世界商品市场、世界服务市场和世界金融市场。

世界商品市场是一个在世界范围内由各国的供给和需求关系决定商品价格的市场，它是国际分工和国际贸易的结果。由于全球社会经济联系的日益加强，各种类型的国家经济生活日益国际化，它们对世界市场的依赖性不断增长，统一的世界市场对所有国家的社会经济进步起着越来越大的作用。

2.2.2 世界市场的形成及发展

16 世纪至 18 世纪中叶是西欧资本主义生产方式逐步建立与发展的时期。这一时期，工场手工业开始蓬勃发展，劳动生产率不断提高，商品生产的范围不断扩大，国内市场逐渐统一，海外市场不断延伸，国际贸易迅速发展。

这一时期影响世界市场发展的最重要的因素是地理大发现及以后的殖民扩张。15 世纪末至 16 世纪初，意大利航海家哥伦布经大西洋发现了美洲大陆；葡萄牙人达·伽马从欧洲绕道南非好望角通往印度。地理大发现后，欧洲国家纷纷走上了向世界扩张的道路。它们竞相建立自己的殖民体系，用暴力、掠夺、欺骗和奴役等手段同殖民地进行贸易，加速资本原始积累的进程。

地理大发现以后的殖民扩张，对资本主义生产方式的产生和确立产生了巨大的推动作用。在地理大发现的推动下，统一的世界市场开始萌芽，世界市场在资本主义生产方式确立时期得到了空前的发展。从 18 世纪 60 年代到 19 世纪中叶，随着英、法等国先后完成了产业革命，建立起机器大工业生产，各国日益被卷入世界市场内，从而使资本主义制度日益具有国际性质。这时，世界市场主要表现在：世界各国都被纳入资本主义国际分工体系；世界各国的产品都被纳入世界商品流转范围；有了为世界市场服务的现代交通运输和通讯工具。可见，正是在机器大工业的建立，社会生产力的发展，资本主义生产方式占统治地位的情况下，才形成了真正意义上的世界市场。

19 世纪 70 年代以后，资本主义自由竞争阶段进入垄断时期。第二次产业革命推动了国际分工进一步发展，生产力水平又有了很大的提高。资本主义垄断阶段的二次产业革命和资本输出也促进了统一的世界市场的最终形成。其标志是：①多边贸易支付体系的形成。由于国际分工的发展，西欧大陆和北美一些经济发达国家从经济不发达的初级产品生产国购买了越来越多的原料和食物，出现了较多的贸易逆差。与此同时,英国继续实现自由贸易政策,从西欧大陆和北美的新兴工业国输入的工业品持续增长,呈现大量的贸易逆差。但英国又是不发达国家工业品的主要供应国,呈现大量的贸易顺差。这样,英国就用它对经济不发达国家的贸易顺差来支付对其他发达国家的贸易逆差。而不发达国家又用其对西欧大陆和北美的贸易顺差来弥补对英国的贸易逆差。英国此时成为多边支付体系的中心。② 国际金本位制的建立和世界货币的形成。世界市场的发展与世界货币的发展是紧密联系在一起的,只是在世界市场充分发展以后,作为世界货币的黄金的职能才充分展开。这样,以黄金作为世界货币的国际金本位制度得以建立起来。它也是世界多边贸易支付体系发挥作用的货币制度。这个制度一是给世界市场上各种货币的价值提供一个相互比较的尺度,使各国货币间的比价保持稳定;二是将各国的价格结构联系了起来。③各国共同受世界市场行情的影响。19 世纪末 20 世纪初,世界上已形成了许多大型的商品交易所,不少地方举办的博览会把世界各地的客商及产品汇集到一起。这一切都使世界各地的同类产品的价格有趋于一致的倾向,形成了许多产品的世界市场行情。这有利于航运、保险、银行及各种机构的健全,交通设施和运输工具的进一步完善。并且,人们通过长期的实践,已在世界市场上大体形成了一整套有利于各国贸易往来的规则和管理制度,保障了国际贸易的顺利进行。这一切都使世界市场的各个部分紧密结合在一起,各国的进出口贸易无不受到世界市场行情变化的影响。

2.2.3 当代世界市场体系

世界市场是由十分复杂的相互关联而又相互区别的部分构成的。相应地,世界市场可以按不同的标准进行分类。以地区分布为标准,可以划分为北美市场、拉美市场、欧洲市场、中东市场、东亚市场、南亚市场和东南亚等市场;以交易对象为标准可以分为商品市场、劳务市场、金融市场、技术市场和信息市场等;以商品类别为标准可以划分为生产资料市场和消费资料市场。而生产资料市场又可进一步分为制成品市场和原料半成品市场以及零部件等中间产品市场。随着跨国公司全球化生产的发展,中间产品市场规模迅速扩大是世界市场发展的一个重要特征。

当代世界市场体系不仅包括各类国际商品市场,而且还包括与国际商品流通有关的销售渠道、运输网络和信息网络。

1. 世界市场上的商品流通渠道

世界市场上的商品流通渠道是指商品由各国生产领域进入他国消费领域所

采取的购销形式。按照购销业务形式的不同，世界市场可分为有固定组织形式的市场和无固定组织形式的市场。

(1)固定组织形式的国际市场

有固定组织形式的国际市场，是指按照特定的原则和规章进行商品交易的固定场所。这种市场主要包括商品交易所、拍卖中心、博览会和展销会等。

①商品交易所

商品交易所(Commodity Exchange)是对一些大宗商品，主要是初级产品进行买卖和投机活动的有组织市场。交易所中通常没有商品，买卖时无需出示和验看商品，而是根据规定的标准和货样进行交易，成交是在交易所制定的标准合同的基础上进行的，商品交易所由会员组成，只有正式会员才能进入交易所做买卖。会员除自己进行交易外，也可以充当经纪人，替非会员进行交易，收取一定的佣金。

商品交易所最早出现在 17 世纪荷兰的阿姆斯特丹，主要从事粮食交易。目前通过交易所进行交易的主要商品大约有 50 多种，占世界商品流通额的15%～20%。在商品交易所进行交易的商品往往具有同质性，即特征一样、质量相同，如有色金属、谷物、纺织原料、食品和油料橡胶等。

在交易所进行的商品买卖，基本上可以分为实物交易和期货交易两种。实物交易又叫现货交易，是进行实际商品的买卖活动，即成交后以实际货物进行交割的交易方式，合同的执行以卖方交货、买方收货付款来进行。期货交易是指买卖双方在交易所内按照交易所签订的标准合同达成远期交割的贸易方式。这种交易方式下，合同的执行可以是交付实物，但更多的是一种买空卖空的投机性业务(Speculation)或套期保值业务（Hedging）。目前，商品交易所中的交易有80%是期货交易。

随着国际生产专业化程度的提高，交易所中的商品交易也日趋专业化。例如，天然橡胶集中在新加坡、伦敦、纽约、吉隆坡；有色金属集中在伦敦、纽约、新加坡；谷物交易集中在芝加哥、伦敦、利物浦、米兰和鹿特丹。

②拍卖中心

拍卖中心(Auction)作为一种交易市场，已经有几百年的历史了。它是指经过专门组织的，在一定地点定期举行的现货交易市场。这些商品预先经过买主验看，并且卖给出价最高的买主。以拍卖方式进入国际市场的商品，大多数为品质不易标准化，易腐不耐贮存，生产厂家众多或需要经过较多环节才能逐渐集中到中心市场等特点，如毛皮、茶叶、烟草、花卉、古玩工艺品等。

进行拍卖的商品一般都有自己的拍卖中心。羊毛拍卖主要在伦敦、利物浦、开普敦、悉尼等地;茶叶拍卖主要在伦敦、加尔各答、科伦坡等地;烟草拍卖主要在纽约、阿姆斯特丹、不来梅等地进行。从世界范围看,欧美发达国家的拍卖市场规模较大。像苏富比和佳士得两家拍卖行业的巨头,每年的拍卖成交额均在20亿美元以上。

③国际博览会和展览会

国际博览会(International Fair)是定期地集聚在同一地点,在一年中的一定时候和规定期限内举行的有众多家商户参加的展销结合的市场。博览会这种交易市场起源于欧洲中世纪,最初只是在重大节日期间举行,后来逐渐发展成为一种定期举办的展销市场。其目的是使博览会的参加者能够展出自己产品的样品,显示出新的成就和技术革新,以便签订贸易合同,发展业务联系。

展览会(Exhibition)一般是不定期举办的,它与博览会的区别在于只展不销,其目的是展示一个国家或不同的国家在生产、科学和技术领域中所取得的成就,促成会后交易。

国际博览会、展览会的发展趋势是专业化程度不断提高,数量继续增加,机器和设备在展览会展品中的比重显著增加。

(2)无固定组织形式的国际市场

除了有固定组织形式的世界市场以外,通过其他方式进行的国际商品贸易都可以纳入没有固定组织形式的世界商品市场。主要包括单纯的商品购销、补偿贸易、加工贸易和招标与投标。

①单纯的商品购销

单纯的商品购销是指交易双方不通过固定时间而进行的商品买卖活动。其原则是:买卖双方自由成交,对商品的品质、规格、价格以及付款条件进行谈判,谈判可通过面谈、电话与电报、互联网等形式进行。这是世界上最通行的购销形式,可随时随地进行。

②补偿贸易

补偿贸易(Compensation Trade)是与信贷相结合的一种商品购销形式。这就是买方在信贷基础上从卖方进口机器、设备、产品、技术或劳务,然后用商品与劳务支付货款。补偿贸易大致有三种做法:

• 直接产品补偿,又称回购或返销,即一方进口国外的设备和技术后,用这些设备和技术生产出来的产品来分期偿还贷款。此种方式是补偿贸易的基本形式。

• 间接产品补偿,又称互购或反向购买,买方不用上述商品,而是用双方商定的其他产品或劳务偿付贷款。

· 劳务补偿,指进口方不是用产品而是接受出口方委托加工业务,用所得加工费分期偿还贷款。这种做法大多是与来料加工和来件装配结合进行的中小型补偿贸易。

除此之外,买方对进口设备的贷款,还可以部分用商品补偿,部分用现汇支付,此称部分补偿;也有第三方参与,负责接受销售补偿产品或提供补偿产品的,此为多边补偿。

补偿贸易具有三个方面的特点:第一,它不用货币,而是用产品作为主要的支付手段,实际上是买方向卖方提供的中长期贷款,属于商业信贷;第二,货款偿付的分次进行使得整个交易过程较长,业务复杂;第三,贸易与生产相联系。由于此项业务中,买方的生产是货款偿还的基础,因此卖方为确保货款得到偿还,往往对买方提供技术指导,双方存在生产上的合作。

③加工贸易

加工贸易(Processing Trade)是指国内企业使用国外厂商提供的原材料或零部件,按对方提出的质量、技术标准加工成成品交付对方并收取加工费的贸易方式。其主要方式有三种:

· 来料加工,即 A 国按照 B 国委托人的要求,将 B 国委托人提供的原料、辅料加工后将成品交给 B 国委托人,并收取加工费用的购销方式。

· 进料加工,即进口原料进行加工,把成品销往国外,它又称为“以进养出”。

· 来件装配,即由国内企业接受国外厂商提供的零部件,装配成成品后向外商交货,并收取加工装配费用。

需要指出的是,进料加工与来料加工存在着很大的区别。来料加工双方是委托关系,加工方通过接受委托加工获得的是工缴费,不要求承担经营风险。进料加工则是加工方自主经营,通过进出口获得经济利润,需要承担一定的经营风险。

④招标与投标

在国际工程承包业务和大宗商品的采购业务中,招标和投标(Inviation for Bids and Bidding)运用十分广泛。招标是指买方发出招标通知,邀请卖方按照规定的时间、地点进行投标。投标是指卖方应招标通知的邀请根据招标人所规定的招标条件,在约定的时间内向招标人递价,争取中标。

招标与投标同其他贸易方式相比,有其自身的特点,即招标人是按照招标人规定的时间、地点和交易进行竞卖,投资人所发出的投标数是没有交易磋商的一次性报盘。一般来说,这对买方比较有利,可使买方有较多的比较和选择。这就是招标与投标在大宗物资采购中广泛运用的原因之一。

2. 世界市场的商品销售渠道

商品销售渠道是指商品从生产者到消费者手中所经过的环节。出口商为了将出口商品顺利送到外国消费者手中,就必须选择适当的商品销售渠道,以节约企业推销所需要的人力物力,缩短商品销售的时间,并分担销售过程中所可能遇到的各种风险。

世界市场上的商品销售渠道通常由三部分组成:一是出口国国内的销售渠道,包括生产企业或贸易企业本身;二是出口国和进口国之间的销售渠道,包括双方的中间商;三是进口国国内的销售渠道,包括经销商、批发商和零售商。常见的世界商品销售渠道类型如表 2.1 所示。

表 2.1　国际商品销售渠道类型表

出口国	进口国
1 出口企业 ————————————————————→	国外顾客
2 出口企业 → 出口商 → 进口商 —————————→	国外顾客
3 出口企业 → 中间商 → 出口商 → 进口商 → 零售商 →	国外顾客
4 出口企业 → 中间商 → 出口商 → 批发商 → 零售商 →	国外顾客
5 出口企业 → 中间商 → 出口商 → 进口商 → 批发商 →	零售商
6 出口企业 → 中间商 → 出口商 —————→ 零售商 →	国外顾客
7 出口企业 ————————————————————→	零售商

第 1 种类型是国内企业自行出口,到进口国则直接卖给用户。例如企业接受外国顾客直接订货,以邮寄方法交货。第 2 种类型是国内企业避开中间商直接交给出口商出口到进口国;进口国也避开中间商直接卖给客户。它多用于大宗商品交易,因为买主和卖主都比较集中,而且此类商品均有统一的国际市场价格,不宜有太多的中间商插手分享利润。第 3、4、5 种类型大多适用于消费品买卖。为便于销售,一般较多用中间商。第 6、7 种类型一般适用于出口国与进口国的大百货公司、超级市场和连锁商店的贸易。

3. 世界商品运输网

运输是物流的主要功能之一,世界市场的任何物品由其生产地到消费地的空间位移,都是依靠运输来完成的,离开了运输,就不可能实现"物的流通"。世界商品运输网,是由海运航线、铁路干线、航空线、公路线、河道和管道运输构成的,集装箱运输、国际多式联运的发展为世界商品的流通创造了更便利的通道。

4. 世界市场信息网络

世界市场传统信息网络是世界市场的重要组成部分,其交流工具有印刷物、电报、电话、电传、照相机和电影、留声机、收音机和电视等。

随着信息技术革命的到来,世界市场的信息网络出现了新的形式。网上世界博览会、国际电子商务等国际物流成为世界市场的现代网络营销渠道。

2.2.4　当代世界市场发展的主要特征

战后,随着新科技革命的兴起,世界政治经济形势发生了巨大的变化,世界市场呈现出如下一些明显特征。

1. 世界市场规模迅速扩大

战后,一系列原殖民地半殖民地国家独立,并以独立主权国家的身份进入世界市场,使世界市场的参与主体明显增多。另外,各国卷入世界市场的程度也进一步加深,表现为各国和地区的对外贸易依存度有了较大提高;国际贸易的方式也呈现多样化。战后的各国间贸易除了传统的商品贸易之外,还在国际之间开展多种形式的资金、技术、服务等合作和联合投资,共同开发生产各种新产品,开发新市场已屡见不鲜。

2. 世界市场商品结构发生了显著变化

由于第二次世界大战后国际分工格局的变化,国际贸易商品结构也发生了相应的变化。从 20 世纪 50 年代起,工业制成品在国际贸易中超过了初级产品,所占比重不断增加,到 2000 年已接近 80%。由于新技术、新材料的发明创造和广泛应用,产品向高质量、多样化、时髦化方向发展。新材料的不断出现使人类逐渐摆脱了对传统材料的依赖。世界技术贸易发展迅速,技术贸易是技术转让的主要形式,内容包括专利、核心技术和商标等。技术贸易迅速发展是当今世界贸易商品结构变化的一个重要特点。

3. 世界市场的竞争和垄断日益加剧

垄断并没有消灭竞争,反而使竞争更加激烈。战后,世界市场由卖方市场变为买方市场。为了争夺世界市场,各国在设置关税、非关税壁垒限制外国商品进口的同时,积极采取各种奖励措施鼓励和扩大本国商品的出口。另一方面,跨国公司的大量出现和经济贸易集团的不断涌现,各国、各大企业及经济贸易集团为争夺世界市场展开了激烈的竞争,并不断变换竞争策略和方式。主要表现在:第一,各类国家积极组建经济贸易集团,使集团内部贸易量不断扩大。第二,跨国公司通过对外投资和内部贸易经营,使其在各国出口贸易和国际贸易中的比重不断提高。第三,在竞争手段上,各国在进行激烈的价格竞争的同时,更加注重非价格竞争,想方设法提高产品的质量和性能,改变售前售后服务,讲求销售战略和销售策略,加强市场调研等。

4. 网络化的世界市场

20世纪末信息网络技术的迅猛发展,正深刻地影响和改变着世界市场传统的运行方式。信息资源的丰富以及信息传递速度的加快,使各国企业能够更好地了解市场行情,掌握市场动态,捕捉市场商机,从而制定出更科学、更合理的市场策略。据世界贸易组织预计,2002年通过网络进行的国际电子贸易占到世界贸易总额的10.15%。未来10年,全世界贸易将会有三分之一通过网络贸易的形式来完成的。信息网络技术也正在促进金融电子化的发展。世界金融市场资料处理、信息传递和交易清算变得十分快捷,提高了国际金融的经营管理和服务水平。

2.3 世界市场价格

2.3.1 世界市场价格含义

世界市场价格是一定条件下在世界市场上形成的市场价格,也就是某种商品在世界市场上实际买卖时所依据的价格。世界市场价格是衡量国际社会必要劳动消耗大小的标准,是以货币表现的商品的国际价值。这里的货币是指世界货币。正是由于世界货币,才使各国的国内市场价格均衡为世界市场价格。在世界市场产生、形成和发展的大部分时间里,世界货币就是黄金。在当代,世界货币就是国际货币(纸币),其中包括美元、日元和欧元等。国际货币是世界市场上商品交易正常进行和世界市场价格统一的基础。

2.3.2 影响世界市场价格变动的因素

世界市场价格经常变动,其变动受到一系列国际因素的影响。

1. 国际价值是世界价格变动的基础

商品的国际价值是决定商品国际价格的基础,但是,由于在国际市场上受到供求等各种因素的影响,商品的国际价格并不总是与国际价值相一致,它随着供求等因素的变化围绕国际价值量而上下波动,通过国际价格对国际价值量的偏离,以平均数的规律实现国际价值量。

2. 世界市场供求对世界市场价格的直接影响

世界市场供求关系是影响世界市场价格的直接因素。国际政治、经济、军事、自然条件等因素对世界市场价格的影响，都是通过供求机制实现的。

供求变动对世界市场价格的影响可以概括为以下几种情况：

(1)需求不变，供给增加（减少），世界市场价格下跌（上涨）；

(2)供给不变，需求增加（减少），世界市场价格上涨（下跌）；

(3)供给增加，需求减少（或供给减少，需求增加），世界市场价格将急剧下跌（上涨）；

(4)供给与需求同时增加（减少），如果供给增加（减少）的幅度大于需求，则世界市场价格下跌（上涨）；反之，世界市场价格上涨（下跌）。

这是以世界市场供求的自发作用为前提的，如果存在垄断或政府干预则另当别论。

3. 垄断因素

发达国家内部垄断组织往往通过对世界市场的垄断和控制，左右世界市场的价格。它们采取直接或间接的方法获取最大的利润。直接的方法主要有：垄断原料市场，开采原料并按垄断价格出售原料；瓜分销售市场，规定国内市场的商品销售额，利用转移价格（在公司内部相互约定出口，采购商品和劳务时的价格）。间接方法有：限制出口份额、减产、限制和阻碍新工厂的建立、在市场上收买"过剩"产品并出口"过剩"产品。

4. 货币价值是影响世界价格的基本因素

国际通用货币的升值或贬值，会直接影响世界市场价格。

第二次世界大战以后，西方国家普遍存在通货膨胀，其主要货币的对内贬值，拉动了世界市场价格的总体上涨。而浮动汇率制度下，西方主要货币的波动则使得世界市场价格随之变动。

5. 各国政府的政策措施

第二次世界大战后国际市场价格变化的历史与现实充分表明，各国政府的政治、经济贸易政策会对国内及国际市场价格产生直接的影响。如当一国采取封锁的经济政策时，该国国内市场与国际市场分离，国内市场的传导机制不受国际市场供求变化的影响。而当一国实行出口补贴、进口管制、外汇管制政策时，必然会使国际市场上受限货物的价格上升或下降。对国际市场影响较大的政府政策主要有价格或收入支持政策、进出口补贴政策、关税政策、外汇政策、税收政策和财政金融政策等。

6. 经济周期

在经济繁荣或经济"过热"时期,商品的市场价格可能会高于其平均水平;而在危机和萧条时期,商品的市场价格可能会低于其平均水平。市场经济中的商品价格,随着经济周期而不断波动。

2.3.3　世界市场价格的种类

由于世界市场上自由竞争与垄断并存,因此出现了"自由市场"价格与"封闭市场"价格并存的现象。

1. 世界"自由市场"价格

世界"自由市场"价格,是指在国际间不受垄断或国家垄断力量干扰的条件下,由独立经营的买者和卖者之间进行交易的价格。国际供求关系是这种价格形成的客观基础。

自由市场是由较多的买主和卖主集中在固定的地点,按一定的规则,在规定的时间进行的交易。尽管这种市场也不可避免地会受到国际垄断和国家干预的影响,但是,由于商品价格在这里是通过买卖双方公开竞争而形成的,所以它常常较客观地反映商品供求关系的变化。联合国贸易与发展会议所发表的统计中,把美国谷物交易所的小麦价格,玉米(阿根廷)的英国成本,保险加运费价格(CIF),大米(泰国)曼谷装运港船上交货价格(FOB),咖啡的纽约港交货价格等36种初级产品的价格列为世界"自由市场"价格。

2. 世界"封闭市场"价格

世界"封闭市场"价格,是指商品通过封闭性渠道到达消费者手里。国际间的供求关系通常不对价格产生实质影响。如跨国公司在内部交易时采用的调拨价格与外部企业交易时采用的垄断价格,区域性经济贸易集团内的价格和国际商品协定下的协定价格等。

(1)调拨价格

调拨价格,又称转移价格,指的是跨国公司根据其全国战略目标,在母公司与子公司、子公司与子公司之间销售商品和服务时采用的内部价格。调拨价格不受市场一般供求关系的影响。

具体说来,跨国公司利用调拨价格的目的可归纳为以下几个方面:

①利用调拨价格达到避税目的。跨国公司的子公司遍布世界各地,跨国公司可以操纵公司内部交易价格,把公司的全球性纳税负担降至最低限度,以便在低税国家增加利润。

②利用调拨价格来加强公司的竞争地位,或控制市场竞争。例如,通过贬低

原料价格，受惠公司能够按照较低的费用生产产品，从而增加它的市场份额或阻止新竞争者进入市场。

③利用较高的调拨价格把款项从一国调到其他国家。例如当一国即将实行货币贬值时，公司可能尽力提高调拨价格以利于利润和其他现款从那个国家转移到国外；或当一国实行外汇管制时，公司采取提高进口货价格的办法，就可以增加向国外的汇款。

④当一国实行物价管制时，跨国公司通过操纵调拨价格，就可以达到抬高价格增加利润的目的。

此外，利用调拨价格，跨国公司还可以达到资源保全、回避政治风险等目的。如跨国公司为了保持自己在技术上的垄断，就可以将核心技术保留在公司总部并通过调拨价格向子公司收取保管费，从而达到技术保全。

(2)垄断价格

一般是指在世界市场上具有一定垄断地位的跨国公司，利用其经济力量和市场力量所决定的价格。这样的跨国公司可以在不同的国家，对同样的商品规定不同的价格，也就是实行差别定价。在世界市场上，国际垄断价格有两种：一种是卖方垄断价格，另一种是买方垄断价格。前者是高于商品的国际价值的价格，后者是低于商品的国际价值的价格。在两种垄断价格下，跨国公司均可取得超额垄断利润。垄断价格的上限取决于世界市场对于国家垄断组织所销售的商品的需求量，下限取决于生产费用加国际垄断组织所在国的平均利润。由于垄断并不排除竞争，故垄断价格也有一个客观规定的界限。

(3)国家垄断价格或管理价格

在世界市场上，不仅国际垄断组织对商品价格进行操纵控制，各个国家的政府机构也对它们进行干预调节。农产品和战略物资是国家进行干预的主要领域。国家机构对农产品价格的干预一般有以下几种方式：①通过收购或对农场主贷款来支持价格；②限制产量；③按照管理价格与市场价格之间的差额大小给予补贴；④管理进出口；⑤国家经营收购业务和进出口贸易，对于战略物资，国家则从自身利益出发进行存储和抛售。

(4)区域性经济贸易集团内的价格

第二次世界大战后出现了许多区域性的经济贸易集团，在这些经济贸易集团内部形成了区域性经济贸易集团内的价格。如欧盟共同农业政策中的共同价格。共同产品价格的主要内容是：①欧盟内部农产品实行自由贸易；②对许多农产品实行统一价格来支持农场主的收入；③通过规定最低的进口价格来保证农产品价格稳定，并对内部生产提供一定优惠幅度；④征收进口差价税以保证最低价格的实施;⑤以最低价格进行农产品支持性采购;⑥对过剩农产品采用补贴出口和加速国内消费。

(5)国际商品协定下的协定价格

国际商品协定是指某项商品的生产国(出口国)与消费国(进口国)就该项商品的购销、价格等问题,经过协商达成的政府间多边贸易协定。签订国际商品协定的目的主要是为了稳定价格,消除中短期价格波动。其主要做法是:建立缓冲存货和缓冲基金,并规定最高限价和最低限价,出口限额和进口限额。当有关商品价格降到最低限价以下时,便减少出口或用缓冲基金从市场上收购商品;当有关商品价格涨到最高限价以上时,则扩大出口或抛售缓冲存货,以此来稳定价格。

2.4 贸易条件

贸易的原因是为了追逐利益,贸易的结果是利益的实现。虽说开展贸易可以实现共赢,但贸易参与方利益的实现程度即贸易利益的分割与贸易条件息息相关。本节将从理论和实践两方面对贸易条件的决定、变动及其对贸易利益的影响加以探讨。

2.4.1 贸易条件的含义

1. 贸易条件

贸易条件(Term of Trade)是一个国家以出口交换进口的条件,即两国进行贸易时的交换比例。它有两种表示方法:一是用物物交换表示,即用实物形态来表示的贸易条件,不牵涉货币因素和物价水平的变动。当出口产品能交换到更多的进口产品时,贸易条件改善了,反之则恶化了。二是用价格来表示的贸易条件,就是一国所有的出口商品价格与所有的进口商品价格的比率。由于现实生活中参与国际贸易的商品种类很多,而且价格水平也在不断变化,因此这种贸易条件通常用出口商品价格指数与进口商品价格指数之比亦即贸易条件指数来表示。

2. 贸易条件指数

根据不同的研究需要,贸易条件指数主要有以下三种:

（1）商品贸易条件指数

商品贸易条件指数，是一定时期内一国出口商品价格指数与进口商品价格指数之比。它表示一国每出口一单位商品可以换回多少单位的进口商品。

以 P_x 表示出口商品的价格指数，P_m 表示进口商品的价格指数，则商品贸易条件指数 T（一般用百分数表示）为：

$$T = (P_x/P_m) \times 100$$

当商品贸易条件指数 T 大于 100 时，表明同等数量的出口商品换回了比基期更多的进口商品，贸易条件得到改善；当商品贸易条件指数 T 小于 100 时，表明贸易条件恶化。可见，贸易条件的实质是国际贸易利益的分割问题。

例：若 1980 年为基准年，进出口商品价格指数均为 100，商品贸易条件指数也是 100。1990 年底该国出口商品价格指数下降 5%，为 95，进口商品价格指数上升 10%，为 110，则该国商品贸易条件指数为：

$$T = (95/110) \times 100 = 86.36$$

1980—1990 年间该国的贸易条件指数下降了近 15 个百分点，贸易条件恶化。但是，商品贸易条件指数有效性通常只局限于不发生进出口商品结构变动的一定时期之内。它是用来表示在过去一段时期内单位商品的贸易利益是增加了还是减少了，即表示贸易利益的变动，并不能表示一国获得的贸易利益总量（这是无法计算的）。而现实生活中，一国的进出口商品结构有时会发生较大的变动，如以前进口的商品现在转变为出口，就可能对商品贸易条件发生很大影响。另外，商品贸易条件指数的变动反映贸易条件是改善了还是恶化了，它不能表示贸易条件是否合理。商品贸易条件指数的下降并不必定意味着一国贸易利益的减少，这还要结合其他因素进行具体分析，才能做出合理的判断。

（2）要素贸易条件指数

如果把商品贸易条件与要素生产率结合起来考察，可以得到要素贸易价格指数。只考察贸易条件与一国出口商品生产部门要素生产率的关系，是单项要素贸易条件；同时考察进出口商品生产部门要素生产率对贸易条件的影响，是双项要素贸易条件。

单项要素贸易条件是一定时期内一国出口商品生产部门要素生产率指数与商品贸易条件指数的乘积。以 S 代表单项要素贸易条件指数，Z_x 代表一国出口商品生产部门要素生产率指数。则其计算公式为：

$$S = (P_x/P_m) \times Z_x$$

若该国商品贸易条件指数变化状况与前例相同，而该国出口部门生产率从 1980 年的 100 上升到 1990 年的 130，则该国单项要素贸易条件指数为：

$$S=(95/110)\times130 =112.27$$

这意味着体现在该国出口商品中的每单位国内生产要素所得到的进口商品的数量,1990年比1980年增加了12.27%。尽管该国的商品贸易条件恶化了,但因在这期间出口商品要素生产率提高的幅度大于商品贸易条件指数下降的幅度,从要素贸易条件看还是改善了。当然,其他贸易伙伴国与该国共同分享了其出口部门生产率增加的部分。

由此可见,商品贸易条件下降不一定导致一国贸易利益减少。在劳动(要素)生产率提高的基础上,一国主动地降低商品贸易条件,还可扩大市场占有率,反而有可能获得更大利益。如果一国商品贸易条件下降幅度超过劳动生产率上升幅度,该国贸易利益就会减少,随着贸易量的扩张,实际收入水平将会下降,出现所谓贫困化增长。这时该国就需要对国内经济结构进行调整,以改变进出口商品结构。

双项要素贸易条件指数不仅考虑出口商品要素生产率的变化,而且考虑进口商品要素生产率的变化。如果以D代表双项要素贸易条件指数,以Z_m代表进口商品要素生产率指数。则其计算公式表示为:

$$D=(P_x/P_m)(Z_x/Z_m)\times100$$

若商品贸易条件指数和出口商品要素生产率指数仍按前例,进口商品要素生产率指数1980—1990年期间从100上升到105,则该国双项要素贸易条件指数为

$$D=(95/110)(130/105)\times100 =106.92$$

这表明,如果一国出口商品要素生产率指数提高幅度大于进口商品要素生产率指数提高幅度,就可能抵消商品贸易条件恶化而获得双项要素贸易条件改善。这反映了进出口国贸易竞争,实质上是劳动生产率竞争这一现实。劳动生产率水平的高低,是决定一国商品国际竞争力的关键,也是影响一国分享贸易利益多少的主要因素。

(3)收入贸易条件指数

收入贸易条件指数是一定时期内出口量指数与商品贸易条件指数的乘积,它表示一国用出口支付进口的能力。我们以I代表收入贸易条件指数,Q_x代表出口量指数。则其计算公式表示为:

$$I=(P_x/P_m)Q_x$$

P_x与Q_x的乘积表示一国的出口总收入指数,再除以进口价格指数,显然表示一国进口支付能力。仍然以上述例子来说,如果商品贸易条件指数变化相同,而该国出口量指数从1980年的100上升到1990年的120,则该国收入贸易条

件指数为：

$$I = (95/110) \times 120 = 103.63$$

尽管该国商品贸易条件恶化，但因出口能力提高和出口收入增加，该国1990年进口能力还是比1980年提高了3.63%，也就是说收入贸易条件改善了。

在现实的经济生活中，往往会遇到这样的两难选择：要扩大出口，增加外汇收入，需要降低出口商品价格以扩大市场占有率，但这显然会使商品贸易条件恶化。而要维持比较有利的贸易条件，出口量又不容易增加，不能满足支付日益扩大的进口对外汇的需求。这个矛盾在发展中国家经济发展较快时期尤其尖锐。解决矛盾的根本途径在于提高劳动生产率，不断改善出口商品结构。

2.4.2 贸易条件研究的意义与作用

无论何种贸易条件，总是要把出口价格指数与进口价格指数加以比较，而不是一般注意商品国际价格的变动。这是因为，国际贸易是以国家为基本经济单位的，各个国家通常既是出口者又是进口者，进口和出口的商品往往不同。因此，即使知道了商品国际价格及其变动，也必须考察各个国家实际的进出口商品数量及其结构，才能确定一国贸易利益的变动情况，这就要研究贸易条件。因此，贸易条件问题不是一般的商品国际价格问题（虽然它离不开对国际价格的观察和研究），而是各国间贸易利益的分割问题。

2.4.3 关于贸易条件决定的理论

西方经济学经典理论关于贸易条件问题的研究主要建立在英国经济学家约翰·穆勒提出的相互需求原理解释贸易条件基础之上。穆勒之后的英国经济学家马歇尔在相互需求原理的基础上，进一步论证了有关均衡贸易条件的理论和方法。其后则为当代经济学家对贸易条件理论的多方面发展。

1. 相互需求原理

约翰·穆勒在《政治经济学原理》一书中提出了相互需求论，对比较利益作了重要的说明和补充。他在相互需求论基础上，用两国商品交换比例的上下限解释贸易条件的范围，用相互需求程度解释贸易条件的变动，用贸易条件说明贸易利益的分配。

（1）贸易条件的范围

穆勒在比较利益的基础上，用两国商品交换比例的上下限阐述了贸易双方获利的范围问题。相互需求论认为，交易双方在各自国内市场有各自的交换比例，在世界市场上，两国商品的交换形成一个国际交换比例（即贸易条件），这一比例只有介于两国的国内交换比例之间，才对贸易双方均有利。现在以英美两国按比较优势原则生产和交换小麦、棉布为例。假定英美两国投入一定量的劳动生产棉布、小麦的数量如表 2.2 所示。

表 2.2　英美两国两种产品的国内交换比例

	棉布（吨）	小麦（吨）	国内交换比例
英　国	10	15	10：15
美　国	10	20	10：20

无贸易时，英国国内 15 吨小麦换 10 吨棉布，美国国内 20 吨小麦换 10 吨棉布，英国棉布便宜，美国小麦便宜。按比较优势原则，英国和美国的贸易格局必然是英国出口棉布，进口小麦；美国则相反。那么，两国以什么样的交换比例交换呢？对英国来说，出口 10 吨棉布至少要换回 15 吨以上的小麦；对美国来说，出口 20 吨小麦至少要换回 10 吨以上的棉布。因此，两国间棉布和小麦的交换比例必须介于英美两国国内交换比例之间，才会使两国都从贸易中获利。

$$10：20<棉布和小麦的交换比例<10：15$$

在这一范围内，当国际交换比例越接近英国国内交换比例时，美国获利越多；越接近美国国内交换比例时，英国获利越多。达到或超越任何一国国内交换比例，意味着一方获得全部利益，而另一方损失了利益。因此，实际的交换比例只能介于两国国内交换比例所确定的范围之内，即比较成本确定了贸易条件的上下限。

（2）相互需求状况决定具体的贸易条件

在上述比较成本所确定的交换比例范围内，实际的交换比例是由什么决定的呢？约翰·穆勒认为，这取决于两国对对方产品的需求状况。当英美两国的相互需求能使贸易双方的总出口恰好支付其总进口亦即双方的国际收支趋平衡时，交换比例就被现实地确定了。这就是所谓"国际需求方程式"。

贸易双方对对方产品的需求状况决定两国现实的贸易条件。如果相互需求失衡，那么双方就要调整进出口需求量或者调整交换比例以达到均衡。贸易条件的变动必须使相互需求方程式成立。

（3）贸易条件影响贸易利益的分配

贸易利益的大小取决于两国国内交换比例之间的范围的大小，而双方在贸易利益分配中所占份额的多少，则取决于具体的贸易条件。国际商品交换比例越接近于本国国内的交换比例，说明本国从贸易中获得的利益越接近于分工和交换前自己单独生产时的产品量，对本国越不利，分得的贸易利益越少。相反，国际市场交换比例越接近对方国家的国内交换比例,对本国越有利,分得的贸易利益越多。

2. 马歇尔的相互需求论

马歇尔用均衡价格论来解释描绘贸易条件的提供曲线,对约翰·穆勒的相互需求论作了进一步的分析和说明。

(1)提供曲线及其性质

穆勒用相互需求方程式说明贸易条件的决定,而马歇尔则用提供曲线来解释贸易条件的决定及其变动。

提供曲线(Offer Curve),也称相互需求曲线,它表示一国想交换的进口商品数量与所愿意出口的本国商品数量之间的函数关系。它表明一国进出口的贸易意向随着商品的相对价格(交易条件)的变化而变化。

假设有 A、B 两国,A 国专业化生产 X 商品,B 国专业化生产 Y 商品,两国相互开放,进行贸易。A 国出口 X,进口 Y;B 国出口 Y,进口 X。A 国的提供曲线表明在不同的贸易条件下,A 国愿意出口多少 X 商品来交换 Y 商品;B 国的提供曲线表明在不同的贸易条件下,B 国愿意出口多少 Y 商品来交换 X 商品。

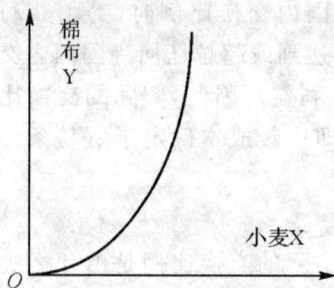

图 2.1　A 国提供曲线　　　　　图 2.2　B 国提供曲线

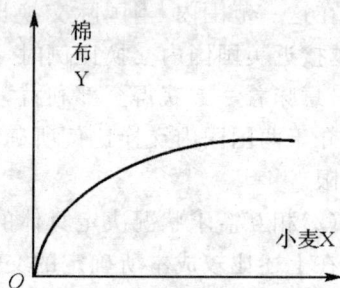

从图 2.1 中可以看出,提供曲线经过某一临界点后,便会向回弯曲,形成弓形模样,这是因为成本递增的结果。随着生产专业化程度的扩大,A 国提供 X 商品的成本会愈来愈高,边际替代率越来越低。因此,即使外国愿意提供更高的价格,该国愿意出口的商品产量也会越来越少。图 2.2 是 B 国的提供曲线。同理,B 国的提供曲线的弯曲方向刚好和 A 国相反。

(2)以提供曲线表示贸易条件的均衡与均衡的恢复

如果把贸易双方的提供曲线合并到一张图上,它们将相交于一点。由于两条提供曲线在原点的斜率不同,即两国国内的均衡价格存在差异,它们总会在某处相交,因此两国国内均衡价格不同就为贸易提供了基础。如果国际市场的贸易条件偏离了均衡点,两国的供求力量会自动使市场恢复均衡,如图2.3所示。只有 E 点满足贸易均衡的两个条件:①各国商品的进口和出口需求平衡;②各国的贸易收支平衡,$P_E = P_X/P_Y = OR_0/OW_0$。除 E 点外,两条曲线上的任何一点都不具备这些性质,即贸易都不平衡。

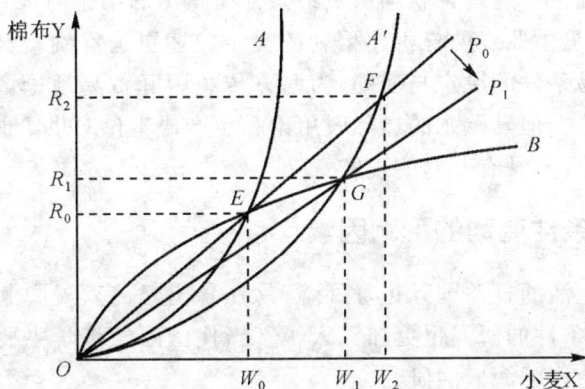

图2.3 美国对进出口商品需求的增加引起的提供曲线的转移

英美两国开始时贸易均衡点为 E,贸易条件为 P_0。由于消费选择的改变,美国对进口商品棉布的需求相对于小麦而言大幅度增加。美国愿意提供更多的小麦来交换棉布。因此,美国的提供曲线由 OA 移动至 OA',美国的供求情况则变为 F 点。而英国对小麦、棉布的供求不变,仍处于 E 点,两国间贸易失去平衡。这种情况导致国际市场上的小麦供大于求,棉布供小于求,棉布的相对价格将会上涨,贸易条件相应地由 P_0 往右下方移动,直至 P_1,两国贸易在 G 点恢复均衡。

(3)提供曲线的移动

提供曲线既可看作一国的出口供给曲线,又可视为一国的进口需求曲线,因此,当供给或需求发生变化时,一国的提供曲线的位置就会移动。提供曲线的移动往往会改变一国的贸易条件,进而对一国的总福利水平和贸易利益产生显著影响。

引起提供曲线移动的需求方面的主要因素有消费偏好、收入水平、需求构成的改变等。如果其他条件不变,需求的变化会改变一国提供曲线的形状。从供给方面看,造成提供曲线移动的主要因素有资源总量、技术水平和要素生产率的变化等等。

供求变动使得提供曲线移动时,将会产生两种效应:一是贸易条件效应,二是贸易数量效应。供给不变,需求变动可分为两种情况:一是国内对出口商品的需求增加,二是国内对进口商品需求增加。需求变动导致提供曲线移动对某国净福利的影响取决于上述两者的比较。如果贸易条件改善的有利程度大于贸易数量缩减的不利程度,一国总的贸易情况改善,净福利增加;反之,一国总的贸易情况恶化,净福利减少。

马歇尔的提供曲线理论就均衡贸易条件所得出的结论与穆勒的相互需求原理是一致的,但提供曲线的分析比穆勒的文字叙述更为准确。马歇尔用几何分析方法说明贸易条件的决定与变动,为西方传统国际贸易理论增添了新的表达手段和研究方法。但马歇尔的边际效用论和生产成本论对供给曲线的解释带有主观随意性,并且不具有普遍的现实意义。

2.4.4 贸易条件变动的影响因素

随着经济生活的日益国际化,国际贸易在各国经济发展中起着越来越重要的作用,对贸易条件的研究也更加深入了。当代国际经济学主要从以下几方面对贸易条件理论作了深入的研究。

1. 技术进步对贸易条件的影响

假定只有资本和劳动两种生产要素,生产劳动密集型、资本密集型两种商品,技术进步可分为三种类型:

(1)中性技术进步——劳动和资本的边际生产率以同比例增长,即在要素相对比率不变的情况下,生产相同数量的商品和劳务所需的资本和劳动以等比例下降,但产品中的要素密集度不变。

(2)节约劳动型技术进步——资本的边际生产率比劳动的边际生产率提高得要快。在要素相对价格比率不变的情况下,将相对多用资本要素而少用劳动要素,即生产中一部分劳动将被资本所替代,每单位劳动使用的资本增加,结果是所给定的产量可以用更少单位的劳动和资本生产出来,但资本/劳动的比率提高了,即节约了劳动。

(3)节约资本型技术进步——劳动的边际生产率比资本的边际生产率提高得要快,在要素相对价格比率不变的情况下,将相对多用劳动要素而少用资本要素,即生产中一部分资本将被劳动所替代,资本/劳动比率降低了,即节约了资本。

节约劳动型技术进步会导致劳动密集型产品产量的增加。如果劳动密集型产品为出口产品,那就会因增加出口而可能导致国际市场供过于求,价格下跌,贸易条件趋向恶化;如果劳动密集型产品为进口竞争产品,则节约劳动型技术进步会导致该国进口减少,进口产品价格可能因此下跌,贸易条件趋向改善。

　　节约资本型技术进步会导致资本密集型产品产量的增加。如果资本密集型产品为出口产品,那就会导致出口增加,有可能引起出口价格下跌而使贸易条件趋向恶化;如果资本密集型产品是进口竞争产品,那就会导致进口减少,有可能使贸易条件得到改善。

　　中性技术进步会使得劳动密集型、资本密集型产品都会增加,对一国贸易条件的影响主要看何种资源密集型产品为出口产品,其对贸易条件的影响可以从上述两种情况加以具体推定。

　　2. 技术贸易与贸易条件

　　如果引进的技术是偏向劳动密集型产品的技术,那么为支付进口技术设备的费用,势必要增加劳动密集型产品的出口。但如果世界市场上该类产品已经饱和,甚至供大于求,而有关国家又对劳动密集型产品进口实行保护壁垒措施(事实上如此),那就会使本来就缺乏需求弹性的劳动密集型产品的出口变得更加困难。在这种情况下,试图通过引进偏向劳动密集型产品的技术,生产更多的劳动密集型产品以增加出口,势必导致世界市场价格的下降和贸易条件的恶化。

　　如果引进的技术是偏向资本密集型产品的技术,为支付进口技术及设备的费用,就要相应地增加出口。一般说来,与进口技术相联系的是资本、技术密集型的产品出口,或者相应地减少了资本、技术密集型产品的进口。很明显,随着进口替代的发展和对引进的技术进行消化、吸收以及创新,不仅可以改变商品进口结构,而且有可能改变产业结构,从而改变出口商品的构成。可见,这是一种有利可图的技术引进。

　　3. 国际收入转移对贸易条件的影响

　　国际收入转移对贸易条件的影响,最早由俄林和凯恩斯在有关第一次世界大战后德国巨额的战争赔款对德国经济究竟有多大影响的论战中提出来的。

　　克鲁格曼认为,如果本国将收入的一部分转移到国外,本国的收入将减少,并因此减少支出,相应地外国将增加支出。如果各国支出占世界支出总额的比例发生变动,则世界的相对需求会发生变动,从而影响各国的贸易条件。

　　若收入转出国对出口产品的边际支出倾向高于收入转入国,则收入转移将使收入转出国贸易条件恶化。因为收入转出国收入减少导致对出口产品国内需求减少,由此增加的出口却大于外国对其需求的增加。这种贸易格局的变动如果能影响出口价格,一定是收入转出国出口价格的下降。若其他条件不变,则收入转出国贸易条件恶化。相反,若收入转出国对出口产品的边际支出倾向低于收入转入国,则收入转移将使收入转出国贸易条件改善。

4. 经济增长对贸易条件的影响

经济增长对贸易条件的影响，就是从供给方面来考察影响贸易条件变化的因素。经济增长可能是技术进步，也可能是资本与劳动等要素积累所带来的结果。本部分只考察生产要素增长带来的经济增长对贸易条件的影响。生产要素的增长可分为两种情况，一种是生产要素的中性增长，即各种要素都以相同的比率增长。这种情况下，国际贸易会按同样的比例和同样的贸易条件，继续向相同的方向流动，只是规模和数量扩大了。然而，要素中性增长并非常态，我们将重点考察生产要素的不平衡增长情况。

一种要素的增长会带来密集地使用该种要素的产品的绝对扩张与密集地使用另一种要素的产品的产出的绝对缩减，这一结论以英国经济学家T. M. Rybczynski 的名字命名，称为罗勃津斯基定理。这个定理假定商品价格和生产要素的价格不变，这意味着生产这两种商品的要素密集度不变。在劳动数量增加的前提下，这种情况发生的唯一途径就是，资本密集型部门释放出部分资本，与新增的劳动共同用于劳动密集型部门的生产。当这种情形发生时，资本密集型产品的产出就会下降，而劳动密集型产品的产出就会扩张。

国际经济学中通常假设小国是指该国的进出口贸易变动不能影响国际市场价格，是国际市场价格的接受者。因此，小国的经济增长不会导致该国的贸易条件的改变，即小国的经济增长没有贸易条件效应。

考察经济增长对贸易条件的影响将以大国条件为基础。如果劳动密集型产品是这个国家的相对优势产品即出口产品，资本密集型产品是这个国家的相对劣势产品，那么随着劳动力的增加，该国的出口量和进口量都会增加。如果劳动密集型产品因该国增加出口而引起价格下跌，资本密集型产品因该国增加进口而引起价格上涨，那就会导致贸易条件的恶化。

如果劳动密集型产品是这个国家的进口竞争产品，而资本密集型产品是出口竞争产品，那么随着劳动力的增加，进口将会减少，同时出口也将减少，此种情形将会导致该国贸易条件的改善。

当一大国因经济增长而恶化了贸易条件，从而导致本国福利水平下降的情况，即为巴格瓦蒂所说的贫困化增长（Immiserizing Growth）。

20 世纪 30 年代，巴西是当时的咖啡生产国，咖啡的出口量在世界市场上占很大的比重。巴西咖啡生产的扩大使得当时的国际市场上咖啡价格大幅度下跌，造成巴西实际收入反而比生产扩大前减少，这就是贫困化增长在现实经济生活中的一个例子。贫困化增长的发生须同时满足一系列条件，其中最主要的是：

第一，增加的生产要素必须是用于生产偏向出口产品的。若一国的经济增长偏向于可出口部分,就会导致出口供给的扩大,从而使该种商品的世界总供给有可能大于世界总需求,使得该种商品的国际市场价格下降,导致贸易条件对该国不利。

第二,外国对该种商品的进口需求为价格无弹性。此时,该国该种商品出口供给的扩大就会使价格下跌,从而使贸易条件恶化,出现贫困化现象。

第三,该国在该产品贸易上是贸易大国,即其供应量的增长会影响国际商品价格水平。

5. 贸易政策与贸易条件

20 世纪 70 年代,各国贸易政策逐渐向国际贸易保护主义转化,其中一种观点认为可以通过限制性贸易政策来改变本国的贸易条件,达到增加本国福利的目的。从经济意义上说,本国征收关税降低了世界市场上对外国产品的需求,进口产品的世界市场价格将随之下跌,P_X/P_M 就上升。因此,征收关税有可能改变本国贸易条件,增加本国的福利,但外国产品的贸易条件却会恶化,外国的福利将因此受损。

理论上存在一种使一国福利最大化的关税税率,即最优关税税率(Optimum Tariff Rate)。从概念上说,它也就是使一国从价格提高中获得的收益与从进口数量减少中遭受的损失二者间的正差额达到最大的关税税率。若实际关税税率高于这一最优税率,则福利水平就会低于其最大值,因为进一步改善贸易条件所能增加的收益已远不抵进口数量减少所造成的损失增加。

如果一国的目标仅仅是为了改善贸易条件,那么其他任何国内政策工具如对进口竞争性的生产发放补贴等,都不能比关税更加有效地达成这一目标。不过,由于贸易伙伴国的福利会因此受损,因此通过改善贸易条件来达到增加一国福利终究还是一项以邻为壑的方法。

【本章小结】

本章首先介绍了国际贸易分工的基本理论,在明确国际分工含义的基础上,分析了影响国际分工形成和发展的因素,具体阐述了国际分工的发展阶段及国际分工与国际市场、国际贸易的关系。

以国际分工为基础分析了世界市场在国际经济中的作用,其形式和发展过程及当代世界市场体系构成。世界市场是在一个世界范围内由各国的供给和需求关系决定商品价格的市场,它是国际分工和国际贸易的结果。

世界市场按照购销业务形式的不同,可分为有固定组织形式的市场和无固定组织形式的市场。前者主要包括商品交易所、拍卖中心、博览会和展览会等。

无固定组织形式的市场主要包括：单纯的商品购销、补偿贸易、加工贸易和招标与投标。加工贸易的迅速发展是 20 世纪 70 年代以来国际贸易的主要现象，而且随着跨国公司全球化的发展，其有可能获得进一步的发展。

世界市场价格是一定条件下在世界市场上形成的市场价格，也就是某种商品在世界市场上实际买卖时所依据的价格，它受商品价值、国际市场供求、货币价值、垄断等因素的影响。按照市场竞争与垄断程度划分，世界市场价格可以分为"自由市场"价格与"封闭市场"价格。

贸易条件关系到贸易利益的分割，影响到贸易参与国的经济发展与国民福利，本章最后在介绍贸易条件基本知识的基础上，分析了有关贸易条件的决定理论。西方经济学经典理论关于贸易条件问题的研究主要建立在英国经济学家约翰·穆勒提出的相互需求原理解释贸易条件基础之上的。穆勒之后的英国经济学家马歇尔在相互需求原理的基础上，进一步论证了有关均衡贸易条件的理论和方法。其后则为当代经济学家对贸易条件理论的多方面发展。

⇨【案例分析】

美欧对香蕉市场的争夺

1997 年 9 月 25 日世界贸易组织解决争端机构受理以美国为首的香蕉出口国联盟对欧盟香蕉贸易政策的起诉，裁定：给予欧盟 15 个月的时间修改其香蕉进口制度，之后再行裁定。然而 1999 年 1 月 1 日出台的欧盟香蕉配额制度仍然没有令美国满意，美国于 1999 年 3 月 3 日宣布单方面对来自欧盟的价值 5.2 亿美元的产品征收 100% 的惩罚性关税。欧盟对此报复性措施相应做出的反应是要求世界贸易组织解决争端机构对美国"301"条款的合法性进行审议。最终，世界解决争端机构于 1999 年 4 月 8 日裁定认为欧盟的香蕉进口与销售机制违反了世界贸易组织的规则，应予以修改；1999 年 4 月 12 日又裁定美国可以对欧盟的产品进行制裁，但裁定的制裁金额为 1.914 亿美元，远低于美国原先提出的 5.2 亿美元。这样看来，欧盟尽管受到了制裁，但仍然是取得了一定程度的胜利。

农产品贸易一直以来是美欧之间保护市场的一个焦点，本案例从它们双方对香蕉市场的争夺，反映出美国与欧盟之间在占领国际市场方面的激烈竞争。

（选自 http://news.shufe.edu.cn/）

案例点评

　　国际贸易被称为没有硝烟的战争,在世界经济趋于一体化的当代,各国对世界市场的争夺是愈演愈烈了。

　　首先,从以上这场势均力敌的较量中,我们看到竞争主体已经借助于组成经济贸易集团来参与国际竞争。

　　其次,世界市场从来就是不平等的,其秩序通常由在国际分工和国际贸易中已取得优势的发达国家所操纵。

　　再次,由于各主体在世界市场上的竞争,世界市场也不稳定。不仅国家积极参与、介入世界市场的竞争,而且各国为提高竞争力,不断探索使用新的政策手段和竞争方式,竞争手段趋于多样化。

▷ **【思考练习】**

　　1.名词解释

　　加工贸易　补偿贸易　来料加工　进料加工　调拨价格　贸易条件
提供曲线　罗勃津斯基定理

　　2.世界市场上的商品流通渠道主要有哪些? 其主要特点各是什么?

　　3.试述跨国公司运用调拨价格的目的。

　　4.试述来料加工与进料加工的区别与联系。

　　5.相互需求原理的主要内容是什么?

　　6.试述一国国内经济增长对贸易条件的影响。

　　7.试述关税政策对一国贸易条件的影响。

　　8.影响一国贸易条件改善的相关因素有哪些?

第 3 章

国际贸易理论评述 　 ＞＞＞　＞

本章按照历史发展顺序,介绍了西方国际贸易的主要思想和理论。重点介绍重商主义和重农主义贸易思想、绝对优势理论、相对优势理论、生产要素禀赋学说以及"里昂惕夫之谜"等传统国际贸易基本理论和规模经济理论、产品生命周期说、需求偏好相似说、产业内贸易理论、国家竞争优势理论以及战略性贸易理论等当代国际贸易理论。并能够结合上述理论学习去分析、认识当代国际贸易发展过程中的各种经济现象。

3.1　传统国际贸易理论

亚当·斯密前的贸易思想主要包括重商主义保护贸易思想和重农主义自由贸易思想。真正意义上的国际贸易理论的起点应该是亚当·斯密提出的绝对优势理论。而 40 年后,大卫·李嘉图在此基础上提出了更为完善的比较优势理论。这一理论也被认为是西方传统国际贸易理论体系形成的标志。

两位古典经济学家亚当·斯密和大卫·李嘉图的理论都是以劳动价值论为基础,从生产的角度来比较成本优势。后来经济学家们对他们的理论进行发展,其中,赫克歇尔和他的弟子俄林提出生产要素禀赋学说来比较生产的成本优势,而里昂惕夫则从实证角度去检验要素理论,推动了国际贸易理论进一步发展。

3.1.1 亚当·斯密前的贸易思想

亚当·斯密并不是经济学说的最早开拓者,他著名的国际贸易思想中有许多是在批评和吸收前人研究成果的基础上产生的,其中包括资本原始积累时期反映保护贸易思想的重商主义(Mercantilism)和自由资本发展时期反映自由贸易思想的重农主义(Physiocratism)。

1. 重商主义的对外贸易学说

产生和流行于 15 世纪末至 17 世纪西欧资本主义生产方式准备时期的重商主义,其实质是代表商业资本利益的经济思想和政策体系。英国是当时经济最发达的国家,重商主义发展最成熟。

重商主义认为,货币或贵重金属的多寡是衡量一国财富程度的唯一尺度,一国拥有的金银越多就越富有越强大,因而国家一切经济活动的目的就是为了赚取金银。在重商主义的这种经济思想影响下,当时英法等欧洲资本主义国家积极推行国家干预对外贸易的做法,采取贸易保护政策,促进本国出口,限制进口。

重商主义的国际贸易思想分早期和晚期两个发展阶段。早期以"货币差额论"为中心,实为重金主义,其主要代表人物是英国的海尔斯(Jhon Hales)和威廉·斯塔福德(W. Stafford,1554—1612);晚期以"贸易差额论"为中心,其主要代表人物是英国的托马斯·孟(T. Mun,1571—1641)。早期重商主义把增加国内货币积累、防止货币外流视为对外贸易政策的指导原则,主张国家采取行政立法手段,严禁金银等贵重金属输出,在对外贸易上遵循每笔交易和对每个国家都保持顺差,以此来实现积累货币使国家致富的目的。晚期的重商主义者反对这种单纯把货币禁锢在国内的狭隘做法,认为对外贸易能使国家富足,但必须谨守进出口贸易总额保持顺差的原则。托马斯·孟在《英国得自对外贸易的财富》(*England's Treasure by Foreign Trade*)一书中说:"对外贸易是增加我们的财富和现金的通常手段,在这一点上我们必须时时谨守这一原则:在价值上,每年卖给外国人的货物,必须比我们消费他们的多。"①可见,晚期的重商主义强调的是保持贸易顺差为目的的主张。

根据以上重商主义的这些主张,这一时期西欧各国都实施了一系列追求贸

---

① 托马斯·孟:《英国得自对外贸易的财富》,第 4 页,商务印书馆,1978。原文是:"The ordinary means therefore to increase our wealth and treasure is by *Foreign Trade*,wherein we must ever observe this rule:to sell more to strangers yearly than we consume of theirs in value. For … that part of our stock [exports] which is not returned to us in wares[imports] must necessarily be brought home in treasure [bullion]…"

易顺差的政策与措施。主要包括：国家垄断对外贸易、实施奖出限入政策、保护关税政策、管制海上运输、禁止金银输出等。这些政策与措施加速了资本的原始积累，促进了资本主义生产方式的建立，这是它在历史上曾起到的进步作用。但是，重商主义对外贸易学说存在缺陷和不足。重商主义者把货币与财富混为一谈的财富观是错误的。物质财富不只是金银，金银也不是财富的唯一形态。

2. 重农主义的贸易思想

17 世纪下半期在法国出现了反对重商主义对贸易干预的政策主张，重视农业、提倡自由经济与自由贸易的思想，并逐渐形成了重农学派（Physiocratic School）。重农学派的创始人是法国的弗朗科斯·魁奈（Francois Quesnay，1694—1774）。魁奈重视农业，他把一国国民分成三部分：农业生产者、土地所有者和工商业者，认为只有农业生产者的生产大于消费，能产生剩余，而社会财富取决于这些剩余产品，也就是说只有农业创造社会财富，所以应该重视农业。重农学派的另一个先驱和重要代表是法国的乔奈（Vincent De Gournay，1712—1759），他提出废除贸易限制和主张自由贸易①。反对重商主义的另一个重要人物是英国的大卫·休谟（David Hume，1711—1776）。休谟对国际贸易的重要贡献是，他认为国际贸易不是零和博弈，而是个双赢的结果②。

重农主义批评重商主义"损人利己"的保护贸易的观点及其政策，提出了自由贸易思想，这使斯密受到启示，为他后来系统地提出自由贸易理论奠定了基础。但是重农主义认为财富只来自农业的价值观是错误的。农业提供生产原材料，为社会创造财富，但工商业同样也创造社会财富③。

3.1.2 亚当·斯密的绝对优势贸易理论

亚当·斯密（Adam Smith，1723—1790），是 18 世纪英国工场手工业向大机器工业过渡时期著名的古典政治经济学家，是国际分工和国际贸易理论的创始人，是经济学古典学派的主要奠基人之一。他的不朽名声主要在于他 1776 年发表的经济学巨著《国民财富的性质和原因的研究》（*Inquiry into the Nature and Causes of the Wealth of Nations*，简称《国富论》，The Wealth of Nations）。他

---

① Source：*The Columbia Electronic Encyclopedia*，6th ed. Columbia University Press，2006

② As he concludes，"I shall therefore venture to acknowledge that not only as a man，but as a British subject I pray for the flourishing commerce of Germany，Spain，Italy and even France itself." (*Of the Jealousy of Trade*，1758)

③ *The Catholic Encyclopedia*，*Volume XII*，Copyright © 1908 by Robert Appleton Company，Online Edition Copyright © 2003 by Kevin Knight，*Nihil Obstat*. Remy Lafort，Censor.

在该书中提出了贸易的"绝对优势理论"(the Theory of Absolute Advantage)。

可以说《国富论》是现代政治经济学研究的起点，斯密提出了全面系统的经济学说，为该领域的发展打下了良好的基础。在书中，斯密首先驳斥了旧的重商学说——片面强调国家储备大量金币的错误性；他也否决了重农主义者的"土地是价值的主要来源"的观点，提出了劳动价值论。斯密重点强调劳动分工会引起生产的大量增长，抨击了阻碍工业发展的一整套腐朽的、武断的政治限制。事实上他坚决反对政府对商业和自由市场的干涉。提倡自由竞争，相信市场机制中有"无形的手"会自动有效地分配社会资源。斯密反对政府实行贸易保护政策，而主张以自由贸易形式来扩大对外贸易。他认为，一国国民财富的增长有两条途径：一是提高劳动生产率，二是增加劳动的数量。其中，劳动生产率的提高又是以劳动分工为前提的。重商主义者用奖出限入的种种办法，人为地保持贸易顺差来增进本国金银的拥有量是十分荒谬的。因为如果一国能够长时间保持贸易顺差，则会由于金银大量流入而增加国内货币流通量，导致商品价格上涨，使本国出口商品的竞争能力下降，出口减少，进口增加，从而使贸易顺差减少甚至出现逆差，金银又不得不输往国外。所以，应该实行自由贸易来扩大对外贸易。

1. 绝对优势理论的主要观点

先看一个例子：由于气候条件，加拿大生产小麦成本低有优势，但生产香蕉却成本高存在劣势（种香蕉在加拿大需温室），而尼加拉瓜正好相反，种香蕉有优势但生产小麦成本较高。这种情况下，如果加拿大专门种植小麦而尼加拉瓜专门种植香蕉，然后加拿大以消费后多余的小麦去交换尼加拉瓜消费多余的香蕉，其结果是两国会生产出更多、也会消费更多的小麦和香蕉，这样交换后的双方都能获益。也就是说，两国贸易是在绝对优势的基础上进行的。当一国在某种产品的生产上比另一国更有效率（或有绝对优势），而在另一种产品的生产上比另一国效率低（或有相对劣势）时，这两国可通过专业化生产各自有绝对优势的产品，再拿该产品去交换各自有生产劣势的产品，则双方都会获益。

具体来说，斯密的绝对优势理论的主要观点至少包括以下几个方面。

第一，分工可以提高劳动效率。他认为人类天生有偏好交换的倾向，而交换又会引起分工①。并认为分工可以大大提高劳动效率，这是因为：①分工和专业化能提高劳动者熟练程度和生产技能；②分工使每个人专门从事某项工作，从而节省与生产没有直接关系的时间；③分工有利于改进工具和发明创造，从而提高

---

① 他说："由于我们所需要的相互帮助，大部分是通过契约、交换和买卖取得的，所以当初产生分工的也正是人类要求相互交换这个倾向。……这种倾向就是互通有无，物物交换，相互交易。"

劳动效率。他举例说,在当时的情况下,没有分工时一个粗工每天连一根针也制造不出来,而在分工的情况下,十个人每天可制造 48000 根针,每个人的劳动生产率提高了几千倍。因此,在生产要素不变的条件下,依靠分工,劳动生产率可以得到提高。

第二,分工的原则是绝对优势或绝对利益。斯密认为,只有当每个人都专门从事他最有优势的产品的生产,然后进行交换,才会对每个人都有利。这里的优势可以是自然禀赋或后天获得的有利条件,自然禀赋指自然赋予的有关气候、土壤、矿产、地理环境等方面的优势;后者则指通过自身努力而掌握的特殊技术。

第三,国际分工理论。斯密把一国内部不同个人或家庭之间的劳动分工和专业化原则推广到国际经济领域,从而提出了国际分工理论。斯密认为,自然禀赋(Natural Endowment)和后天的有利条件(Acquired Endowment)因国家不同而不同,这就为国际分工提供了基础。他认为每个国家应当按照各自绝对优势的生产条件去进行专业化生产,然后交换各自的商品,则对每个交换国家都会有利,因为这样能使每个国家各自的资源、劳动力、资本都得到最有效的利用,使国民财富得到增加。

第四,自由贸易的获益。自由贸易带来的好处是:互通有无,交换多余的使用价值,增加社会价值,获取更大的利益;互惠互利,共同富裕。

可见,亚当·斯密主张为了更多地增加国民财富,一国应该只生产效率高的商品,进口那些国外生产效率高的商品。这些生产效率高的商品也就是一国具有的绝对优势,且能获得绝对利益的商品。因此,人们把斯密的这一理论又称为"绝对利益说"。而一国的自然优势和后天获得的优势又总是体现为成本优势,即该国在某种产品的生产上所获成本绝对地低于他国,因此,这个理论又可称为"绝对成本论"。

2. 绝对优势理论的实例分析

为了说明他的理论,斯密给出了下面例子。假定世界上只有两个国家:英国和葡萄牙;这两国只生产两种商品:酒和毛呢;生产要素只有劳动力一种;劳动在国内自由流动,在国际间不能自由流动。

分工前英国、葡萄牙两国的生产情况如表 3.1 所示,斯密认为这种情况下可以进行国际分工和国际交换,交换对两国都有利。并以表 3.2 和表 3.3 加以说明。

表3.1　分工前生产每单位产品所需劳动人数

国　　家	酒(人)	毛呢(人)
英　国	120	70
葡萄牙	80	110

从表3.1可见,在国际分工前,两国都生产酒和毛呢,但英国生产毛呢有绝对优势,而葡萄牙生产酒有绝对优势。分工后两国以同样的劳动人数总量190人所生产的产品总量如下表3.2所示。

表3.2　分工后两国生产产品总量情况

国　　家	酒(人)	毛呢(人)
英　国	0	2.7
葡萄牙	2.375	0

从表3.2可见,参加国际分工后,英国专门生产毛呢,而葡萄牙专门生产酒,两国以同样的劳动人数总量190人所生产的产品总量发生了变化:分工前英国只能生产2个单位,分工后却是2.7个单位;而葡萄牙在分工前生产的产品总量是2个单位,分工后是2.375个。两国分工后生产的产品都比分工前增加。

表3.3　交换后两国利益情况

国　　家	酒(人)	毛呢(人)
英　国	1	1.7
葡萄牙	1.375	1

从表3.3可见,进行国际交换后[①],英国比交换前多获得0.7个单位的毛呢,而葡萄牙则多获得0.375个单位的酒,这就是两国参加国际分工和国际贸易的收益。

3. 绝对优势理论简评

亚当·斯密的绝对优势理论正确、深刻地揭示了分工对于提高生产率的重大意义,并首次应用劳动价值论说明了国际贸易的基础和利益所在,为科学的国际贸易理论的建立奠定了一个良好的基础。但该理论认为交换是人类本性决

---

① 这里是假定以一个单位的毛呢换一个单位的酒,当然这样交换似乎违背今天的等价交换原则,这也正是绝对贸易理论的一个局限,也是后来的经济学家们需要突破和解决的问题。

定,并认为交换会引起社会分工,这些观点是错误的。实际上,交换以分工为前提,分工先于交换,交换是社会生产方式和分工发展的结果。这一理论还暴露出明显的缺陷和不足:它只说明了在生产上具有绝对优势地位的国家参加国际分工和国际贸易能获得利益,而解释不了许多没有什么优势的落后国家仍在进行国际贸易的普遍现象。

3.1.3 大卫·李嘉图的比较优势贸易理论

大卫·李嘉图(David Ricardo,1722—1823),英国产业革命深入发展时期著名的经济学家,也是英国古典政治经济学的完成者。他在 1817 年出版的《政治经济学及赋税原理》(*The Principles of Political Economy and Taxation*)一书中,系统提出了国际贸易的比较优势理论(the Theory of Comparative Advantage)。

比较优势理论是对亚当·斯密的绝对优势理论的继承和发展,它的提出是西方传统国际贸易理论体系建立的标志。比较优势理论的产生既是客观实践的需要,也是理论发展的要求。在李嘉图生活年代,机器大工业已取代工场手工业,各国经济技术差距拉大,甚至出现先进国家比后进国家处于全面优势的新格局。正是这种历史背景下,李嘉图提出了比较优势理论,对经济、技术发展程度不同的先进国家与后进国家是否仍然能够参与国际分工与国际贸易的问题,做出了明确的、肯定的回答。

1. 比较优势理论的主要假定前提

大卫·李嘉图的比较优势理论以一系列简单的假定为前提。主要有:

(1)只有两国,生产两种商品;

(2)两国间自由贸易,不存在贸易壁垒;

(3)劳动在国内具有完全流动性,但在两国之间完全缺乏流动性;

(4)没有运输费用;

(5)贸易按物物交换方式进行;

(6)每种产品的国内生产成本都是固定的;

(7)不存在技术变化;

(8)以劳动价值论为基础,认为劳动是唯一的生产要素,所有劳动都是同质的,每单位产品生产所需要的劳动投入保持不变,因此任一商品的价值或价格都完全取决于它的劳动成本。

2. 比较优势理论的主要内容

和斯密一样,李嘉图从生产成本出发,通过比较两种产品在两国间的劳动成本相对数量,来论证国际贸易分工产生的原因和分工的原则。

他先以个人为例,在《政治经济学及赋税原理》一书中的"论对外贸易"一章中李嘉图分析说:如果两个人都能制造鞋和帽,其中一个人在两种职业上都比另一个人强一些,不过制帽时只强 1/5,而制鞋时则强 1/3,那么这个较强的人专门制鞋,而那个较差的人专门制帽,则对双方都有利。

李嘉图由个人推广到国家对外贸易,认为国际分工与国际贸易的一般基础不是绝对成本,而是比较成本或比较优势。也就是说,即使一国与另一国相比,在商品生产上都处于劣势,但只要本国集中生产那些成本劣势较小的商品;而另一国在所有商品生产成本上都处于绝对优势的国家,则集中生产那些成本优势最大的商品。即国家间也应该按"两优相权取其重,两劣相权取其轻"的比较优势原则进行国际分工与国际贸易,就不仅会增加社会财富,而且使交易双方都能获得利益。

3. 比较优势理论的实例分析

为了说明比较优势理论,李嘉图沿用了英国和葡萄牙的例子,但对其中的条件做了一些变化,如表 3.4。

表 3.4　国际分工的利益

国　家		酒产量（单位）	所需劳动人数（人/年）	毛呢产量（单位）	所需劳动人数（人/年）
英　国	分工前	1	120	1	100
葡萄牙		1	80	1	90
	合　计	2	200	2	190
英　国	分工后	2.125	170	2.2	220
葡萄牙					
	合　计	2.125	170	2.2	220
英　国	国际	1		1.2	
葡萄牙	交换后	1.125		1	

从表 3.4 可见,在国际分工前,两国都生产葡萄酒和毛呢两种商品,英国在两种商品的生产上都占绝对劣势,但酒的生产处于劣势更大,葡萄牙在两种商品的生产上都占绝对优势,但生产葡萄酒上占优势更大(100/90 小于 120/80)。因此英国专门生产劣势较小的毛呢,而葡萄牙专门生产比较优势较大的酒。分工后在两国投入的劳动量不变的情况下,生产的产品总量都比分工前增加了:英国的产品总量是 2.2,而葡萄牙产品总量是 2.125,这就是分工增加的利益。如果国际交换按照 1 个单位的毛呢换 1 个单位的酒,则国际交换后英国产品比分工

前多出 0.2 个单位,而葡萄牙比分工前增加了 0.125 个单位。

从上例得出结论:两种商品生产都处于绝对劣势的英国和两种商品生产都处于绝对优势的葡萄牙,通过国际分工,各自生产具有相对优势产品,再通过国际贸易,使参与国际贸易的双方都从中获益。

4. 比较利益法则的例外情况

比较优势理论包含比较利益法则的一种例外情况,即当一国与另一国相比,在两种商品生产上都处于绝对优势或绝对劣势地位,而且两种商品生产的绝对优势程度或绝对劣势程度相同时,没有互惠贸易发生。例如上例中,假设葡萄牙生产酒和毛呢所需的劳动量分别不是 80 人/年和 90 人/年而是 60 人/年和 50 人/年,这样,英国两种商品的生产效率均为葡萄牙的一半,也就是说葡萄牙两种商品的生产都具有绝对优势,但两国无比较优势,则它们之间没有互惠贸易发生。其原因很简单:如果在这种情况下无论如何分工,参加国际贸易后,英国都将无利可得,则英国不会愿意参与国际贸易。

应该指出的是,比较优势理论的这一例外情况极少发生,因而对比较优势理论并无多大影响。

5. 比较优势理论简评

李嘉图的比较优势理论具有合理的和科学的成分及历史的进步意义。

(1)比较优势理论比绝对优势理论更全面、更深刻,它改变了以往一般学者关于自由贸易的利益的认识——一切商品均在成本绝对低的国家生产的观点,具有划时代的意义。

(2)比较优势理论揭示了一个客观规律——比较利益定律。证明了国际贸易的产生不仅在于绝对成本的差异,而且在于比较成本的差异。一国只要按照比较优势原则参与国际分工和国际贸易,即专业化生产和出口本国生产成本相对较低(即具有比较利益)的产品,进口本国生产成本相对较高(即比较不利)的产品,便可获得实际利益。这一理论为世界各国参与国际分工和国际贸易提供了理论依据,成为西方国际贸易理论的一大基石。

(3)比较优势理论在历史上起过重大的进步作用。它曾为英国工业资产阶级争取自由贸易提供了有力的理论武器,而自由贸易政策又促进了英国生产力的迅速发展,使英国成为“世界工厂”,在世界工业和贸易中居于首位。可见,比较优势理论在推动自由贸易、加速社会经济发展方面起到重要作用。

但是,比较优势理论仍有一定的局限性。

第一,李嘉图和斯密一样,研究问题的出发点是一个永恒的世界,在方法论上是形而上学的。比较优势理论建立在一系列简单的假设前提基础上,与经济现实条件不相符。并且它把多变的经济世界抽象成静止的、均衡的世界，没有考虑贸易各国的生产技术的变化，国际贸易已发生巨大变化等问题，因而它所揭示的贸易各国获得的利益是静态的短期利益，这种利益是否符合经济发展的长期利益则不得而知。

第二，李嘉图的比较优势理论在泛泛地论证了按照比较优势原则开展专业化生产和贸易外，并没有从根本上揭示国际分工形成和发展的原因。对于各国劳动成本差异的原因、两国之间的商品按照怎样的比例进行交换以及贸易利得的分配等更复杂问题，却没有触及。

第三，比较优势理论虽然以劳动价值论为基础，但就整体而言，李嘉图的劳动价值论是不完全的、不彻底的。根据李嘉图的劳动价值论，劳动是唯一的生产要素或劳动在所有的商品生产中均按相同的固定比例使用。而且所有的劳动都是同质的，因此，任何一种商品的价值都取决于它的劳动成本。显然，这些假设和观点是不切实际的，甚至是错误的。所以，仅用劳动成本的差异来解释比较利益是不完整、不完全的。

3.1.4　赫克歇尔—俄林的生产要素禀赋说

李嘉图比较优势理论是以劳动价值论为基础的，它认为各国生产不同商品的比较成本是因为劳动生产成本率不同引起。但是，如果假定各国的劳动生产率相同，那么产生比较差异的原因是什么呢？生产要素禀赋理论对这个问题作出了回答。

20 世纪 30 年代，两位瑞典经济学家赫克歇尔（Eil Filip Heckscher，1879—1952）和他的学生俄林（Beltil Gotthard Ohlin，1899—1979）提出生产要素禀赋理论（Factor Endowment Theory）或资源赋予论。赫克歇尔提出了生产要素禀赋理论的基本论点，而俄林则完整、系统地创立了该理论。俄林是 1977 年诺贝尔经济学奖得主，他秉承了其师赫克歇尔的主要观点，在其 1933 出版的代表作《域际和国际贸易》（*Interregional and International Trade*）中，深入探讨了国际贸易产生的深层原因，创立了较完整和系统的生产要素禀赋学说，因此生产要素禀赋理论又被称为赫克歇尔—俄林定理（The Heckschor-Ohlin Theorem）或简称 H-O 定理，也就是通常所说的狭义的生产要素禀赋学说。此外，在 20 世纪40 年代，萨缪尔森（P. A. Samuelson）发表了论文，提出了生产要素价格日趋均等化的观点，建立了要素价格均等化学说，发展了要素禀赋理论，后人因此称之为赫－俄－萨（H-O-S）理论。这就是广义的生产要素禀赋学说。

1. 与要素禀赋有关的几个概念

(1)生产要素与要素价格

生产要素(Factor of Production)，是指生产活动必须具备的主要因素或在生产中必须投入或使用的主要手段。通常指土地、劳动和资本三要素，也有人把企业家的管理才能、技术知识和经济信息也当作生产要素。要素价格（Factor Price)则是指生产要素的使用费用或要素的报酬。例如，土地的租金，劳动的工资，资本的利息，管理的利润等。

(2)要素密集度和要素密集产品

要素密集度（Fctor Intensity)，是指产品生产中某种要素投入比例的大小，如果某要素投入比例大，称为该要素密集程度高。根据产品生产所投入的生产要素中所占比例最大的生产要素种类不同，可把产品划分为不同种类的要素密集型产品（Factor-intensive Commodity)。例如，生产电子计算机资本占的比例最大，便称计算机为资本密集型产品(Capital-intensive Product)；而生产布匹劳动所占的比例最大，则称之为劳动密集型产品(Labor-intensive Product)。

(3)要素禀赋与要素丰裕

要素禀赋（Factor Endowment)，是指一国拥有的各种生产要素的数量。要素丰裕（Factor Abundance)则是指在一国的生产要素禀赋中某要素供给所占比例大于别国同种要素的供给比例，而其相对价格低于别国同种要素的相对价格。一般以一国的某要素总量或一国某要素的相对价格大小来衡量某国某要素的丰裕程度。前者只从供给角度考虑要素的丰裕情况，而后者结合了供求双方情况，因而较为科学。

2. 要素禀赋论的内容

H-O定理认为，同种商品在不同国家的相对价格差异是国际贸易的直接基础。而相对价格差异则是由各国生产要素禀赋不同而形成的比较成本不同决定的，所以说，要素禀赋不同是国际贸易产生的根本原因。各国生产要素禀赋不同即所拥有的资源丰裕程度不同，有的国家土地较多，有的国家资本较多，有的国家劳动力较多。一般来说，一个国家某种资源丰裕其价格就便宜，比如劳动力比较丰富的国家，工资（劳动力价格）就低一些，资本比较丰富的国家，则利息率（资本的价格）就低一些，等等。每一个国家内部各自资源丰裕程度是不一样的，有的相对丰裕而有的相对短缺。各国生产要素禀赋比率不同，是产生成本差异的决定要素。如果各国都使用本国禀赋较多、价格相对便宜的资源进行生产，就能在该种商品生产上具有较低的比较成本，出口这种商品则各国都可获益。

当然，H-O定理也建立在一定的假设前提下。其基本假定有：①各国间生产要素不能自由转移,但在各国内部可以自由转移;②互补流通中一切限制都不存在,即不存在贸易阻碍;③单位生产成本不随生产的增减而变化,也没有规模经济的利益;④只有有形商品贸易,贸易是平衡的,出口恰恰足以支付进口;⑤只有两个区域或国家;⑥两国技术水平和生产函数相同。由此,H-O定理作出以下逻辑推导过程:

首先,商品价格在国际间的绝对差异是国际贸易产生的直接原因。所谓商品价格在国家之间的绝对差异,指的是同种商品在不同国家里用同种货币表示的价格不同。这时,商品就会从价格低的国家出口到价格高的国家,只要两国间的价格差额大于运输成本等费用时,国际贸易就能带来利益。

其次,各国商品的国内价格比例不同是国际贸易产生的必要前提条件。并不是只要存在商品价格的国际差异,国际贸易就能够发生。国际贸易发生还必须具备一个条件,即交易双方国内价格的比例必须不同。在完全竞争的市场条件下,商品价格等于生产成本。因此,国际贸易发生必须符合比较成本优势的原则。在前面的比较优势理论中已证明,没有这种商品的相对价格差异,就没有比较成本的优势而言,国际贸易自然无从发生。

再次,商品价格比例不同是由要素价格比率不同决定的。

最后,生产要素价格比率不同是由于各国的生产要素禀赋比率不同。因此,生产要素禀赋比率不同是产生国际贸易的重要动因。

3. 生产要素禀赋学说简评

H-O定理被认为是现代国际贸易的理论基础。这一理论继承了传统的古典比较成本理论和自由贸易主张,并有新的发展。但这一理论也有缺陷和错误。

第一,更接近当代国际贸易的实际。首先,俄林用等量产品不同的货币价格(成本),比较两国不同的商品价格,说明两国的交换是货币交换,而不是比较优势理论中的物物交换,这更符合今天的国际贸易实际;其次,要素禀赋学说认为劳动、土地和资本三要素共同决定了商品的成本和价值,这种三要素论比唯一要素进行生产更符合实际情况,且这对后人从更广泛的角度探讨国际贸易问题是具有启发作用的;此外,要素禀赋学说把商品价格的绝对差异作为国际贸易产生的直接原因,这也是符合常识和具有实际意义的。

第二,H-O定理的核心仍然是比较成本论,但与传统的古典学派的比较成本理论有区别。比较优势理论用单一劳动生产因素价格的比较成本差异阐述了贸易互利性的普遍真理,而H-O定理则进一步用资源禀赋差异解释了为什么存在比较成本差异。它把比较成本论的个量分析扩大到总量分析,不是单单比较两国两种产品的单位劳动耗费的差异,而是直接比较两国资源总供给的差异,用从一国经济结构中的资本、土地、劳动力等国内最基本资源禀赋的差异来解释国际分工的基础和贸易地理格局。

第三，与比较优势理论一样，这一理论是建立在一系列假定的基础上，这些假定与现实有一定距离，从而影响了这个理论对现实国际贸易现象的解释力。

第四，这一理论忽视了需求方面对国际贸易格局的影响，认为要素价格比例是由要素供给决定的。

第五，该理论缺乏历史的研究方法，不知道在国际贸易背后，真正起作用的是经济、政治和社会力量，自然禀赋只提供了国际分工和贸易产生的可能性。

3.1.5 "里昂惕夫"之谜及其解释

1. 里昂惕夫及其反论概述

里昂惕夫(Wassily W. Leontief，1906—1999)，美国哈佛大学行政管理学院经济学教授，投入产出经济学的创始人，第四届(1973 年)诺贝尔经济学奖获得者。他的代表作为《投入产出经济学》。里昂惕夫在运用投入—产出法分析美国贸易商品投入结构的过程中，得出了与传统的赫—俄理论相反的结论，这个结论震惊了国际经济学界，故称之为里昂惕夫之谜，其全称为"里昂惕夫稀少生产要素论之谜"(the Leontief Scarce-Factor Paradox)，简称"里昂惕夫反论"(the Leontief Pradox)。

如前所述，赫—俄理论认为，一个国家出口的应该是密集使用本国丰富的生产要素生产的产品，进口的应是密集使用本国稀少的生产要素的产品。当把这一原理应用于美国时，则毫无疑问地推断出，美国的贸易商品构成应该是：出口资本密集型产品，进口劳动密集型产品。对此，里昂惕夫也是确信不疑的，但当他力求对此进行验证时，却得出了与此完全相反的结论。里昂惕夫依据"投入—产出"法，两次对美国大约 200 个企业的出口货物和进口替代物生产所需的劳动量和资本量进行了比较(见表 3.5)。

表 3.5　美国出口货物和进口替代物对国内资本和劳动力的需求

	每百万美元出口品		每百万美元进口替代品	
	1947	1951	1947	1951
资本(美元)	2 550 780	2 256 800	3 091 339	2 303 400
劳动力(人/年)	181.31	173.91	170.00	167.81
资本/劳动比例(美元/人)	14 015	12 977	18 184	13 726

资料来源：〔美〕罗伯特·鲍尔德温：《美国贸易中商品结构的决定因素》，美国经济评论，1971 年 3 月。转引自尹翔硕：《国际贸易教程》，复旦大学出版社 2001 年版，第 87 页。

从表 3.5 中可见,用平均每人 1 年的资本表示的进口竞争商品的资本/劳动比率和出口商品的资本/劳动比率之比,1947 年为 1.30(18 184÷14 015),1951年为 1.06(13 726÷12 977)。也就是说,1947 年美国的进口竞争商品生产部门每个工人所用资本要比出口部分每个工人所用资本多出 30%。即美国进口的是资本密集型商品,而出口的则是劳动密集型商品。由此,里昂惕夫指出:"美国参加国际分工是建立在劳动密集型生产专业化基础上,而不是建立在资本密集型生产专业化基础上。换言之,这个国家是利用对外贸易来节约资本和安排剩余劳动力,而不是相反。"

　2. 里昂惕夫之谜的解释

里昂惕夫之谜是西方国际贸易发展的转折点,经济学界对"谜"作出不同解释,尽管这些解说不甚有效,但有助于人们从新的角度、从更多的因素去考虑国际贸易的成因。对里昂惕夫之谜的解释归纳起来具有代表性的主要有以下几种:

(1)劳动效率的差异

里昂惕夫认为,各国的劳动生产率差异很大,1947 年美国工人的劳动生产率是其他国家的 3 倍,因而在计算美国工人人数时应将其实际人数乘以 3。这样,与其他国家相比,美国就成了劳动力丰富而资本相对稀缺的国家,所以它出口劳动密集型产品,进口资本密集型产品,结果与要素禀赋论提出的内容是一致的。里昂惕夫认为,美国劳动生产率之所以高于其他国家,是由于美国企业的科学管理水平高,工人所受教育和培训较多,还有可贵的进取精神等。

(2)人力资本的差异

人力资本(Human Capital),是指所有提高劳动生产率的对人的教育投资、工作培训、保健费用等开支。

克拉维斯(J. B. Kravis)、基辛(K. B. Keesing)、凯南(P. B. Kenen)和鲍德温(R. E. Baldwin)等经济学家用此来解释"谜"的产生。这些经济学家认为,里昂惕夫计量的资本只包括物质资本(Physical Capital),而忽略了人力资本。因为美国劳动比国外劳动包含更多的人力资本,所以若将人力资本加到有形资本中,将很明显地得出美国出口资本密集型产品,进口劳动密集型产品。

(3)贸易限制的存在

这种解释认为,谜的产生是由生产竞争不完全引起的。国际间水平流通因受贸易壁垒的限制而使要素禀赋论提出的规律不能实现。有人认为,美国政府为了解决国内就业,制定对外贸易政策时有严重保护本国劳动的倾向。鲍德温的研究表明,如果美国的进口商品不受限制,其进口品中资本和劳动之比将比实际高 5%,这样就不存在谜了。

(4)自然资源因素被忽略

里昂惕夫没有考虑到除资本和劳动以外的其他生产要素如自然资源。而实际上,一些产品既不是劳动密集型产品,也不属于资本密集型产品,而是自然资源密集型产品。比如,美国的进口品初级产品占 60%~70%,而且这些初级产品大部分是木材和矿产品,而这些产品的资源密集程度更高,把这类产品划归资本密集型产品,无形中加大了美国进口产品的资本与劳动的比率,使"谜"产生。如果考虑自然资源这个因素在美国进出口贸易结构中的作用,就可以对谜进行解释,里昂惕夫后来对美国的贸易结构进行检验时,在投入—产出表中减去 19种自然资源密集型产品,结果就成功地解开了"谜",取得了与要素禀赋论相一致的结果。

3. 里昂惕夫之谜简评

里昂惕夫之谜是西方传统国际贸易理论发展的界碑。里昂惕夫对要素禀赋论的检验具有重大的理论意义,推动了战后国际贸易理论的新发展。他的投入—产出分析法对美国贸易结构的计算分析,开辟了用统计数据全面检验贸易理论的道路。

"谜"和"谜"的检验说明,要素禀赋论已不能对战后国际贸易的实际状况作出有力的解释。因为战后科学技术、熟练劳动力在生产中的作用日益加强,已构成一个非常重要的生产要素,要素禀赋论已脱离战后的经济现实。"谜"与要素禀赋论的矛盾是理论与实践的矛盾,"谜"的解释正是结合实际对要素禀赋论前提的劳动同质(即劳动生产率相同)、两要素模型和完全竞争的假定进行了修正。

当今西方传统国际贸易理论中居主导地位的仍然是以比较优势为核心、经过修正的要素禀赋论,被誉为西方传统国际贸易理论的基石之一。

3.2 当代国际贸易理论

3.2.1 规模经济理论

1. 规模经济的基本原理

传统国际贸易理论都假设产品规模报酬不变,即假设的增长或下降与要素投入的增长或下降幅度相同。在以初级产品生产为主的前工业化时代,这个假设基本接近现实。但到了现代社会尤其是在工业生产中,许多生产具有规模报酬递增的特点,即扩大生产规模,每单位生产要素的投入会有更多的产出。尤其是现代化工业,大规模的生产反而会降低单位产品成本,即存在"规模经济"。

对于规模经济的概念,从微观经济角度讲,产品的长期平均成本会受生产规模的影响。如果生产规模太小,劳动分工、生产管理等都会受到规模限制,产品平均成本比较高。随着规模的扩大,产量增加,这种限制会减少,每单位投入的产出会增加,产品的平均成本会下降。又称"规模报酬递增"。随着产量的不断增加,产品的平均成本达到最低点。并且在一定的范围中,平均成本不会再因产量的增加而降低,称为"规模报酬不变"。当生产继续扩大,平均生产成本会因为规模过大,管理和合作效率降低而上升,因而出现"规模不经济"。

规模经济分为内部经济和外部经济。内部规模经济是指当企业的产量增加时,企业的平均成本下降,即规模经济或规模报酬递增存在于企业内部。企业生产的总成本由固定成本和可变成本组成,随着企业生产规模扩大,产量增加,平均到产品上的固定成本越来越少,平均成本将越来越低。典型的内部规模经济有飞机制造、汽车、钢铁等固定成本高的行业。

外部规模经济是指当整个行业规模扩大,产量增加时,该行业的各个企业平均成本下降。外部规模经济依赖于行业中厂商数量增加,而不是单个厂商规模的扩大。存在外部规模经济的行业通常倾向于在地理位置上的集中,可以在信息、资源等方面实现共享,进而降低平均生产成本。典型外部规模经济的例子有美国硅谷、北京中关村等。

不同类型的规模经济将对行业的市场结构产生不同影响。外部规模经济由于"聚集效应"而产生,行业内的企业数目越多,竞争越激烈,整个行业的生产规模越大,单个企业就越能从信息交流与资源共享中获得便利,提高劳动生产率,降低成本,因而外在规模经济将导致完全竞争的市场结构。相反,内在规模经济中企业平均成本的降低仅取决于其自身生产规模的扩大,这就给了大企业凌驾于弱小企业之上的成本优势,即大企业由于产量规模比小企业大,平均成本比小企业低,在市场竞争中占有优势,最终将小企业淘汰出本行业,形成不完全竞争的市场结构。

2. 规模经济与国际贸易

(1)内部规模经济与国际贸易

在存在内部规模经济的条件下,必然有不完全竞争的市场结构。对企业而言,利润最大化是根本的追求目标。因此,企业一方面必须降低成本,另一方面要保持对产品价格的控制权。在存在内部经济效果的行业,企业可以通过扩大生产规模，降低产品生产的单位成本，占据竞争的优势地位，取得规模经济收益，进而取得市场控制力。而当企业的生产规模还不足以影响全行业价格时，生产差异产品便是取得产品定价权的一种选择。

企业为降低成本，追求规模经济效果，必须大批量、大规模、标准化生产产品，而要取得产品定价权，满足消费者追求差异产品的要求，这又要求企业大批量、小规模、多样化生产产品，这样又难以降低成本，达到规模经济效果。只有参加国际分工、进行国际贸易，才能满足现代企业追求规模经济的效果、企业和消费者追求差异产品的要求。因为从产出角度而言，参加国际分工，各国厂商专门大批量生产少数种类的产品，取得规模经济效果，降低成本，而参加国际贸易，扩大了市场规模，使厂商大批量生产的产品有了市场保障，另一方面，国际贸易将大量产品分配到世界各地的市场，并表现为小批量的供应。生产者通过大批量生产取得了规模经济效益，实现了成本的降低，同时通过向世界市场小批量供货，保证了定价权。从生产投入的角度看，国际贸易使全球采购投入需求，降低投入成本，抑制了由于大批量生产少数种类产品导致的投入成本上升。而从消费者的角度，由于国际贸易带来的规模经济效应，小批量差异产品价格低廉，种类繁多，福利水平提高。因此，生产者和消费者均在国际贸易中获益。

（2）外部规模经济与国际贸易

外部规模经济依赖于产业中厂商数量的增加，在存在外部规模经济的行业，所有厂商都享受着较低的平均成本，因此外部规模经济与完全竞争一致。根据马歇尔的解释，集中的厂商比孤立的厂商更有效率，厂商的地理集中能够促进专业化供应队伍的形成："辅助的行业在附近的地方产生，供给上述工业工具和原料，为它组织运输，在许多方面有助于原料的经济"；有利于劳动力市场共享："集中于某些地方的工业因不断的技能提供市场而得到很大的利益。雇主们往往到他们会找到所需要的有专门技能的优良工人的地方去；同时寻找职业的人，自然到有许多雇主需要像他们那样的技能的地方去，因而在那里技能就会有良好的市场"；有助于知识外溢："从事同样的需要技能的行业的人，互相从临近的地方所得到的利益是很大的。行业的秘密不再是秘密，而似乎是公开的了。……优良的工作受到正确的赏识，机械上以及制造方法和企业的一般组织上的发明和改良成绩，得到迅速的研究：如果一个人有了一种新的思想，就为别人所采纳，并与别人的意见结合起来，因此它就成为更新的思想之源泉。"

外部规模经济同样影响国际贸易。当存在外部经济时，大规模从事某一行业产品生产的国家，往往在该产品的生产上具有较低的平均成本，这样，该国在这种产品上就具有比较优势。在存在外部规模经济效果的行业，该行业在哪一国最先建立,最先扩大规模,降低成本,在很大程度上取决于历史原因,即一个国家在存在外部规模经济的行业的比较优势,是与时间积累相关联的。

下面我们通过一个例子来说明内部规模经济与外部规模经济。设第一个在中关村开业的电脑销售公司只有一间铺面,每天出售一台电脑。设在北京郊区的电脑生产基地不得不专程开一辆车将这台电脑送到中关村,运输成本为100元。

如果该公司增加了铺面扩大了规模,每天能够出售10台电脑,此时电脑生产基地仍然只需用一辆车子将这10台电脑运送到中关村,那么,每台电脑的运输成本就只有10元,由此产生的平均成本下降就是内部规模经济。

如果现在有10家电脑公司聚集在中关村,每家公司每天只出售1台电脑,这些公司可以共同雇用一辆车子运送电脑,每个公司为此只需支付10元就够了。由此产生的成本的下降就是外部规模经济。

综上所述,在国际贸易中规模经济的意义在于,无论国家间是否存在相对价格差别,规模经济的存在都会引导各国厂商专门生产部分产品,而不再独自生产所有产品。这样便可获得来自规模经济的好处,而消费者所需的商品,部分来自国内,部分来自国外。因此,规模经济可以说是有别于比较优势的另一种独立的国际贸易起因。

3.2.2 产品生命周期说

产品生命周期理论的代表人物是美国经济学家雷蒙德·弗农(Raymond Vernon)。他在1966年发表的《国际投资和产品周期中的国际贸易》一文中提出了产品生命周期理论的基本观点,并解释了贸易模式的动态变化。人们将弗农的这一理论称为产品生命周期理论(Product Cycle)。此后许多经济学家如威尔斯(L. T. Wells)、赫希哲(Hirsch)等对该理论进行了验证,并进一步充实和发展了这一理论。按照这个理论,许多新产品都有被划分为四个阶段的生命周期:第一阶段,新产品阶段,创新国对某一种产品的垄断时期;第二阶段,成熟阶段,其他发达国家生产者开始生产这种产品;第三阶段,标准化阶段,外国出口产品在出口市场上进行竞争;第四阶段,销售下降阶段,创新国开始进口竞争。

1. 第一阶段:新产品阶段

产品仍属新颖,技术上是新发明。除发明国外其他国家对该新技术知之不多,产品尚未定型,根据消费者对新产品的反馈信息,还要不断改进设计和工艺流程。发明国垄断该产品的生产,满足国内外消费者的需要。这时的新产品是技术和知识密集型产品。这一阶段生产成本对于厂商来说不是最重要的,因为不存在其他竞争者,产品只能在发明国生产,因为新产品需要大量的研发人员和大量技术熟练的工人。此时,由于新产品比较昂贵,因此其消费者通常在发明国,出口目的国也主要是其他工业发达的高收入国家。

2. 第二阶段:成熟阶段

技术已经成熟,生产过程已经标准化,生产技术也随着产品的出口而转移。一些产品进口国迅速模仿掌握技术而开始在本国生产该产品并出口到其他国家,发明国的出口开始下降。其他发达国家的厂商开始生产原来只从创新国进口的新产品,创新国的新产品在发达国家打开销路后,吸引了大量消费者。潜在的市场为这些发达国家的厂商开始生产这种产品提供了前提条件。大量技术开发费用以及国际运费关税的节省,使生产成本降低。这阶段产品由技术知识密集型转变为技能资本密集型,所需资源是机器设备和先进的劳动技能。知识技术投入减少,资本和管理要素投入增加,高级熟练劳动投入越来越重要。技术由于标准化而容易学习和推广,新产品得以大量生产。这样,原进口国生产了这种产品并占领国内市场。创新国的新产品对这些国家的出口减少直到停止。

3. 第三阶段:标准化阶段

此时产品趋于成熟,生产技术为普通的定型技术,技术物化在生产设备上,大规模生产成为可能。技术使创新国产量大幅度提高并达到最大值。产品的使用也逐渐普及,国内外对该产品的需求持续增加,创新国出口量逐渐增加并达到最高点。创新国以外的国家成为该产品的净出口国,参与创新国的出口竞争。生产技术和产品本身都已经标准化,许多技术已经包含在生产该商品的机器中,技术本身的重要性已经逐渐消失。生产该产品的机器本身也成为标准化产品而变得比较便宜。因此到这个阶段,资本要素投入虽然仍很重要,但非熟练劳动投入大幅度增加,在生产中的作用迅速上升,劳动力成本则成为决定产品是否存在比较优势的主要因素,使得一些发展中国家开始从事该产品的生产。

4. 第四阶段:销售下降阶段

工业发达国家在该产品生产领域的竞争力下降,发展中国家成为净出口国。新产品的生产完全标准化,发达国家的竞争地位削弱,发展中国家凭借资源和劳动力优势降低成本,扩大生产规模,逐渐成为净出口国。产品一个生命周期完成。

图 3.1 显示了新产品的生命周期期间的国际贸易模式。同时,在第二、三阶段,创新国已开始其他新产品的研发和生产。因此,制成品贸易表现为一种周期运动。产品生命周期理论将动态比较成本理论和生产要素禀赋理论相结合,运用了动态分析方法,从技术创新、技术传播的角度分析国际分工的基础和贸易模

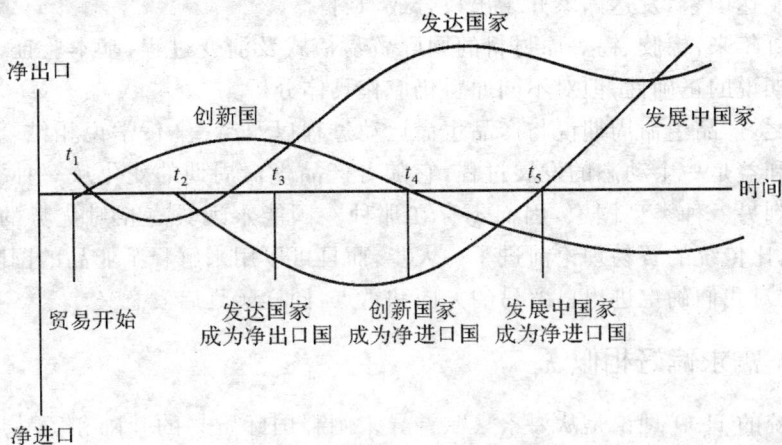

图 3.1　产品生命周期期间的国际贸易模式

式的演变。因此,这也是上述理论的发展,对于国际投资和跨国公司的生产经营有着很大的影响。

　　随着科学技术和跨国公司全球化经营的发展,产品生命周期大大缩短,产品研发和生产已经不存在梯度转移的过程。因此,产品生命周期理论对于当代国际贸易与国际投资的借鉴作用已经减小。而对于发展中国家而言,一方面要抓住发达国家产业转移的机遇,引进相对较进步的产业,另一方面要加强自主创新,并吸引跨国公司来设立研发中心。

　　与此同时,原材料贸易的特征又如何呢? 梅基(S. P. Magee)和罗宾斯(N. T. Robins)将产品周期理论运用于原料贸易的分析,提出了原料周期说。二者将原料周期划分为三个阶段:

　　第一阶段,"派生需求上涨"时期。某种产品需求量的增加会导致其原材料使用量的上升,原材料价格上涨。

　　第二阶段,"需求和供给来源的替代"时期。天然原料的供给开辟了更多可供选择的其他原料,上涨幅度逐渐缓慢。

　　第三阶段,"人工合成和研发"时期。研发最终导致人工代用品的发展,出现了节约使用原材料的方法,原材料贸易进入贸易末期。

　　从原料的贸易流向来看,呈现出与制成品贸易相反的过程。第一阶段,少数具有自然优势的发展中国家是世界原料的主要供给者,发达国家为进口者。在第二阶段,发展中国家逐渐取代原有少数原料出口国,成为原料的主要出口国家。第三阶段,发达国家运用技术进步有时开始生产合成原料,原料供应优势开始转向发达国家,发达国家开始出口合成原料。

近百年来,橡胶、锡等原材料的国际贸易模式及演变过程,基本验证了原料贸易周期说的正确性,但对不同原料仍应作具体分析。

总之,产品生命周期说与产品生命运动过程以及赫 — 俄学说相结合,说明了比较利益是一个动态的发展过程,它随着产品生命周期的变化从一种类型国家转移到另一种类型国家,因而不存在那种一国能永远具有相对优势的产品。显然,它比传统的贸易理论前进了一大步,而且可以用来解释工业品的国际贸易格局,它对我们确定进出口贸易的方向和重点,同样颇具启发意义。

3.2.3 需求偏好相似说

传统的 H-O 理论是从要素禀赋差异来阐释国际贸易的基础和贸易形态与方向。因此,要素禀赋差异越大,国际贸易量也就应该越大。大量的国际贸易应发生在发达工业国与土地或劳动资源丰富的发展中国家之间,贸易形态及方向则应该是工业制成品和初级产品之间。而战后国际贸易的发展状况却产生了变化,发达工业国之间的贸易在国际贸易中的比重不断增加,逐渐超过了工业国与非工业国之间的贸易量。

瑞典经济学家林德(S. B. Lingder)在 1961 年出版的《论贸易和转变》一书中提出了"需求偏好理论"(Theory of Demand Preference Similariy),又称需求偏好相似说,或称收入贸易说。林德认为 H-O 理论只适用于工业品与初级产品之间的贸易而不适用于工业制成品本身的贸易。原因在于,前者的贸易形态与方向是由供给方面决定的,H-O 理论也属于供给方面分析的理论,因此可以对其作出解释。而至于后者,除了供给方面因素的影响外,国家之间的需求结构也起着十分重要的作用,因此要素禀赋理论在分析这一问题上会有所欠缺。

所谓需求偏好相似论是指,两个国家的需求结构越相似,这两个国家的贸易量就越大。林德认为,影响一国需求结构的主要因素是收入。平均收入相似可以看作是需求结构相似的标志。根据恩格尔定律,收入水平的提高会使人们在消费品上的需求发生质量上的变化。新增收入中会有更多的部分用来购买新产品,使需求结构产生变化。人均收入水平的高低与一国资本存量的多少有着十分重要的关系。资本存量丰富的国家,人均收入水平也比较高,且工业较发达。这类国家需要更先进的资本设备。收入水平较低的国家与它们选择质量较低的消费品类似,也往往选择技术相对简单的设备。因此,人均收入水平的差别也表明了对资本货物需求结构的差别。

总之,偏好相似理论认为制成品的贸易形态决定于需求结构,而需求结构则决定于人均收入水平。在人均收入水平接近,工业发达水平相似的国家,贸易量最大。这些国家相互出口的产品通常相似但有差异。

3.2.4 产业内贸易理论

产业内贸易理论又称差异化产品理论,产业内贸易理论博采战后国际贸易新理论的研究成果,着重于产业内贸易的探讨,即一国同时出口和进口同一产业的产品,国际间同产业产品差异化竞争。这是符合现实情况的国际贸易。

1. 产业内贸易理论的发展

产业内贸易理论的发展经历了两个阶段。20世纪70年代中期以前,西方经济学家佛丹恩(Vordoorn)、迈凯利(Michaely)、巴拉萨(Bela Balassa)和考基玛(Kojima)对产业内贸易作了大量经验性研究。佛丹恩对"比荷卢经济同盟"的集团内贸易格局变化的统计分析表明,和集团内部贸易相关的生产专业形成于同一种类贸易类型之内,而不是在不同种类之间,而交易的产品具有较大差异性。迈凯利对36个国家五大类商品的进出口差异指数的计算结果说明,高收入国家的进出口商品结构呈明显相似性,而大多数发展中国家则相反。巴拉萨对欧洲共同体贸易商品结构的研究结果表明,其制成品贸易增长大多数为产业内贸易。考基玛对发达国家间的贸易格局的研究发现,高度发达的、类似的工业国之间横向制成品贸易增长迅速,因而,产业内贸易现象背后必然包含着一种新的原理,对这一新原理的揭示,可以在传统比较利益理论的基础上形成一种理论创新。

20世纪70年代中期,西方学者格鲁贝尔(Herbert G. Grubel)和劳尔德(P. J. Loyld)对产业内贸易现象作了开创性、系统性的研究,使产业内贸易理论发展步入第二阶段—理论性研究阶段。继格鲁贝尔和劳尔德之后,格雷(Gray)、戴维斯(Devies)、克鲁格曼和兰卡斯特等许多经济学家对产业内贸易进行了大量的理论性研究,使产业内贸易理论日趋丰富、成熟。格鲁贝尔和劳尔德合著了《产业内贸易》一书,认为技术差距、研究与开发、产品的异质性和产品生命周期的结合以及人力资本密集度的差异与收入分配差异(或偏好差异)相结合均可能导致产业内贸易。格雷和兰卡斯特主要从产品异质性角度分析产业内贸易的形成,强调产品的差异性是产业内贸易的基础。戴维斯以进入市场的障碍解释产业内贸易,并从规模经济的角度揭示产业内贸易的成因,指出规模经济可以在产业内形成互有竞争力的价格,从而导致产业内贸易的发生。克鲁格曼也强调规模经济是产业内贸易的基本原因,并认为,各国的生产要素越相似,它们的产业结构差异越小,从而它们的贸易越具有产业内贸易的特征。20世纪70

年代中期以后，在对产业内贸易的理论性研究不断深化的同时，对产业内贸易的经验性研究也步步深入。这一阶段的经验性研究已从 70 年代中期以前主要研究地区经济集团形成而导致专业化格局变化转向主要致力于研究产业内贸易的程度和趋势，以及在不同类型国家、不同产业发展状况及原因。

2. 产业内贸易的理论解释

产业内贸易是指同一产业部门内部的差异产品的交换及其中间产品的交流。有很多简单原因如气候、地理、政府政策等因素都可能造成产业内贸易的现象。但总体来说，这些因素常带有一定特殊性和偶然性，不足以说明大量存在的同类制成品间的贸易。20 世纪 60 年代以来，经济学家从产品差别、规模经济、消费者偏好差别以及国家之间产品层次结构和消费层次结构的重合角度分析产业内贸易的原因，以各个国家公司或产业的国际竞争力说明产业内贸易的格局，形成了若干理论。

(1)产品异质性

格鲁贝尔等经济学家把同类产品分为同质产品（同一产品）和异质产品（差别产品）两种。所谓同质产品是指可以完全互相替代的无差别产品，异质产品则指不能完全替代的产品，即尽管是同类产品但仍存在差别。不同国家相同产业的产品用于交换的一定是异质性产品，完全同质的产品没必要拿来交换。

在每个产业部门内部，由于产品质量、性能、规格、设计等的不同，甚至每种产品在其中任何方面都有细微差别而形成由无数产品组成的差别化系列产品。各国由于财力、物力、人力等的约束和技术差距，使它们不可能在具有比较利益的部门生产所有差别化产品，而必须有所取舍，着眼于某些差别化产品的专业化生产，以获得规模经济利益。因此，每一产业内部的系列产品通常产自不同国家。消费多样化造成的市场需求多样化使各国对同种产品产生相互需求，进而产生贸易。与此相关的是产品零部件贸易的增长。为降低成本，一种产品的不同部分往往通过国际经济合作形式在不同国家或地区进行生产，追求多国籍的比较优势。例如，波音 777 飞机的 32 个构成部分，波音公司承担了 22%，美国制造商承担 15%，日本供给商承担了 22%，其他国家供给商承担了 41%。飞机的总体设计由美国完成，发动机等重要部件生产在美国进行，其他外国承包商在本国生产设计和制造有关部件，然后运到美国组装。显然，波音 777 飞机是多国籍化产物。类似跨国公司间的国家联盟、协作生产和零部件贸易，正促进各国经济的相互依赖和产业内贸易的扩大与发展。

(2)规模经济或规模报酬递增与不完全竞争

规模报酬递增与不完全竞争是最普遍被用来解释产业内贸易的理论。如前所述,规模经济或规模报酬递增是指厂商进行大规模生产,使成本降低,报酬递增。规模经济分为内部和外部两种。前者不一定带来市场不完全竞争,后者则将导致不完全竞争。因为国际贸易开展后,厂商面对更广大的市场,生产规模可以扩大,规模经济使扩大生产规模的厂商的生产成本、产品价格下降,生产相同产品而规模不变的其他国家厂商被淘汰。因此,在存在规模经济的某一产业部门内,各国将各自专于该产业部门的某些差异产品的发展,再相互交换(即开展产业内部贸易)以满足彼此的多样化需求。

国家间的要素禀赋越相似,越可能生产更多相同类型的产品,因而它们之间的产业内贸易量将越大。例如,发达国家之间的要素禀赋和技术越来越相似,它们之间的产业内贸易相对于产业间贸易日益重要。

(3)需求偏好相似

本节已阐述过林德的这一理论。发达国家间产业结构相似,它们之间的分工大多是部门内产品内分工。它们收入水平相似,消费结构大体相同,对对方的产品形成广泛的相互需求。因重合需求大,所以发达国家间产业内贸易量大。

3. 产业内贸易程度的测定

产业内贸易程度可通过产业内贸易指数(B)来测量。

$$B = 1.0 - |X - M| / (X + M)$$

其中,X 与 M 分别代表属于同一产业的产品的出口值和进口值。B 的最大值为 1,最小值为 0。当某一产品的进口出口相等时,即 X - M = 0 时,B 为最大值 1;但当某一产业只有进口没有出口或只有出口没有进口,即没有产业内贸易时,B 为最小值 0。工业国之间的产业内贸易程度较高。根据格鲁贝尔和劳尔德的估计,1967 年,10 个工业化国家的 B 值平均为 0.48,欧共体成员国的 B 值平均为 0.67,显示先进工业国之间的贸易有一大部分属于产业内贸易。

应注意的是,界定一个产业的范围大小不同,会得出极不相同的 B 值。界定的范围越大,B 值也越大,因为某一产业的范围越大,一国越可能出口该产业的某些差异产品,而进口另一些差异产品;反之亦然。

3.2.5 国家竞争优势说

前述介绍的国际贸易新理论从不同侧面说明第二次世界大战以后国际贸易的新格局,比传统的国际贸易理论更具现实意义。但由于各自的特殊假设,相互之间缺乏有机联系,而不能像比较成本理论那样成为一般性的国际贸易理论。1991 年,迈克尔·波特经过一系列研究,提出了国家竞争优势理论(the Theory of National Competitive Advantage),使得对国际贸易的解释更具"统一性和说服力"，形成了一个新的理论框架。

1. 国家竞争优势理论的主要内容

国家竞争优势是指一国产业和企业持续地以较低价格向国际市场提供高质量的产品，占有高市场份额并获取利润的能力。波特认为，一国的竞争优势就是企业和行业的竞争优势。国家的繁荣不是固有的，而是创造出来的。一国竞争力高低取决于其产业发展和创新能力的高低。一国兴衰的根本在于能否在国际竞争中赢得优势，而取得国家竞争优势的关键在于国家是否有合适的创新机制和充分的创新能力。波特指出，要素条件、国内需求状况、相关产业与支撑产业，公司的战略、结构和竞争等因素至关重要，政府行为和机遇也起辅助作用。四个因素每一个都可以单独发生作用，并同时作用于其他因素。企业因为压力和挑战才能战胜世界强手获得竞争优势，它们得益于拥有国内实力雄厚的对手、勇于进取的供应商和要求苛刻的客户。并指出，在全球性竞争日益加剧的当今世界，国家因素越来越重要，国家的作用随着竞争的基础越来越转向创造和对知识的吸收而不断加强，国家竞争优势通过高度本土化过程得以产生和保持，国民价值、文化、经济结构、制度等方面的差异均有助于竞争的成功，但由于机遇和政府要通过四组基本因素影响国家竞争优势，所以属于辅助因素。另外，由于各国的竞争格局存在明显的区别，没有任何一个国家能在所有产业或绝大多数产业上有竞争力，各国至多能在一些特定的产业竞争中获胜，这些产业的国内环境往往最具动力及挑战性。

2. 国家竞争优势的决定因素

波特对国家竞争优势的四个因素进行了分析并构建了"钻石"框架（如图3.2所示）。国家竞争优势实际上是研究这四组因素的性质及相互作用的理论。

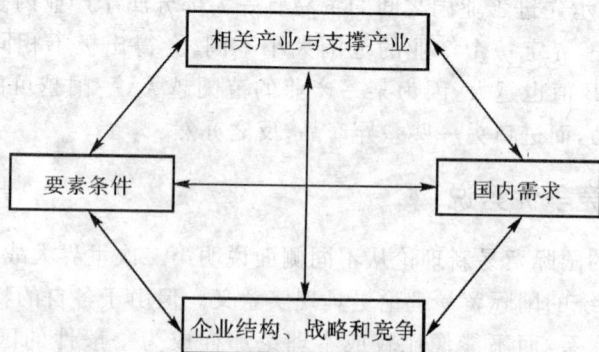

图 3.2　决定国家竞争优势的"钻石"框架

（1）要素条件

波特认为，一个国家如果拥有对某一产业十分重要的某类低成本要素禀赋或独特的高质量要素禀赋，该国的公司就可能在该产业获得竞争优势。要素条件一般包括人力资源、物质资源、知识资源、资本资源和基础设施等，不仅包括数量而且包括质量，以及获得这些要素的成本的高低。并进一步将要素区分为基础要素和高级要素、一般要素和专门化要素。基础要素是指无需开发或仅需较少且简单的社会和私人投资（如一些自然资源、气候、半熟练和非熟练劳动力等），而高级要素往往需要持续的巨大投资，包括受过高等教育的人员和现代化的电信通讯设施。若一国基础要素不足，而高级要素在世界上具有优势，该国仍有可能获得竞争优势。这是因为随着科学技术的发展，对基本要素的需求减少，靠基本要素获得的竞争优势难以持久。而只有高级要素才是稀缺的，这不仅因为它需要较复杂的私人和社会投资，而且需要创造高级要素，机构本身就需要高级人力资源和技术资源，因此，高级要素才是竞争优势的长远来源。

一般要素是指适用范围广泛的要素，如一般的港口、受过高等教育的雇员等，专门要素是指专门领域的专业人才、特殊的基础设施、特定领域的专门知识等专业性很强的要素。越是高级要素越可能是专门要素。专门要素比一般要素更能为一国创造持久的竞争优势，因为一般要素提供的仅是基本类型的竞争优势，容易被取代或失去作用。而专门要素的获得不仅需要更专一、更具风险性的投资，而且通常需要以丰富的一般要素为基础，在更复杂或更专业性的生产中不可或缺。

（2）国内需求

国内需求是指企业在国内市场上面临的竞争及健康程度。传统的国际贸易理论主要从供给角度分析一国产业和产品比较优势产生的原因，不考虑国内需求对产品国际竞争力的影响，但波特认为，国内需求直接影响一国公司和产品的竞争优势。指出产品质量、档次及产品的导入时机在很大程度上取决于国内需求的特征，包括国内买家的需求性质、国内市场的发展规模与格局。以及国内买家的需求向国外企业传递的机制等因素。认为在促进企业持续竞争力方面，最重要的是市场特征而不是市场规模。而市场特征主要是由顾客苛求程度决定的，若国内消费者善于挑剔，品位较高，便有助于企业提高产品质量和服务水平，从而提高竞争力，取得竞争优势。

（3）相关产业与支撑产业

相关产业是指共用某些技术、共享同样的营销渠道和服务而联系在一起的产业或具有互补性的产业，如计算机设备和计算机软件、汽车和轮胎等；支撑产业是指某一产业的上游产业,主要向其下游产业提供原料和中间产品。

波特认为,基于国内的供应商可以为下游产业创造优势;国内供应商可向下游企业提供及时、快捷、甚至优惠的投入,使下游企业的生产能在有利条件下进行;国内供应商与下游企业的协调发展使下游企业能够调整其战略计划以利用供应商的创新成果。相关产业对某一产业的促进作用表现在,它可以促进有关产业的创新,这是因为:具备国际竞争力的相关产业一旦进入某一产业,往往使后者位于较高的发展起点,促进其创新和升级。另外由于营销渠道和服务的共享,相关产业的国际成功还可带动有关产业的国际成功,使有关产业在生产初期便能迅速打开国际市场。例如,美国计算机在国外大量销售的同时,计算机软件和辅助设备产业也获得了广阔的国际市场。

支撑产业对下游产业的促进作用在于它能够有效地降低后者的生产成本,并不断与下游产业合作,促进其创新。例如,有竞争力的供应商可以充当信息传递媒介,帮助下游厂商尽快得到新信息和新技术,加快整个行业的创新速度。

因此,那些拥有发达而有竞争力的相关产业和支持产业的企业在运作过程中,通过密切的工作关系,与供应商的接近,及时的产品供应和快捷的信息传递获得并保持优势。

(4)企业结构、战略和竞争

企业结构、战略和竞争指支持或妨碍企业创造和保持竞争力的国内条件。波特认为,现实经济生活中,公司皆有各自的规模、组织形式、产权结构和竞争目标。公司要在竞争中赢得优势,必须根据内部条件和外部环境做出合适的选择。如一些消费资料生产部门,为适合千变万化的需求,必须选择灵活的经营体制;而一些大型生产资料生产部门,则必须保持组织管理上的严格有序。世界范围内的成功企业与激烈的国内竞争高度相关,激烈的国内竞争会迫使企业更加努力、不断创新,并迫使企业向海外拓展,到世界市场上一决雌雄。而竞争的强度又取决于企业经营管理战略、所有权结构和资本市场条件等因素:企业经营态度影响企业参与国际竞争的愿望和能力;所有权结构及持股人动机影响企业目标的确立;国内资本市场影响企业的资金需要。

(5)辅助因素

政府行为和机遇在国家竞争优势的创造中也是重要的,但处于辅助地位。

政府行为可以促使企业竞争力的提高,增加企业获得竞争优势的机会,但要通过四种要素发挥作用,其本身无法创造国家竞争优势。例如,政府可以通过教育影响劳动力要素,通过产业组织政策为公司竞争力提高创造良好环境,通过对消费者权益的保护培育国内需求等。政府行为可以促进企业提高竞争力,增加企业获得竞争优势的机会,但若没有其他有利条件,政府行为便缺乏创造竞争优势的力量。只有在决定国家竞争优势根本因素业已存在的行业,政府政策的执行才有成效,因此政府行为只是创造国家竞争优势的一个辅助因素,其作用是为企业提供一个有利的竞争环境。

机遇是指重要的新发明、重大技术变化、投资成本的剧变、外汇汇率的变化、突然出现的世界或地区性需求、战争等偶然事件。这些偶然事件会造成行业混乱、为新企业的加入创造机会,还可能促成其他国家同类企业的出现。因此,机遇也是影响企业成功的可能性辅助因素。

通过对四组基本因素和两组辅助因素的分析,国家竞争优势理论超越了传统国际贸易理论对国家优势地位形成的片面认识,首次从多角度、多层次阐明了国家竞争优势的确切内涵。20世纪80年代以来,世界经济朝着经济一体化和全球化的方向发展,国际生产要素流动频繁,每个国家都逐渐被纳入以国际分工为基础的全球网络中,使得国际竞争日益激烈。任何一个国家不再可能依靠基于禀赋条件的比较优势,并通过保护来赢得国际分工地位,而只有通过竞争优势才能获得。根据这一理论,一国要提高经济实力和竞争力,必须创造公平竞争环境,重视国内市场的需求,重视企业的创新机制和创新能力。为此,政府应基于长期经济计划和动态竞争优势,制定能为持续不断的创新创造竞争机会和压力,以及能促进高级要素、专门化要素开发的政策,以服务于国家竞争优势的创造和保持。

3.2.6 战略性贸易理论

战略贸易理论以赫尔普曼(E. Helpman)和克鲁格曼等为代表。该理论认为,工业品的国际市场竞争是不完全的,工业品的生产存在规模经济,故一国政府可以通过贸易保护和补贴、信贷优惠、国内税收优惠等国内政策,保护和扶持其战略性产业—那些承担巨大风险,需要规模生产以获得规模经济,并能产生外部经济的高新技术产业和对本国未来发展至关重要的行业,以创造本国在这些产业上的比较优势,获取大量的外部经济利益,为本国未来发展增强后劲。

1. 战略贸易理论的基本观点

战略贸易论有两个基本观点:其一,由于市场的不完全竞争和规模经济的存在,某些行业的企业可以获得长期利润。而政府的资助可能促进某些行业和企业战胜外国对手取得成功。其二,由于市场对一些企业的外部经济效应缺乏足够的反应,由政府干预来克服这种反应的不足,可建立一种环境,使某些企业的行为给其他企业带来好处,从而推动其他产业的发展。

2. 战略贸易理论的政策主张

不完全竞争市场（主要是寡头市场）方面的战略性政策干预。主要包括给以本国企业生产补贴、对外国竞争产品进口征收关税和对本国消费者予以补贴等措施。这些政策干预有可能通过影响本国企业及其外国竞争对手的决策行为而转移一部分纯经济利润，并产生一定的反托拉斯效果，从而提高本国福利水平。

外部经济效应方面的战略性政策干预。这方面贸易政策往往要和产业政策相配合才能达到预期效果，具体包括信贷优惠、国内税收优惠或补贴、对国内企业进口中间品的关税优惠、对外国竞争产品进口征收关税等措施。若某一产业发展的社会效益高于其个体效益，并在国际竞争中获胜，结果企业所得利润会大大超过政府所支付的补贴。而且该产业的发展还能通过技术创新的溢出推动其他产业的发展。通常以博弈论对政府补贴效果进行分析，本章案例分析中将予以补充说明。

3. 战略贸易理论的简评

战略贸易论表明了在现实与自由贸易理论前提相背离的当今世界，政府干预对外贸易的重要性，并强化了政府干预的理论依据。它对发达国家和发展中国家的贸易和产业政策都产生了较大的影响。但同时这一理论也存在这样那样的缺陷。市场的不确定和信息的不充分会导致政府决策失误，并且极易招致外国报复。战略性贸易政策向本国企业提供生产补贴和对外国竞争产品进口征收关税等都是以牺牲外国利益为代价来增加本国福利。因此，往往会引发贸易战。战略性贸易政策还可能对其国内的其他产业造成损害，因为该政策在给某一产业赢得战略优势的同时可能会给另一产业造成劣势。此外，战略性贸易政策还可能被个别利益集团所利用，可能引发政府寻租，甚至存在道德危害。

⇨【本章小结】

亚当·斯密以前的贸易思想主要包括重商主义和重农主义。重商主义者认为国际贸易是一种"零和游戏"，一方得益，另一方必定受损。出口者从贸易中获得财富，而进口则减少财富。

亚当·斯密是第一个建立市场经济分析框架的经济学家，其贸易思想是其整个自由竞争市场经济体系的一个有机组成部分。斯密的"绝对优势"理论认为国际贸易和国际分工的原因和基础是各国间存在的劳动生产率和生产成本的绝对差别。各国应该集中生产并出口其具有劳动生产率和生产成本"绝对优势"的产品。

大卫·李嘉图的"比较优势"理论认为贸易的基础是生产技术的相对差别以

及由此产生的相对成本的不同。每个国家都应集中生产并出口其具有"比较优势"的产品,进口其具有"比较劣势"的产品。比较优势理论在更普遍的基础上解释了贸易产生的基础和贸易所得。

新古典国际贸易理论中,贡献最大的是瑞典经济学家赫克歇尔和俄林。他们认为产品的相对成本主要取决于产品中的要素比例和一国资源禀赋的稀缺程度。各国倾向于集中生产并出口那些密集使用本国充裕资源的产品,以换取那些需要密集使用本国稀缺资源的产品。这种国际贸易的基础是生产要素的禀赋和使用比例上的相对差别。

美国经济学家里昂惕夫在20世纪50年代用美国的数据对H-O模型进行实证检验发现其结果并不符合H-O理论模型,被称为"里昂惕夫之谜"。对"里昂惕夫之谜"的解释包括产品要素密集型逆转、贸易保护、人力资源以及自然资源等。

规模经济理论从内部规模经济和外部规模经济两方面分析了规模经济与国际贸易的关系。内部规模经济使企业增强竞争能力,最终使企业和消费者都受益。存在外部经济的行业其厂家享有同样的低成本优势,这种竞争优势多与时间积累及历史因素有关。

产品生命周期理论认为一个新产品的技术发展大致有四个阶段:新产品阶段,成熟阶段,标准化阶段和发展中国家成为净出口国阶段。这一理论是一种典型的动态化国际贸易理论。

贸易基础也可以是需求结构的不同,对同一产品的不同需求会造成价格的差别从而产生贸易。林德从收入和需求的变化来解释发达国家之间工业制成品贸易的发展。

产业内贸易理论解释了战后同类产品之间贸易量大大增加的原因,有产品异质性、不完全竞争、需求偏好不同等,并给出了测量其程度的方法。

国家竞争优势理论的核心是"创新是竞争力的源泉"。波特认为,一国的竞争优势就是企业、行业的竞争优势。并将竞争优势的获得归因于四个基本要素即要素状况,需求状况,相关和支撑产业,企业战略、结构与竞争等,形成了"钻石体系"。该理论对于一国提高国际竞争力,取得和保持竞争优势有重大的借鉴意义。

战略性贸易理论分析了政府干预对于国际贸易的影响,表明了在现实与自由竞争理论相背离的当今世界,政府干预对外贸易的必要性,并强化了政府干预的理论依据,对于发达国家和发展中国家的贸易和产业政策都产生了较大的影响。但在如何合理解释政府干预方法方面还有待完善。

⇨【案例分析】

欧美政府的战略贸易政策的选择

由于国际市场上不完全竞争性质和规模经济的存在,市场份额对各国企业变得更加重要。市场竞争变成少数几家企业的"博弈"(Game)。经济学家常用波音公司与空中客车公司作为例子。假定这两家公司生产技术和能力相近,都有生产可坐 800 人的大型客机,而生产这种客机又具有规模经济,生产越多成本越低,生产量越小成本越高,而且会亏损。在市场需求有限的情况下,如果两家公司全都生产,都会亏本。如果两家都不生产,则都没有利润。只有一家生产而另一家不生产的情况下,生产的厂家才有足够的产量而获得利润。图 3.3 列出两家公司在各种情况下的假设收益。

空中客车公司

		生 产	不生产
波音公司	生 产	(−5 万,−5 万)	(100 万,0 万)
	不生产	(0 万,100 万)	(0 万,0 万)

图 3.3 波音公司和空中客车在成本相同情况下的利润

假设现在欧洲政府采取战略性贸易政策,补贴空中客车公司 10 万美元用于生产这种新机型,补贴使两家的利润情况发生了变化。新情况的收益矩阵如图 3.4。

空中客车公司

		生 产	不生产
波音公司	生 产	(−5 万,5 万)	(100 万,0 万)
	不生产	(0 万,110 万)	(0 万,0 万)

图 3.4 欧洲政府进行补贴后的利润情况

在新情况下,空中客车只要生产就有利润,而不管波音是否生产,因此空中客车不生产的选择已经排除。波音公司面临的选择是:生产,自身承担 5 万元的亏损;不生产,没有利润也不亏损。其理性选择必然是退出,空中客车独占市场,获得 110 万元的利润。而这种情况显然对空中客车和欧洲政府都有吸引力。

案例点评

从这个例子可以看出,政府的保护政策可以使本国企业在国际竞争中获得占领市场的战略优势并使整个国家受益。但这一理论也常受到各种实际情况的挑战。首先,国外政府可以采取相同的措施,在上例中,如果美国政府对波音公司也进行补贴,则会出现图3.5中的情况。

空中客车公司

		生 产	不生产
波音公司	生 产	(5万,5万)	(100万,0万)
	不生产	(0万,110万)	(0万,0万)

图 3.5 欧美政府都进行补贴后的利润情况

虽然波音和空中客车在政府补贴下仍能获利,但各国政府的支出大于企业所得利益,整个经济是净损失。

其次,在信息不对称的情况下,即使美国政府不补贴,欧洲政府仍然可能因为信息不完全而盲目进行保护,从而不能达到补贴的预期效果。在上例中,如果空中客车比波音公司的成本高(图3.6所示),两家都生产的情况下,空中客车亏损5万元,波音赢利5万元。在没有补贴的情况下,波音公司不论怎样都会生产而空中客车则不会生产,波音公司独占市场(右上栏)。如果欧洲政府不了解这种情况,依然补贴空中客车10万元,则不能实现将波音公司挤出市场的目的。空中客车将无法独占市场,则两家公司各得5万元利润共同生产,这时整个国家将亏损5万元。

空中客车公司

		生 产	不生产
波音公司	生 产	(5万,−5万)	(125万,0万)
	不生产	(0万,100万)	(0万,0万)

图 3.6 成本不同情况下两家公司收益情况

▷【思考练习】

1.试述绝对优势理论和比较优势理论的主要内容,并予以评价。

2.什么是里昂惕夫之谜？西方经济学家对此作了哪些解释？

3.简述 H-O 定理的逻辑推导过程。

4.本国生产 1 吨钢需 10 单位劳动和 5 单位土地,生产 1 吨食品需 2 单位劳动和 4 单位土地。判断钢和食品各是什么要素密集的产品。

5.本国生产球棒的单位劳动投入是 6,生产网球拍的单位投入是 2;外国生产球棒的单位劳动投入是 1,生产网球拍的单位投入是 4。那么本国在哪种产品上拥有相对生产优势(即比较优势),为什么？

6.假定电视机生产是劳动密集型的,每台电视机的生产需要 20 单位劳动与 4 单位土地;大米生产是土地密集型的,每 500 克大米的生产需 1 单位劳动与 4 单位土地。现在本国有 120 单位劳动和 200 单位土地,外国有 40 单位劳动和 50 单位土地,根据赫—俄理论,这两个国家将有什么样的贸易模式？

7.试述规模经济理论的内容。

8.产品生命周期理论如何解释国际贸易的产生与发展。

9.试述需求偏好相似说的要旨。

10.试从理论上对产业内贸易作出解释。

11.简述国家竞争优势理论的"钻石结构"以及各部分在国家竞争优势中的作用。

12.根据案例试述战略性贸易理论的政策主张。

第 4 章

对外贸易政策 ❯❯❯ ❯

世界各国为了发展对外贸易,均制定了各自的对外贸易政策。本章介绍对外贸易政策的类型,相关理论提出的背景情况,对外贸易政策的历史演变过程。目的是了解贸易政策制定和变化的依据,了解主要对外政策理论、政策的内容,以及各自所起的积极作用和存在的局限性。

4.1 对外贸易政策概述

对外贸易政策是一国在一定时期参与国际贸易活动所遵循的总的方针和原则。随着国际分工和国际贸易的发展,各个国家在不同时期推行了不同的贸易政策,出现了不同的贸易理论和贸易政策。

4.1.1 对外贸易政策的涵义

对外贸易政策是指一国在一定的时期内,为了实现一定的目的而对外贸活动制定和所采取的手段,是一国经济政策的重要组成部分,是为该国的经济基础和对外政策服务的。它大体上包括:对外贸易总政策;对不同国家/地区所实行的国别对外贸易政策;对不同商品或不同类别商品所实行的进出口商品政策。

对外贸易政策反映了一个国家在世界市场上的实力和地位以及与其他国家之间的关系和矛盾。经济实力较强的国家在世界市场上有较强的竞争能力,一般都要求减少或取消贸易限制,反之亦然。各国都会从本国的利益出发,采取不同的对外贸易政策,彼此间既有斗争,又有协调。

4.1.2　对外贸易政策的类型

自国际贸易产生以来,对外贸易政策基本上有两大类型:自由贸易政策和保护贸易政策。

自由贸易政策的主要内容:国家对商品进出口不加干预。对进口商品不加限制,不设障碍;对出口商品也不给予特权和优惠,放任自由,使商品在国内和国外市场上自由竞争。

保护贸易政策的主要内容:奖出限入,国家对商品进出口积极加以干预。利用各种措施限制商品进口,保护国内市场和国内生产,使之免受外国商品的竞争;同时对本国出口商品给予优待和补贴,鼓励扩大出口。

4.1.3　对外贸易政策的演变与发展

在资本主义生产方式准备时期(16—18世纪),为促进资本的原始积累,西欧各国普遍实行重商主义的强制性贸易政策,通过限制货币(贵金属)出口和扩大贸易顺差的办法扩大货币积累。此政策以英国实行得最为彻底。

在资本主义自由竞争时期,资本主义生产方式占了统治地位,世界经济进入了商品资本国际化阶段,这一时期对外贸易政策的基调是自由贸易。英国是率先实行自由贸易的国家。但由于各国的经济发展水平不同,一些经济发展起步较晚的国家,如美国和德国,采取了保护贸易政策。

在资本主义垄断时期的前期,垄断加强,资本输出占据统治地位。1929—1933年的资本主义经济大危机,使市场问题急剧恶化,出现了发达国家普遍采用的、以保护国内高度发展的或出现衰退的垄断工业,巩固和加强对国内外市场的垄断,并在此基础上向国外市场进行进攻性扩张,保护大垄断资产阶级利益,在采取关税和贸易条约的同时,还广泛采用各种非关税措施和奖出限入措施为特征的超保护贸易政策。

第二次世界大战后,随着生产国际化和资本国际化,出现了世界范围的贸易自由化。走上政治独立的广大发展中国家则实行了贸易保护主义。新生的社会主义国家如中国,为了发展经济,实行了国家编制下的贸易主义政策。

第二次世界大战后至20世纪70年代初,由于资本主义世界经济的恢复和迅速发展,第三次科技革命对生产国际化的促进和国际分工的进一步深化,贸易自由化成为主流。尤其是1947年《关贸总协定》的签署,对发达资本主义国家推行以贸易自由化倾向为特征的对外贸易政策起了重要作用。

20 世纪 70 年代中期至 20 世纪 90 年代,三次较为严重的经济衰退使始于第二次世界大战后的贸易自由化趋于停顿,国际市场竞争的空前激烈导致以非关税壁垒设置为特征的新贸易保护主义产生,并在上述背景下出现了管理贸易政策。管理贸易政策的主要内容:国家对外制定各种对外经济贸易法规和条例,加强对本国进出口贸易有秩序地发展的管理;对外通过协商,签订各种对外经济贸易协定,以协调和发展缔约国之间的经济贸易关系。

20 世纪 90 年代以来,对国际贸易产生重要影响的是具有保护主义性质的战略性贸易政策。所谓"战略性贸易政策"是指一国政府在不完全竞争和规模经济条件下,可以凭借生产补贴、出口补贴或保护国内市场等政策手段,扶持本国战略性工业的成长,增强其在国际市场上的竞争能力,从而谋取规模经济之类的额外收益,并借机劫掠他人的市场份额和工业利润。这有悖于自由贸易学说的经典结论,也给当前风靡一时的新保护主义提供了某种遁词。

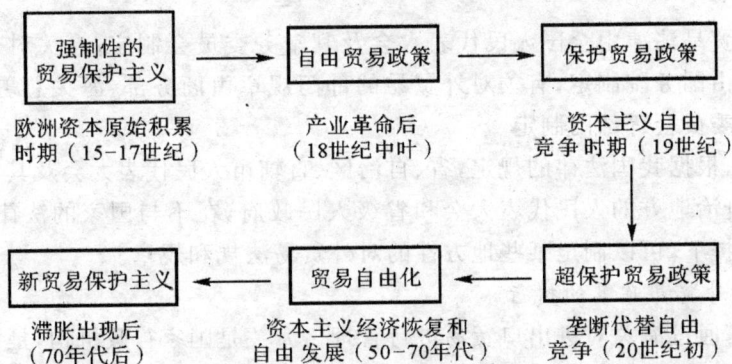

图 4.1 对外贸易政策演变史

4.1.4 对外贸易政策的制定与执行

1. 制定对外贸易政策需考虑因素

一般来说,制定对外贸易政策的目的在于:保护本国的市场;扩大本国产品的出口市场;促进本国产业结构的改善;获取高额垄断利润或积累资本;维护本国对外的政治关系。

为达到上述目的,各国在制定对外贸易政策时,必然要考虑以下因素:本国经济结构及竞争优势;本国产品在国际市场上的竞争能力;本国与别国在经济、投资方面的合作情况;本国国内物价与就业状况;本国与他国的政治关系;本国在世界经济与贸易制度中承担的权利与应尽的义务;政府领导人与决策人的经济贸易思想。

在西方资本主义国家，对外贸易政策的制定和修改是由立法机构进行的。这种立法机构在美国是国会，在英国是议会，在德国是联邦议会。最高立法机关在制定和修改对外贸易政策及有关规章制度前，一般要征询各垄断集团的意见。各垄断集团也必然通过其组织—企业主协会或商会向立法机构提出各种建议，甚至派人参与制定或修改有关对外贸易政策的法律草案。

最高立法机关所颁布的对外贸易各项政策，既包括一国较长时期内对外贸易政策的总方针和基本原则，又规定某些重要的措施和授予行政机构特定权限。例如，美国国会就授权总统在一定范围内可制定对外贸易政策，进行外贸谈判，以及增减关税、决定配额数量等。

在我国，目前有权制定对外贸易法或对外贸易政策的国家机关有全国人民代表大会及其常务委员会、国务院、商务部、海关总署、国务院关税税则委员会等。

对外贸易法律由全国人民代表大会及其常务委员会制定；有关对外贸易的行政法规由国务院制定；有关对外贸易的部门规章由商务部、海关总署、国务院关税税则委员会等部门制定。

此外，根据我国法律的规定，省、自治区、直辖市人民代表大会及其常务委员会、民族自治地方的人民代表大会和省级人民政府，在不与国家的法律、法规相抵触的前提下，可以制定某些地方性的对外贸易法规和规章。

2. 对外贸易政策的执行

首先，通过海关对进出口贸易进行管理。海关是国家行政机构，是设置在对外开放口岸、对进出口进行监督管理的机关。它的主要职能是：对进出国境的货物和物品、运输工具进行实际的监督管理，稽征关税和代征法定的其他税费，查禁走私。一切进出国境的货物和物品、运输工具，除国家法律有特别规定的以外，都要在进出国境时向海关申报，接受海关检查。

其次，国家广泛设立各种机构，负责促进出口和管理进口，如商务部、工商局、商检局和质检局。

再次，国家政府出面参与各种国际经济贸易等国际机构与组织，进行国际经济贸易等方面的协调工作。

4.2　重商主义

4.2.1　重商主义的演变

重商主义是 15—17 世纪盛行于欧洲,代表商业资产阶级利益的经济思想和政策体系。在该时期,封建主义经济基础逐渐瓦解,资本主义经济迅速发展。与此相适应,产生了重商主义的贸易政策。它追求的目的就是在国内积累货币财富,把贵金属留在国内。重商主义分为早期和晚期。

早期重商主义被称重金主义,即绝对禁止贵金属外流。为此,当时执行重商主义的国家采取了两种措施:(1)禁止货币出口,由国家垄断全部货币交易;(2)外国人来本国进行贸易时,必须将其销售所得款项全部用于购买本国货物。早期重商主义者反对进口,认为一切进口都会减少货币,而货币的减少对本国是有害的。对外应该少买或根本不买;同时他们主张鼓励出口,应该多向国外销售,销售得越多越好。因为出口越多,从国外吸收的货币越多。他们还要求禁止货币出口,认为这是保留货币的一种手段。这样,他们就把增加国内货币的积累、防止货币外流视为贸易政策的指导原则。其代表人物是英国人威廉·斯塔福(W. Stafford,1554—1612)。

晚期重商主义也称贸易差额论。16 世纪下半叶,商业资本高度发展,工场手工业已经产生,信贷事业开始发展,商品货币经济迅速发展。当时的封建王朝和商业资产阶级更加需要货币。"他们开始明白,一动不动地放在钱柜里的资本是死的,而流通中的资本却会不断增殖。……人们开始把自己的金币当作诱鸟放出去,以便把别人的金币引回来"。所以,对货币的运动,就不应当过分加以限制。于是,管理金银进出口的政策变为管制货物的进出口政策,力图通过奖出限入,保证贸易出超,以达到金银流入的目的。其代表人物是托马斯·孟(Thomas Mum,1571—1641),其主要著作是《英国得自对外贸易的财富》,被认为是重商主义的"圣经",马克思称之为"重商主义福音书"。

4.2.2　重商主义的政策主张

重金主义和贸易差额论都主张实行保护主义的对外贸易政策,即国家必须干预对外贸易。以贸易差额论为例,重商主义保护政策主要有:

1. 货币政策

贸易差额论的货币政策不是主张严禁金银出口，想方设法吸收外国金银，而是寓对货币的追求于贸易顺差的追求之中。

2. 对外贸易垄断政策

葡萄牙和西班牙在16世纪实行对外贸易垄断。葡萄牙垄断了对东方的贸易，西班牙则垄断了其美洲殖民地的贸易，不许外国人插手经营。通过贸易垄断，西欧国家在其殖民地取得廉价的原料，运回本国加工成制成品，高价向殖民地或其他国家出售。

3. 奖出限入政策

在英国，如果本国货在外国和国内不能与外国货竞争时，可以退还原来对其原料征收的税款，必要时国家给予补贴；阻止原料出口，奖励制成品出口，认为输出廉价原料，再用高价购买制成品是一种愚蠢的行为；另外，国家还奖励在国外市场上出售本国产品的商人。

4. 保护关税政策

对进口货物几乎都要征收重税，其税负往往高到使人不能购买的地步，对原料则免税进口；同时，对出口的制成品则减免关税，或退回进口原料时征收的关税。

5. 发展本国航运业政策

贸易差额论者认为，建立一支强大的商船队和渔船队是一个国家经济力量的重要组成部分。因此，禁止外国船只从事本国沿海航运和殖民地之间的航运。

6. 发展本国工业政策

为了实现贸易顺差，必须多卖商品。因此，他们认为应该发展本国工业，使本国产品在世界市场上有竞争能力，保持出口优势。为此，各国都制定了鼓励本国工业发展的政策。如有些国家高报酬聘请外国工匠，禁止熟练技术工人外流和机器设备输出，给工场手工业者发放贷款和提供各种优惠条件等等。

4.2.3 重商主义对外贸易学说的评价

从上述政策主张可知，重商主义贸易学说是重商主义的核心，是西方最早的国际贸易学说，它在历史上曾起过进步作用，并具有一定的现实意义。

1. 理论贡献

(1)在理论上，重商主义贸易学说冲破了封建思想的束缚，开始了对资本主义生产方式的最初考察，提出了对外贸易能使国家富足的观点。

(2)在政策上，重商主义贸易学说提供了关于国家干预对外贸易的一系列主张。当时西欧各国实行重商主义贸易政策的结果加速了资本的原始积累,促进了资本主义生产方式的确立,推动了历史的进步。

(3)重商主义的某些政策主张对当今世界各国制定对外贸易政策仍有一定的实践意义。如积极发展本国工业,鼓励原材料进口和制成品的出口等。

2.理论局限

重商主义贸易学说也存在许多缺陷和不足。主要表现在:

(1)重商主义对社会财富的理解是肤浅和片面的。它把金银视为财富的唯一代表,却忽视了商品物质其实也是一种财富。

(2)重商主义理论在国际贸易对本国财富或福利的增进上的解释是不科学的,因为流通领域是不创造财富的,创造财富的真正源泉来自于生产领域。

(3)重商主义认为对外贸易是一种零和游戏,而贸易实践本身却表明,通常情况下对外贸易是一种双赢游戏。

(4)重商主义只研究如何从对外贸易中获得金银,而没有探讨国际贸易产生的原因,对国际贸易问题的研究不够全面。

(5)重商主义所主张的政府严格控制经济活动的政策,限制了国际贸易的广泛开展。

4.3 自由贸易政策

4.3.1 英国自由贸易政策的兴起

英国自18世纪中叶开始进入产业革命,"世界工厂"地位已经确立并获利巩固,不怕与外国商品进行竞争。在这种状况下,重商主义的保护贸易政策便成为英国经济发展和阻碍英国工业资产阶级对外扩张的一大障碍。这时工业资产阶级便要求实行在世界市场上进行无限制的自由竞争和自由贸易政策。他们要求其他国家供给英国粮食、原料和市场,而由英国向他们提供工业制成品。因此,英国新兴的工业资产阶级迫切要求废除重商主义时代所制定的一些外贸政策和措施。

英国新兴的产业资产阶级要求废除重商主义的贸易政策。其主要理由是:

第一,英国产业革命的发展,必须自国外取得廉价的工业原料与粮食,因而反对各种限制进口的保护措施。

第二，英国的产业革命早于其他国家，其产品物美价廉，具有强大的国际竞争能力，因而自由贸易对其较为有利。

4.3.2 英国自由贸易政策的胜利

19世纪20年代，以伦敦和曼彻斯特为基地的英国工业资产阶级开展了一场大规模的自由贸易运动。运动的中心内容是废除"谷物法"。工业资产阶级经过不断的斗争，最后终于战胜地主、封建贵族阶级，使自由贸易政策逐步取得胜利。它表现在以下几方面：

1. 废除谷物法

1833年英国棉纺织业资产阶级组成"反谷物法同盟"，然后又成立全国性的反谷物法同盟，展开了声势浩大的反谷物法运动。经过斗争，终使国会于1846年通过废除谷物法议案，并于1849年生效。正如马克思所说："英国谷物法的废除是自由贸易在19世纪取得的最伟大的胜利"。它标志着制造业和贸易的政治地位超过地主的土地经营。

2. 关税税率逐步降低，纳税商品数目减少

在19世纪初，经过几百年的重商主义的实践，有关关税的法令达1000件以上。1825年开始简化税法，废止旧税率，建立新税率。进口纳税的商品项目从1841年的1163种减少到1853年的466种，1862年减至44种，1882年再减至20种，所征收的关税全部是财政关税，税率大大降低。禁止出口的法令被完全废除。

3. 废除航海法

航海法是英国限制外国航运业竞争和垄断殖民地航运事业的政策。从1824年逐步废除，到1849年和1854年，英国的沿海贸易和殖民地全部对其他国家开放，这使航运业像谷物一样，向所有国家开放。

4. 取消特权公司

1813年和1814年，东印度公司对印度和中国贸易的垄断权分别被废止，从此对印度和中国的贸易开放给所有的英国人。

5. 对殖民地贸易政策的改变

在18世纪，英国对殖民地的航运享有特权，殖民地的货物输入英国享受特惠关税和待遇。在英国大机器工业建立以后，英国不怕任何国家的竞争，所以对殖民地的贸易逐步采取自由放任的态度。1849年航海法被废止后，殖民地可以对任何国家输出商品，也可以从任何国家输入商品。通过关税法的改革，废止了对殖民地商品的特惠税率，同时准许殖民地与外国签订贸易协定，殖民地可以与

任何国家建立直接的关系,英国不加以干涉。

6. 与外国签订贸易条约

1860 签订了英法条约,即"科伯登"条约。根据这项条约,英国对法国的葡萄酒和烧酒的进口税予以减低,并承诺不禁止煤炭的出口,法国则保证对从英国进口的一些制成品征收不超过 30％的从价关税。"科伯登"条约是以自由贸易精神签订的一系列贸易条约的第一项,列有最惠国待遇条款。在 19 世纪 60 年代,英国就缔结了 8 项这种形式的条约。

4.3.3 自由贸易政策的理论

1. 自由贸易理论的形成

随着西欧、尤其是英国资本主义的发展,重商主义学说已不再适应工业资产阶级经济和外贸发展的需要,一些资产阶级思想家开始探寻对外贸易与经济发展的内在联系,试图从理论上说明自由贸易对经济发展的好处,由此便产生了自由贸易理论。

自由贸易理论起始于法国的重农主义,重农主义提倡商业的自由竞争,反对重商主义的贸易差额论,并反对课征高额关税。英国学者休漠主张自由贸易,并提出"物价与现金流出入机制"的理论,驳斥重商主义的贸易差额论。

古典政治经济学家亚当·斯密在其名著《国民财富的性质和原因的研究》中提出国际分工,实行自由贸易的理论,后由大卫·李嘉图继承并加以发展。后来一些经济学家如穆勒、马歇尔等人进一步对此加以阐述、演绎,使自由贸易理论得以不断丰富和完善。

2. 自由贸易理论的主要观点

(1)可以形成互相有利的国际分工。在自由贸易下,各国可以按照绝对优势、比较利益、要素丰缺状况,专心生产对其最有利和有利较大或不利较小的产品,促成各国的专业化分工。这种国际分工可以带来下列利益:一是可以提高各国各专业的特殊生产技能,二是使生产要素得到最优化的配合。故分工范围越广、市场越大、生产要素配合越合理,获取的利益越多。

(2)可以扩大国民真实福利。在自由贸易环境下,每个国家都以自己的条件发展最擅长生产的部门,劳动和资本就会得到充分有效的使用。再通过贸易以较少的花费换回较多的东西,能增加国民财富。在自由贸易条件下,可进口廉价商品,减少国民消费开支。

(3)可以阻止垄断,加强竞争,提高经济效益。独占或垄断对国民经济发展不利,其原因是独占或垄断可以抬高物价,使被保护的企业不求进取,生产效率降低,长期独占或垄断会造成落后,削弱竞争能力。

(4)有利于提高利润率,促进资本积累。李嘉图认为,随着社会的发展,工人的名义工资会不断上涨,从而引起利润率的降低。他认为,要避免这种情况,并维持积累和工业扩张的可能性,唯一的办法就是自由贸易。他写道:"如果由于对外贸易的扩张,或由于机器的改良,劳动者的食物和必需品能按降低的价格送上市场,利润就会提高。"

4.3.4 自由贸易政策、理论的历史作用

自由贸易政策促进了英国经济和对外贸易的迅速发展,使英国经济居世界首位。1870 年,英国在世界工业生产中所占的比重为 32％;在煤、铁产量和棉花消费量中,都各占世界总量的一半左右。英国在世界贸易总额中比重上升了近1/4,几乎相当于法、德、美各国的总和。它拥有的商船吨位占世界第一位,约为荷、美、法、德、俄各国商船吨位的总和。伦敦成为国际金融中心,世界各国的公债和公司证券送到这里来推销。

自由贸易理论为自由贸易政策制造了舆论,成为自由贸易政策论证的有力武器。恩格斯指出:"英国制造者及其代言人经济学家今后的任务,便是使其他一切国家依自由贸易的福音,来建立以英国为最大的工业中心,而其余一切国家为依存于这个中心的农业地域的世界。"

4.4 保护幼稚工业的贸易政策

在贸易保护理论中,最有说服力、影响最为广泛的理论就是保护幼稚工业理论。这一理论最早可追溯到美国的政治经济学家亚历山大·汉密尔顿(A. Hamilton,1757—1840)。他在 1791 年的《制造业的报告》中就提出了这一论点。不过真正全面论述和发展这一理论的是 19 世纪德国经济学家弗里德里希·李斯特(F. List,1789—1846)。

李斯特是德国历史学派的先驱者,早年在德国提倡自由主义。自 1825 年出使美国以后,受到汉密尔顿的影响,并亲眼见到美国实施保护贸易政策的成效,于是转而提倡贸易保护主义。他在 1841 年出版的《政治经济学的国民体系》一书中,系统地阐述了保护幼稚工业的思想。

4.4.1 保护幼稚工业论的内容与政策

李斯特在"保护幼稚工业论"中主要提出了下述观点主张。

1. 批判"比较成本论"忽视了各国历史和经济的特点,提出发展阶段论

李斯特提出,比较成本学说不利于德国生产力的发展。他认为,向外国购买廉价的商品,表面上看起来是要合算一些,但这样做,德国的工业就不可能得到发展,会长期处于落后和从属于外国的地位。如果德国采取保护关税政策,一开始工业品的价格可能提高,但经过一段时间,德国工业得到充分发展,会使商品价格下降,甚至低于进口商品的价格。

李斯特批评古典派自由贸易学说忽视了各国历史和经济上的特点。古典派自由贸易理论认为,在自由贸易下,各国可以按地域条件、成本形成和谐的国际分工。李斯特认为,这种学说是一种世界主义经济学,它抹杀了各国的经济发展与历史特点。他根据国民经济发展程度,把国民经济的发展分为五个阶段,即"原始未开化时期、畜牧时期、农业时期、农工业时期和农工商业时期"。不同时期应采取不同的贸易政策。

处于农业时期的国家应实行自由贸易政策,以利于农产品的自由输出,并自由输入外国的工业品,以促进本国农业的发展,培育工业化的基础;处于农工业时期的国家由于本国已有工业在发展,但并未发展到能与外国产品相竞争的地步,故须实施保护措施,使它不受外国产品的冲击;而处于农工商业时期的国家,由于国内工业品已具备国际竞争能力,国外产品的竞争威胁不存在,故可实行自由贸易政策,以享受自由贸易带来的最大利益,刺激国内产业的进一步发展。

2. 指出"比较成本论"不利于德国生产力的发展,提倡生产力论

李斯特认为,生产力是创造财富的能力。一个国家的财富和力量来源于本国社会生产力的发展,提高生产力是国家强盛的基础。他说:"财富的生产力,比之财富本身不晓得要重要多少倍;它不但可以使原有的和已经增加的财富获利保障,而且可以使已经消失的财富获利补偿。"他从保护和发展生产力的角度出发,主张在农工业时期的国家必须采取保护贸易政策。

3. 反对古典学派的放任自由原则,主张国家干预经济

李斯特认为,要想发展生产力,必须借助国家力量,而不能听任经济自发地实现其转变和增长。他承认当时英国工商业的发展,但认为英国工商业的发展也是由于当初政府的扶植政策所造成的。德国正处类似英国发展初期的状况,应实行在国家干预下的保护贸易政策,使其幼稚工业经过保护能够成熟,与国外竞争者匹敌。该理论的具体内容包括:

（1）保护的前提与目的。按李斯特的经济发展阶段论,只有处于农工业发展阶段的国家,如当时的德国与美国,才有理由实行保护贸易政策。与上述前提相适应,保护的目的是保护幼稚工业的发展,即通过保护国内市场以促进国内生产力的发展。这与重商主义限制进口、鼓励出口的目的只是为了积累金银财富是不同的。

（2）保护的对象。保护的对象主要是那些刚刚发展且有强有力的外国竞争者的幼稚工业。等到被保护的工业发展到能与外国产品相竞争时,就无须再保护;或者被保护的工业在经过一个适当时期(最高不超过30年)还不能扶植起来时,也就不必再予以保护;若某个工业虽是幼稚工业,但没有强有力的竞争者,也不需要保护。至于农业,他认为只有那些刚从农业阶段跃进的国家,距离工业成熟期尚远,才适宜保护。

（3）保护的手段。李斯特认为,保护国内工业的主要手段应该是关税措施。通过提高关税税率,可以阻挡国外具有较强竞争力的商品进入国内市场。但是,提高关税税率应当采用渐进的方式,因为突然大幅度提高关税会割断原来存在的与各国之间的商业联系,对国内生产造成过大的冲击。

（4）保护的程度。李斯特认为,应针对工业部门中不同行业的具体情况采取程度不同的保护措施。他提出"对某些工业品可以实行禁止输入,或规定的税率事实上等于全部或至少部分的禁止输入",同时"凡是在专门技术与机器制造方面还没有获得高度发展的国家,对于一切复杂机器的输入应当允许免税,或只征收轻微的进口税"。

4.4.2 对李斯特保护幼稚工业理论的评价

李斯特保护幼稚工业理论的提出,确立了保护贸易理论在国际贸易体系中的地位,标志着从重商主义分离出来的西方国际贸易理论两大学派的完全形成。该理论的许多观点是有价值的,整个理论是积极的,对落后国家制定对外贸易政策有一定的借鉴意义。而且,该理论在德国工业资本主义的发展过程中的确起过积极的作用,促进了德国资本主义的发展,有利于资产阶级反对封建主义势力的斗争。

但是,该理论也存在着缺陷。它对影响生产力发展的各种因素的分析有些混乱,甚至是错误的,例如它的"经济发展阶段论"是以经济部门为划分依据的,这实际上是把社会历史的发展归结为国民经济部门的变迁,从而撇开了生产关系这个根本原因。

4.5 超保护贸易政策

4.5.1 超保护贸易政策的兴起及特点

超保护贸易政策在第一次世界大战与第二次世界大战之间盛行。在这个阶段,资本主义经济具有以下特点:(1)垄断代替了自由竞争;(2)国际经济制度发生了巨大变化;(3)1929—1933 年间,资本主义世界发生了空前严重的经济危机。

大危机之后,许多资本主义国家提高了关税,实行外汇限制、数量限制;同时,各国积极干预外贸,鼓励出口,新重商主义盛行一时。这一阶段的对外贸易政策特点如下:

(1)保护的对象扩大了。超保护贸易不但保护幼稚工业,而且更多地保护国内高度发展或出现衰落的垄断工业。

(2)保护的目的变了。超保护贸易不再是培养自由竞争的能力,而是巩固和加强对国内外市场的垄断。

(3)保护转入进攻性。以前贸易保护主义是防御性地限制进口,超保护贸易主义是要在垄断国内市场的基础上,对国内外市场进行进攻性的扩张。

(4)保护大企业资产阶级的利益。从保护一般的工业资产阶级转向保护大垄断资产阶级。

(5)保护措施多样化。保护的措施不仅有关税和贸易条约,还有其他各种各样的奖出限入的措施,实行"按倾销价格输出"的制度。

(6)组成货币集团,瓜分世界市场。1931 年,英国放弃了坚持多年的金本位制度,引起了统一的世界货币体系的瓦解,主要帝国主义国家各自组成了排他性的相互对立的货币集团。1931 年后,资本主义世界的货币集团有英镑集团、美元集团、法郎集团、德国双边清算集团及日元集团等。

4.5.2 超保护贸易政策的理论

在两次世界大战期间超保护贸易政策的发展中,最值得重视的是其理论根据发生了重大的变化。各国经济学者提出了各种支持超保护贸易政策的理论根据。其中有重大影响的是凯恩斯主义有关推崇重商主义的学说。

1. 超保护贸易理论的产生

超保护贸易理论是凯恩斯及其追随者关于国际贸易观点与论述的综合，它试图把对外贸易和就业理论联系起来。凯恩斯(John Maynard Keynes,1883—1946)是当代最著名的英国经济学家,凯恩斯主义的创始人。在资本主义世界大危机之前,他是一个自由贸易论者。当时,他否认保护贸易政策会有利于国内的经济繁荣与就业。危机之后,他的经济立场发生了改变,由原来支持自由贸易转为赞同保护贸易,并积极为其提供理论依据。1936年,凯恩斯出版了他的代表作《就业、利息和货币通论》,在书中,他对自由贸易理论展开了批评,对重商主义的一些政策进行重新评价,并以有效需求不足为基础,以边际消费倾向、边际资本效率和灵活偏好三个所谓心理规律为核心,以国家干预为政策基点,创立了超保护贸易学说。

2. 超保护贸易理论的主要观点和政策主张

凯恩斯批判了自由贸易论和国际收支自动调节论的立场,认为古典派自由贸易理论过时了。首先,20世纪30年代,大量失业存在,自由贸易理论"充分就业"的前提条件已不存在。其次,古典派自由贸易论者虽然以"国际收支自动调节说"说明贸易顺、逆差最终均衡的过程,但忽略了这一机制在国际收支调节过程中对一国国民收入和就业所产生的影响。

凯恩斯认为,贸易顺差和逆差与一国经济盛衰有着极大的关系。贸易逆差使黄金外流,引起物价下跌,将导致国内经济活动的收缩,经济危机的加深和国内就业量的缩减;一国贸易顺差,可为一国带来黄金,扩大支付手段,一方面可以引起物价上涨,另一方面能降低利息率,两者都将刺激投资增长。

凯恩斯主张国家干预对外贸易。凯恩斯认为,在一个开放的社会里,对外贸易是社会有效需求的决定性因素之一。具体说,出口消费品和资本品等于增加本国的总需求,进口这些物资等于缩减了本国的有效需求。贸易逆差对扩大有效需求是有利的,政府应对国际贸易差额进行控制,实行"奖出限入"的保护政策。例如,用提高关税税率、扩大课税商品范围、设置各种非关税壁垒等保护措施,禁止或限制国外商品进口;对本国商品的出口,则采取补贴、退税、低息贷款、出口信贷担保等手段予以鼓励和支持。

3. 对外贸易乘数论

英国学者哈罗德和美国学者马赫洛普等人在凯恩斯投资乘数论的基础上,提出了对外贸易乘数论。他们在论证对外贸易与国内就业和国民收入的关系时,得出以下结论:一国的出口和国内投资一样,有增加国民收入的作用;一国的进口,则与国内储蓄一样,有减少国民收入的作用。同时,一国出口商品或劳务时,从国外得到的货币收入会使出口产品部门收入增加,消费也增加。它必然引起其他产业部门生产增加,就业增加,收入增加……如此反复下去,收入增加量将为出口增加量的若干倍。反之亦然。

他们得出的最后结论是:只有当贸易为出超或国际收支为顺差时,对外贸易才能增加一国的就业量,对外贸易才能提高一国的国民收入,此时,国民收入的增加量将为贸易顺差的若干倍。这就是对外贸易乘数论的含义。对外贸易顺差对国民收入的影响倍数公式为:

$$\Delta Y = [\Delta I + (\Delta X - \Delta M)] \cdot K$$

由公式可见,一国越是扩大出口,减少进口,贸易顺差就越大,本国的有效需求就越大,对本国经济发展作用越大,解决失业问题的作用也越大。对外贸易乘数论为超保护贸易政策提供了重要的理论根据。

4.5.3 对超保护贸易理论的评价

凯恩斯及其追随者的超保护贸易理论是重商主义贸易差额论在垄断资本主义条件下的翻版。第二次世界大战前后,它成为许多资产阶级政府制定经济政策的指导思想。这一理论的应用使这些国家实现了较快的经济增长。

但是,该理论也存在一定的局限。例如,该理论是代表垄断资本利益的贸易理论,它掩盖了发达国家经济危机和失业的真正原因,忽视了对外贸易发挥乘数作用的条件等。

4.6 第二次世界大战后的贸易政策

第二次世界大战以后,随着世界经济的恢复、发展和经济全球化,相继出现贸易自由化、新贸易保护政策和贸易自由化的深入发展。

4.6.1 贸易自由化

第二次世界大战后,随着资本主义世界经济的恢复和迅速发展,从 20 世纪 50 年代到 70 年代初,发达资本主义国家的贸易政策中出现了贸易自由化。

1. 贸易自由化的主要表现

(1)大幅度削减关税

①在《关税与贸易总协定》范围内,各缔约方大幅度地降低关税。自 1947 年

以来,各缔约方举行了 8 次多边贸易谈判。各缔约方的平均进口最惠国待遇税率从 50% 左右下降到 5% 以下。

②欧洲经济共同体实行关税同盟,对内取消关税,对外通过谈判达成关税减让的协议,导致关税大幅度下降。

关税同盟是欧洲经济共同体建立的重要基础。根据《罗马条约》的规定,关税同盟从 1959 年 1 月 1 日起分三个阶段削减关税。到 1970 年 1 月 1 日完成。实施的结果是,共同体原六国之间的工业品和农产品的自由流通,分别提前于 1968 年 7 月和 1969 年 1 月完成。1973 年 1 月,英国、爱尔兰和丹麦三国加入共同体后,按照协议规定,它们与原六国之间也分期减税。到 1977 年 7 月 1 日,三国与原六国之间在工业品与农产品方面也分别实现了全部互免关税,从而扩大了共同体内部的贸易自由化。

从 1973 年开始,欧洲经济共同体与欧洲自由贸易联盟之间逐步降低工业品关税,到 1977 年 7 月 1 日,实现工业品互免关税,从而建立起一个包括 17 国在内的占世界贸易额 40% 的工业品自由贸易区。

欧洲经济共同体国家同非洲、加勒比和太平洋地区 46 个发展中国家于 1975 年 2 月 28 日在多哥首都签订了《欧洲经济共同体——非洲、加勒比和太平洋(国家)洛美协定》(简称《洛美协定》,2000 年改称为《科托努协定》)。根据该协定规定,共同体对来自非、加、太国家的全部工业品和 96% 的农产品进口给予免税输入的待遇。

③通过实施普遍优惠制,发达国家对来自发展中国家和地区的制成品和半制成品的进口给予普遍的、非歧视和非互惠的关税优惠,这也导致了关税的大幅度削减。

(2)降低或撤销非关税壁垒

战后初期,发达资本主义国家对许多商品实行严格的进口限额、进口许可证和外汇管理等措施,以限制商品进口。随着经济的恢复和发展,这些国家在不同程度上放宽了进口数量限制,扩大了进口自由化,增加了自由进口的商品;放宽或取消了外汇管制、实行货币自由兑换,促进了贸易自由化的发展。

到 20 世纪 60 年代初,参加关贸总协定的经济合作与发展组织成员国之间的进口数量限制已取消了 90%。到 1961 年,欧洲经济共同体成员国之间已取消了工业品进口数量限制;农产品进口数量限制也随着农产品内部关税削减而逐步取消。与此同时,欧洲经济共同体对外部的国家或地区的某些商品的数量限制也有所放宽。

随着经济的恢复与国际收支状况的改善,发达资本主义国家都在不同程度上放宽或解除外汇管制,恢复了货币自由兑换,实行外汇自由化。

2. 贸易自由化的特点

(1)是在美国积极推动下实现的

第二次世界大战后,美国成为资本主义世界最强大的经济和贸易国家。为了进行对外经济扩张,美国积极主张削减关税,取消数量限制,成为贸易自由化的积极推行者。

(2)适应了全球经济一体化的发展

战后贸易自由化席卷全球,除去美国对外扩张,还有更重要的原因,诸如生产的国际化、资本的国际化、国际分工的纵横发展、西欧和日本经济的迅速恢复和发展、跨国公司的大量涌现等等。它们反映了世界经济和生产力发展的内在要求和垄断资本的利益。

(3)主要通过多边贸易条约与协定或贸易组织进行

战后贸易自由化主要是通过《关税总协定》和世界贸易组织在世界范围内进行的。此外,区域性自由贸易区、关税同盟、共同市场等地区性经济合作,也均以促进国际商品的自由流通、扩展自由贸易为宗旨。

(4)贸易自由化的发展不平衡

贸易自由化发展不平衡主要表现在:一是发达资本主义国家之间贸易自由化超过它们对发展中国家和社会主义国家的贸易自由化;二是区域性经济集团内部的贸易自由化超过集团对外的贸易自由化;三是工业制成品的贸易自由化超过农产品的贸易自由化;四是工业制成品中机器设备的贸易自由化超过纺织品等工业消费品的贸易自由化。

4.6.2　新贸易保护主义

新贸易保护主义一般是指第二次世界大战以来产生于西方发达国家并延续至今的各种贸易保护理论及其政策措施,主要以非关税手段为主。

20世纪70年代,随着西欧和日本经济的崛起,美国经济面临的国际竞争开始加剧,贸易逆差开始产生并不断扩大,经济滞胀也随之出现。美国政府开始中断第二次世界大战以后奉行的贸易自由化政策,转而实行以配额、许可证等非关税措施为主要手段的贸易保护政策。与此同时,70年代两次石油危机,使资本主义国家经济普遍遭受打击,陷入了通货膨胀和工业生产下跌的局面,从而掀起了战后新的贸易保护主义思潮,并延续至今。

1. 新贸易保护主义的主要特点

超贸易保护主义是与垄断资本扩大国际市场份额、输出过剩产品、转嫁经济危机相适应的；而第二次世界大战后发源于美国的新贸易保护主义，是在以GATT/WTO为主导的国际多边贸易体制不断发展、经济全球化进程不断加快的背景下，西方发达国家维持经济均势的产物。新贸易保护主义的主要特点：

（1）特定的政策目标。旧贸易保护主义是经济落后国家通过对某些幼稚产业或部门实行保护措施来促进这些产业部门迅速成长、最终撤销保护、走向自由竞争的理论或思潮，保护的目的是为了不保护，因此，旧贸易保护主义不改变国际贸易自由化的总趋势；而新贸易保护主义是经济发达国家为保住昔日的经济优势地位，通过广泛实行保护措施来维持其政治与经济利益的理论或思潮，同第二次世界大战前的超贸易保护主义一样，目的不是培养新的自由竞争能力，而是为了巩固和加强对国内外市场的垄断，其政策行为影响到国际贸易自由化的总趋向。

（2）广泛的保护对象。旧贸易保护主义保护的是幼稚工业或弱小的新兴工业，主要涉及传统货物与农产品。新贸易保护主义的保护对象一方面是本国正在衰落的垄断产业，如纺织业；另一方面是本国已经高度发达且具有竞争优势的产业，如金融业等。因此保护范围不仅扩大到货物贸易的一切领域，而且扩大到服务、技术、投资、知识产权等领域，如签证申请、投资条例、限制收入汇回等。

（3）体系化的保护措施。旧贸易保护主义主要采用关税壁垒，但GATT/WTO体制下，经过八轮多边贸易谈判，各国平均关税由1948年的36%下降到2000年的4%左右，关税保护作用日益减弱，因而新贸易保护主义将政策手段转向以非关税为主，并使之体系化。主要表现：一是强化非关税措施的使用。根据GATT统计，20世纪90年代，全世界非关税壁垒即由20世纪70年代末的800多项增至8大类75种3000项；二是通过立法使非关税措施法制化，如美国1974年的《贸易改革法》首次确认例外条款、反倾销、反补贴条款的法律地位；三是新贸易保护主义也奖出限入，但重点由限制进口转向鼓励出口，由国内市场的消极防御转向向国外市场的积极进攻，并形成了从出口补贴、出口信贷与国家信贷担保到建立出口加工区等一系列的体系化制度；四是在"有秩序的销售安排"等口号下，绕过GATT/WTO的基本原则，大搞"灰色区域措施"。

（4）歧视性的政策取向。随着经济区域化、一体化，新贸易保护主义不再以国家贸易壁垒为基础，而趋向区域性贸易壁垒，即由一国贸易保护演变为区域贸易保护；在区域内实行自由贸易，而对区域外则实行歧视性的保护贸易政策，如欧盟不仅通过关税同盟与共同的农业政策对外筑起贸易壁垒，而且将这种区域保护范围扩大到联系国（如洛美协定成员国间）；北美自由贸易区的建立，也标志着美国由片面的全球自由贸易退到强调"互惠"的区域自由贸易的立场上。

总的来说,新贸易保护主义以非关税措施为主要手段,借助国内立法与国际磋商协调,形成了多边贸易体制下政府对贸易活动干预的特有形式。

2. 新贸易保护主义对国际贸易的影响

(1)保护的程度不断提高。在整个发达国家制成品的消费中,受限制商品从1980年的20%提高到1983年的30%。

(2)保护措施扭曲了贸易流向。数量限制影响了产品贸易的性质,改变了进口的地理方向。为了打破出口数量的限制,出口国家努力在受限制的商品组中扩大市场,从而扩大了数量固定下的贸易额。

(3)贸易限制推动价格上涨。歧视性的数量限制使被保护市场产生了价格提高的压力。首选,受限最多的是那些成本最低的国家和地区。其次,进口商品价格的提高成为同类产品生产厂商的重要的"价格保护伞"。随着保护的加强,以进口商品抵消价格上升的作用减弱,价格上涨的压力增大了。例如由于日本对美国汽车出口的"自愿"限制,日本对美国出口汽车的平均价格与没有"自愿"出口限额时期相比,从1981—1983年,每辆日本车价格分别提高185美元、359美元和831美元。

(4)进口限制未能有效地维持就业。从实践看,进口限制对保护部门的就业水平影响有限。首先,即使是最面向国际竞争的产业,贸易对就业水平的影响只起次要作用;其次,由于贸易转向,歧视性的限制对整个进口量有一定的限制作用;再次,以进口替代国内生产的范围受到限制。因此,以进口限制保护国内就业的作用是有限的。

(5)发达国家付出了巨大代价。以农产品为例,发达国家对农业生产的支持及相关的贸易政策不仅限制了外国供应者,扭转了贸易流向,而且造成了诸如糖、肉类、谷物、奶制品等产品的大量剩余。为削减日益增加的储存成本,防止变质和浪费,发达国家采取了出口价格补贴,进行销售援助,按加工程度提高农产品进口壁垒,为此发达国家付出了巨大的代价。2002年,仅美国、欧盟和日本的农业补贴就高达3000亿美元,占世界各国农业补贴的80%。据统计,目前这些国家农场主的收入40%左右来自政府对农业的补贴。

(6)新贸易保护主义损害了广大发展中国家。主要表现在:①发展中国家受到的非关税壁垒的影响程度超过发达国家。例如,发达国家对来自发展中国家的纺织品与服装所实行的非关税壁垒措施,多于来自发达国家的同类产品。②加重了发展中国家的债务负担。由于发达国家贸易保护主义的加强,影响了发展中国家的出口。据统计,只要发达国家减少对肉类、糖、小麦和玉米等关税和非关税壁垒,发展中国家就可多出口96亿美元。由于出口减少,发展中国家债务占出口比重从 20 世纪 70 年代的 15％～16％提高到 1982—1983 年的 24％。

4.6.3　贸易自由化的深化

20 世纪 90 年代以来，随着世界经济的好转和经济全球化的加速，贸易自由化在已有的基础上，进一步向纵深发展，成为世界各国对外贸易政策的主流。其主要表现如下：

(1)世界贸易组织的建立。在 1947 年关贸总协定的主持下，1986—1994 年举行了乌拉圭回合的多边贸易谈判，达成《建立世界贸易组织马拉喀什协定》，有关协调多边贸易关系和解决贸易争端以及规范国际贸易竞争规则的实质性规定均体现在该协定的 4 个附件中，为全球性的贸易自由化奠定了良好的基础。

(2)区域性经贸集团主动推行贸易自由化。欧盟为目前世界上最大的经济贸易集团，欧盟的国内生产总值和对外贸易总额均超过美日两国。目前，欧盟在其内部已取消关税壁垒以及对人员和商品的过境检查，实现了零关税，成为世界上最大的无关税集团。其他区域性经贸集团也都在加快贸易自由化的进程。

(3)发展中国家和地区以及转型国家也主动推行贸易自由化措施。从 20 世纪 80 年代到 90 年代初，在 72 个《关贸总协定》发展中国家缔约方中，有 58 个实施了单方面的贸易自由化改革。一向实行严格进口限制的印度、巴基斯坦等国家，也在 90 年代初实行较为自由化的经济改革措施。原实行计划经济体制、国家垄断对外贸易的国家，如中国、俄罗斯、越南等国，相继转向市场经济体制，改革贸易体制，主动对外开放，并积极申请加入世界贸易组织，加快了贸易自由化的步伐。

▷ 【本章小结】

本章沿着历史发展轨迹，对重商主义、保护幼稚工业论、超保护贸易理论内容及政策措施进行了阐述。同时也对第二次世界大战后的国际贸易形势分阶段进行介绍，重点讲述了贸易自由化、新贸易保护主义、贸易自由化深化这三个阶段的特点。了解这些理论、政策提出的背景原因、理论主张、所起的积极作用和自身局限性、目前国际贸易中各国对外政策的总体趋势，对我们借鉴其他国家的成功经验，结合我国的实际情况，采取行之有效的对外贸易政策来发展对外贸易，促进我国经济的繁荣具有十分重要的意义。

⏎【案例分析】

进口棉"掠走"中国农民180亿元

在纺织企业"饿"声一片的情形下,近年来我国棉花进口量大增,短短4年间涌入的数百万吨外棉,不仅搅得国内棉价跌宕起伏,还"掠走"了中国棉农180亿元的收益。一些专家担心,过度依赖进口可能危及我国棉花产业,阻塞近亿农民增收渠道。

尽管受多种因素影响,我国棉花产量、价格多年起伏不定,呈现出生产波动大、价格涨跌频繁等特点,但随着纺织品出口量猛增,国内棉纺业迅速扩张,原料需求水涨船高。据统计,自1998年以来的7年间,国内棉花需求年均增幅达到10%左右,供不应求的状况日趋严重。其中,2005年国内棉花总需求高达940万吨,产需缺口达395万吨。

等米下锅的纺织企业纷纷喊"饿",在国内棉花供应不足的情况下,外棉大量登陆中国。农业部援派新疆干部、自治区农业厅副厅长关锐捷说,我国已连续数年成为棉花净进口国,且进口数量逐年递增。仅2005年棉花进口量就达257万吨,比国内最大产棉区新疆的总产还高出1/3。

据海关统计,自2001年1月至2005年8月进出口量相抵,我国净进口棉花约414万吨,进口金额高达60.1亿元。即使如此,东部省区的纺织企业仍希望突破进口配额发放时间和数量的限制,要求国家实行零关税放开进口外棉,以保障生产需要。

而多个渠道的"声音"都表明,今后数年里,我国棉花供不应求的格局仍将持续。国家发展和改革委员会预测,今后几年我国棉花生产量仍然会小于消费量,国产棉供不应求的局面难以改变,我国将继续成为棉花净进口国,大量进口外棉的势头仍将继续保持。最近美国棉花协会权威专家测算认为,到2014年,中国的棉花需求将达到1200多万吨,占全球生产总量的一半左右。

在"胃口大开"的情形下,越来越多的纺织企业把解决原料供应紧张的希望放在外棉进口上,驶往中国沿海码头的载棉货船频繁往返;经过中国西部最大的铁路口岸阿拉山口入关的运棉车皮越来越多。

关锐捷不无忧虑地说,面对旺盛的棉花需求,是立足发展国内生产,还是依赖进口,眼下已到了需要做出战略抉择的时候。如果一味依靠进口外棉解决供需矛盾，很可能导致"农民吃苦、国家难受、纺织企业两头受堵"的结果。

据农业部统计，种植棉花已成为全国近亿棉农收入的重要来源，在国内各棉花主产区农户家庭经营中，棉花收入占现金收入的比重接近1/3，其中新疆农民半数以上的收入来自棉花。此外，每年还有近百万采摘棉花的农民工从新疆"摘走"10多亿元。

两院院士、农业专家石元春说，从2002年以来我国净进口外棉400多万吨，如果按照同期平均收购价格和收益计算，我国棉农至少损失183亿元，摊到每个棉农头上，相当于人均少收入近200元。

事实上，大量进口外国棉花已经对我国棉花供求格局和棉花价格产生了重大影响。新疆维吾尔自治区供销社副主任吕永民说，在过去4年里，我国棉价大的起伏就发生过3次，棉花经营企业普遍亏损，国内棉花播种面积也发生较大波动。特别是2004年，进口棉花的时间和数量都过于集中，国内棉价经历了"过山车"一般的跌宕起伏，棉农苦不堪言，直接导致次年植棉面积大减。

尤其值得重视的是，在我国已进口的棉花中，美国棉花占到进口总量的一半以上。关锐捷分析说，美棉的竞争优势得益于美国政府的高补贴。这种补贴政策造成国际棉价持续低迷，既对我国棉花市场构成压力，也直接影响棉农的植棉收益。如果这一情势难以缓解，我国整个棉花产业特别是新疆棉花产业及农民增收将遭受沉重打击。

（资料来源：《经济参考报》，2006年3月28日）

案例点评

针对国内对棉花的供需缺口大，主要依赖外棉进口的现状，从短期看，我国政府应该也给予棉农适当补贴，来保护国内棉农利益，但从长期看，只有逐步提高国产棉花自给比例，增加国内棉花的供给水平，达到或者接近总需求量的80%左右，才能消除棉花产业的安全隐患，使我国棉花产业处于产销平衡和较为主动的安全数量水平。从而降低对国外进口棉花的依存度，改变我国棉花产业受进口不利影响的现状。要达到这个目标，主要看国内最大的产棉区的产棉量。

从国家利益出发，制定相应的产业政策，在现有种植规模的基础上，新疆的棉花生产能力可以进一步的扩大。如果国家给予新疆应有的政策支持，新疆完全有可能在5年内使生产总量翻一番。这不仅可以有效地调动广大棉农生产的积极性,增加农民的收入,缓解城乡的就业压力,同时,还可有效地增强对棉花这类战略物资的控制,摆脱过度依赖进口的局面,进而壮大我国的综合经济实力。

▷【思考练习】

1.重商主义对外贸易学说的理论观点和政策主张是什么?

2.谈谈李斯特保护幼稚工业论的基本内容及简要评价。

3.简述凯恩斯超保护贸易理论的主要观点和政策主张。

4.简述哈罗德和美国学者马赫洛普等人提出的"对外贸易乘数论"的主要内容。

5.第二次世界大战后,贸易自由化的表现及特点有哪些?

6.新贸易保护主义的特点是什么?

7.贸易自由化的深入发展有哪些表现?

第 5 章

关税措施 ▷▷▷▷ ▷

　　关税作为政府的政策工具,对贸易规模、商品构成、地区构成等将产生一定的影响。本章重点介绍了关税措施的基本内容,包括关税的概念、特点、作用、种类及其征收等。在此基础上对关税的保护率和关税减让进行了必要的分析,以求对关税的认识和理解更为全面。

5.1　关税概述

5.1.1　关税的概念

　　关税(Customs Duties,Tariff),是指进出口货物经过一国关境时,由政府设置的海关向进出口商征收的一种税收。

　　关税是由海关征收的,海关是各国(地区)对进出关境进行监督、管理的国家行政机构。其监督管理的对象包括进出口货物、货币、金银、证券、行李物品、邮递物品、运输工具等,其监督管理的内容包括征收关税、查禁走私、临时保管海关货物和统计进出口商品等。其中征收关税是海关的一项重要职责。海关有权对不符合国家法律规定的进出口物品不予放行、罚款直至没收或销毁。海关一般设置在沿海一带,内陆国家则设置在陆路边境线上,沿海国家也常在内地,特别是首都和大城市设立海关。

　　关境又称"税境"、"海关境域",是执行统一海关法令的领土,是海关征收关税的领域。在一般情况下,一国的关境与其国境(包括领陆、领水、领空)的范围是一致的,关境即国境。但是,也有一些国家和地区的关境和国境不一致。在设有自由港、自由区、保税区的国家,这些自由港、自由区及保税区不属于该国的关境范围之内,这部分地区称为"关境以外的本国领土",此时关境小于国境。相反,在缔结成关税同盟的国家之间,相互不征收进出境货物的关税,关境包括了几个缔约国的领土,所包括的这一地区称为"关境以内的外国领土",此时对某一个国家而言,关境大于国境。随着国家的对外开放程度的提高和经济区域化发展,关境与国境不一致已成为较普遍的现象。

5.1.2 关税的性质和特点

1. 关税的性质

关税是税收的一种,是国家财政收入的来源之一,因而它同其他税收一样,具有强制性、无偿性和固定性。

强制性是指海关凭借国家权力依法征收,纳税人必须无条件地履行纳税义务。

无偿性是指征收关税后,其税款成为国家财政收入,不再直接归还纳税人,也无须给予纳税人任何补偿。

固定性是指国家通过有关法律事先规定征税对象和税率,海关和纳税人均不得随便变动。

2. 关税的特点

关税除具有一般税收的性质之外,还有其自身的特点。

(1)以进出国境或关境的货物和物品为征税对象。关税的征税对象是进出国境或关境的货物和物品。属于贸易性进出口的商品称为货物;属于入境旅客携带的、个人邮递的、运输工具服务人员携带的,以及用其他方式进口个人自用的非贸易性商品称为物品。关税不同于因商品交换或提供劳务取得收入而课征的流转税,也不同于因取得所得或拥有财产而课征的所得税或财产税,而是对特定货物和物品途经海关通道进出口征税。

(2)以货物进出口统一的国境或关境为征税环节。关税是主权国家对进出国境或关境的货物和物品统一征收的税种。在封建社会里,由于封建割据,导致国内关卡林立,重复征税,所以那时的关税主要为国内关税或内地关税,它严重地阻碍着商品经济的发展。资本主义生产方式取代封建生产方式之后,新兴资产阶级建立起统一的国家,主张国内自由贸易和商品自由流通,因而纷纷废除旧时的内陆关税,实行统一的国境关税。进口货物征收关税之后,可以行销全国,不再征收进口关税。

（3）关税是一种间接税。关税不同于以纳税人的收入和财产作为征税对象的直接税。关税属于间接税，因为关税虽由进出口商交纳，但作为纳税人的进出口商人可以将关税额作为成本的一部分，分摊在商品的销售价格上，当货物售出时收回这笔垫款。由此可见，关税最后转嫁给买方或消费者承担。

（4）关税具有涉外统一性，执行统一的对外经济政策。关税是一个国家的重要税种。国家征收关税不单纯是为了满足政府财政上的需要，更重要的是利用关税来贯彻执行统一的对外经济政策，实现国家的政治经济目的。

（5）关税由海关机构代表国家征收。关税由海关总署及所属机构具体管理和征收，征收关税是海关工作的一个重要组成部分。《中华人民共和国海关法》规定："中华人民共和国海关是国家的进出关境监督管理机关，海关依照本法和其他有关法律、法规，监督进出境的运输工具、货物、行李物品，征收关税和其他税费，查缉走私，并编制海关统计和其他海关业务。"监督管理、征收关税和查缉走私是当前我国海关的三项基本任务。

5.1.3 关税的作用

1. 维护国家主权和经济利益

对进出口货物征收关税，表面上看似乎只是一个与对外贸易相联系的税收问题，其实一国采取什么样的关税政策直接关系到国与国之间的主权和经济利益。历史发展到今天，关税已成为各国政府维护本国政治、经济权益，乃至进行国际经济斗争的一个重要武器。我国根据平等互利和对等原则，通过关税复式税则的运用等方式，争取国际间的关税互惠并反对他国对我国进行关税歧视，促进对外经济技术交往，扩大对外经济合作。

2. 保护和促进本国工农业生产的发展

一个国家采取什么样的关税政策，实行自由贸易还是采用保护关税政策，是由该国的经济发展水平、产业结构状况、国际贸易收支状况以及参与国际经济竞争的能力等多种因素决定的。国际上许多发展经济学家认为，自由贸易政策不适合发展中国家的情况。相反，这些国家为了顺利地发展民族经济，实现工业化，必须实行保护关税政策。我国作为发展中国家，一直十分重视利用关税保护本国的"幼稚工业"，促进进口替代工业发展，关税在保护和促进本国工农业生产和发展方面发挥了重要作用。

3. 调节国民经济和对外贸易

关税是国家的重要经济杠杆，通过税率的高低和关税的减免，可以影响进出口规模，调节国民经济活动。如调节出口产品和出口产品生产企业的利润水平，有意识地引导各类产品的生产,调节进出口商品数量和结构,可促进国内市场商品的供需平衡,保护国内市场的物价稳定等等。

　　4. 增加国家财政收入

　　从世界大多数国家尤其是发达国家的税制结构分析,关税收入在整个财政收入中的比重不大,并呈下降趋势。但是,一些发展中国家,其中主要是那些国内工业不发达、工商税源有限、国民经济主要依赖于某种或某几种初级资源产品出口,以及国内许多消费品主要依赖于进口的国家,征收进出口关税仍然是他们取得财政收入的重要渠道之一。我国关税收入是财政收入的重要组成部分,新中国成立以来,关税为经济建设提供了可观的财政资金。目前,发挥关税在筹集建设资金方面的作用,仍然是我国关税政策的一项重要内容。

5.2　关税类别

5.2.1　按照商品的流向划分

　　我们可以根据商品流向或征税对象,把关税分为进口关税、出口关税和过境关税。

　　1. 进口税

　　进口税(Import Duties),是指进口国家的海关在外国商品输入时,对本国进口商所征收的关税。进口税是关税中最主要的税种,因此又称为正常关税。它一般是在外国商品进入本国关境时征收。当一国设有保税区或保税仓库时,则在外国商品从保税区、保税仓库进入国内市场时予以办理入关手续,征收进口关税。进口关税是当前世界各国征关税的最主要的一种,在许多国家已不征出口关税与过境关税的情况下,它成为唯一的关税。

　　各国征收进口税的目的主要是为了防止外国商品竞争,保护国内市场。通过对进口商品征收进口税,可以提高进口商品的价格,削弱进口商品的竞争力,从而相对提高了本国同类产品的竞争力,对于本国产品的生产和销售十分有利。所谓关税壁垒,就是指对进口商品征收高额的进口税,把它形象地比喻为高筑的城墙,以阻碍外国商品的进入。

　　进口税通常分为最惠国税和普通税两种。最惠国税适用于与该国签订有最惠国待遇原则的贸易协定的国家和地区所进口的商品。普通税适用于与该国没有签订这种贸易协定的国家或地区所进口的商品。最惠国税率（The Most-favoured-nation Rate of Duty）比普通税率低，两者的差幅往往很大。例如在美国，普通税率与最惠国税率相差少则3倍，多则10倍。第二次世界大战以后，大多数国家已成为关税与贸易总协定的缔约方，或者签订了双边的贸易条约和协定，相互提供最惠国待遇，享受最惠国税率。因而，最惠国待遇税率是目前使用频率最高的一种。

世界各国对不同商品征收的进口税税率不同。为了确保原料的来源和提高关税的实际保护程度，发达国家的进口税率随着加工程度的提高而提高。对工业制成品征收的税率最高，对半制成品次之，对原料的进口税率最低，甚至免税。而发展中国家为了保护和发展民族经济，对国内尚不能生产的机器设备和生活必需品，制定较低的税率或免税，对奢侈品或国内能大量生产的商品制定较高的税率。

2. 出口税

出口税（Export Duties），是指出口国的海关在本国出口商品运出关境时向出口商所征收的关税。

征收出口税会增加出口商品的成本，提高本国产品在国外市场的销售价格，降低出口商品的竞争力，不利于出口的扩大，进而影响本国生产和经济发展，所以目前大多数国家对出口商品都不征收出口税，只有少数发展中国家还征收少量出口税。我国目前对少数货物还征收出口税。征收出口税一般基于以下目的：

（1）增加本国财政收入。有些发展中国家因国内财源不足，对本国资源丰富、出口量较大的商品，或是在世界市场上有独占性的出口商品征收出口税，比如泰国对出口大米征收出口税。出口税率一般较低，否则将影响出口国外的销售数量，反而达不到增加财政收入的目的。

（2）保护本国生产。对某些原材料征收出口税，限制其输出，或者是为了防止本国某些有限的自然资源耗竭，或是为了鼓励产品升级换代，增加附加值，扩大此种原料的加工生产。

（3）控制和调节某种商品的出口流量，防止盲目出口，以稳定国内外市场价格，争取在国际市场上保持有利的价格。

（4）维护本国经济利益，抵制跨国公司低价收购初级产品。如几内亚政府曾对铝钒土及副产品征收出口税，就是为了抵制跨国公司在本国低价收购铝钒土。

3. 过境税

过境税（Transit Duties），又称通过税，是指海关对通过本国关境运往另一个国家的外国商品征收的关税。过境税最早产生于中世纪并流行于欧洲各国,但是作为一种制度,则是在重商主义时期确定的。征收过境税的条件是征税方拥有特殊的交通地理位置,征税方可以凭借这种得天独厚的条件获取一定的收入。但是,由于运输业的发展及运输竞争的加剧,货物过境对增加运输收入,促进运输业发展的作用日益加强,同时,过境货物对本国市场和生产没有影响,而且货物过境时,可使铁路、仓储等部门从中获得收入,所以从 19 世纪后半期开始,各国相继废除了过境税,仅在外国商品通过时征收少量的印花税、签证费和统计费等。

5.2.2 按征税目的不同划分

按照征税目的的不同,我们可以将关税分为财政关税和保护关税。

1. 财政关税(Financial Duty)

即以增加财政收入为主要目的的关税。其基本特征是对进口产品与本国同类产品征收同样的税,或者征收的关税既不引导本国生产该种产品,也不引导生产能转移该种产品需求的代用品。

对于进口商品征收财政关税,必须具备以下三个条件才能使财政收入增加:第一,征税的进口商品在国内必须有较大消费量;第二,征税的该种商品必须是国内不能生产的商品而且没有替代品,只能依靠从国外进口;第三,税率的设计是使关税收入最大化,因此不能太高也不能太低。太低的税率,进口量必然大,但毕竟税率太低,关税收入可能不一定最大;太高的税率尽管单位进口商品的关税收入较高,但进口量大幅减少,所以总收入也不一定最高。因此,财政关税的税额有一个明显的界限,即国内外价格差,税额超过价格差则进口全部停止,财政收入也就没有了。

2. 保护关税(Protective Duty)

即为保护本国工农业生产而征收的关税。保护关税政策始于重商主义时期。现代各国关税保护的重点则有所不同。发达国家所要保护的通常是国际间竞争性很强的商品,发展中国家则重在保护本国幼稚工业的发展。与财政关税不同,保护关税的税率完全可以使税额等于或大于国内外价格差。到了这一点,进口完全停止,达到彻底保护的目的,这个关税成了禁止关税。从这一点上说,保护关税比财政关税的税率要定得高。

5.2.3 按计税标准不同划分

可以将关税分为从价关税、从量关税、复合关税和选择关税。

1. 从价关税（Ad Valorem Duties）

即以货物的价格为计征标准而计算征收的税，其税率表现为货物价格的一定百分率。例如，美国税则规定自行车内胎普通税率 30％，最惠国税率 15％。从价关税是关税的主要征收形式。

从价税是按照进口商品的价格为标准计征的关税。从价税的计算公式是：

$$从价税税额＝完税价格×从价税率$$

征收从价税的一个关键问题是如何确定完税价格。完税价格是经海关审定作为计征关税依据的价格。由于完税价格标准的选择直接关系到对本国的保护程度，因此各国对此均十分重视。目前，世界各国所采用的完税价格标准很不一致，大体上可概括为以下三种：①以成本加运费、保险费价格（CIF）作为征税价格标准；②以装运港船上交货价格（FOB）为征税价格标准；③以法定价格或该进口国官定价格为征税价格标准。

为了进一步统一各国的估价方法，关贸总协定在"东京回合"的多边贸易谈判中，制订出《海关估价协议》，规定海关估价应以进口商品或类似商品的"实际价格"估价，而不应以原产国产品价格或武断虚构的价格估价。"实际价格"是指在特定的时间和地点，处于充分竞争的正常贸易过程中的进口商品或类似商品的售价。在具体实施中，海关估价进口商品价格可依次采用下列方法：

（1）成交价格，即指以进口商所申报并在发票内载明的商品价格为接受价格，并对其中的佣金、回扣、包装费和某些材料费进行调整，使之均不包括在实际已付或应付的价格内。

（2）同类商品价格，即指在同一时间或大约相同的时间出口到同一进口国的相同或类似的产品价格为海关受理价格。

（3）扣除法，即以该进口商品在其国内的销售价格为基础，减去有关税费和合理利润后所得的价格。

（4）计算价格，即以制造该种商品的成本、运费及保险费为基础进行估算的价格。

（5）合理方法，如果以上各方法都无法使用时，海关可根据自己认为合理的方法予以确定。

从价税的优点是：①税负公平合理。从价税的税额与商品价格成正比，价格高低或价格涨落都表现在税额的大小上。这种优点表现在两个方面，一是同一税率适用于不同质量不同价值商品，充分显示其公平性，二是在通货膨胀时期价格上涨同时表现为税额增加，也显示出计税的公平性。②税负明确。从价税税率以百分数表示，便于各国在关税水平、关税保护程度上进行衡量、比较与谈判。

③从价税与价格变动相关,当物价上涨时,税收增加,使关税的财政作用和保护作用都不会受到影响。④对于所有商品,从价税税率都可制订。因此,能对进口商品普遍适用。

从价税的缺点是:①进口商品完税价格的确定比较复杂,费人费事,需要一定的专业技术。②通关时间长。由于征纳双方易因价格问题发生摩擦,从而延缓了通关的进程。

2. 从量关税(Specific Duty)

是以货物的计量单位(重量、数量、体积等)为计征标准而计算征收的一种关税。例如,美国税则规定青豆罐头进口税每磅普通税率为2美分,最惠国税率为1美分。从量关税的优点是无须审定货物的价格、品质、规格,计税简便,对廉价进口商品有较强的抑制作用。其缺点是对同一税目的商品,在规格、质量、价格相差较大的情况下,接同一定额税率计征,税额不够合理,且在物价变动的情况下,税收的收入不能随之增减。

从量税的计算公式是:

$$从量税额 = 商品数量 \times 每单位从量税$$

各国征收从量税,大部分是以商品的重量为单位征收。对应税商品重量的计算方法各有不同,一般有以下三种:

(1)毛重(Gross Weight)法,又称总重量法,即按包括商品内外包装在内的总重量计征税额。

(2)半毛重(Semi-gross Weight)法,又称半重量法,即对商品总重量扣除外包装后的重量计征税额。

(3)净重(Net Weight)法,又称纯重量法,即对商品总重量扣除内外包装后的重量计征税额。

按从量税征收的优点是:①手续简便。以货物计量单位作为征税标准,只须核对商品的名称和数量,税额便于计算,可以节约征收成本。②对抑制低价商品进口作用较大。因为单位税额固定,对质次价廉的低档商品和质优价高的商品征收同样的税额,进口低档商品相对利润较低。③进口商品价格跌落时,仍有适当保护。从量税税额与商品数虽成正比关系,但与商品价格没有直接关系。因此,按从量税征收进口税,在物价下跌时,关税的保护作用实际上得到了加强。

从量税的缺点是:①税负不合理。对同一税目下的商品,不论质量好坏,按同一税率征收,税负不合理。②税率固定,关税不能随着价格的变动而及时调整,失去市场的价格机能。当物价下跌时,保护作用加强,而当物价上涨时,保护作用削弱。因此,从量税具有累退性,进口商品价格越高,其相对税负越轻。

③对进口商品不能普遍采用。从量税的征收对象一般是谷物、棉花等大宗初级产品和标准化产品，对某些商品如艺术品及贵重物品，如古董、字画、雕刻、钻石等不能适用。

在相当长的历史阶段，从量税被各国广泛采用。第二次世界大战以后，工业发达国家经常发生通货膨胀，物价不断上涨，而且制成品贸易越来越普遍，制成品种类繁多。在这种情况下，征收从量税起到的保护作用不大，所以从价税开始代替从量税而成为计征关税的主要方法。目前，只有个别国家（如瑞士）仍完全使用从量税。

3. 复合关税（Compound Duty）

又称混合税，即对同一种进口货物采用从价、从量两种标准课征的一种关税。混合税的计算公式是：

$$混合税额＝从量税额＋从价税额$$

课征时，或以从价税为主，加征从量税。例如美国对蘑菇罐头征收混合税，普通税率45%加每磅10美分，最惠国税率12.5%加每磅3.2美分。或以从量税为主，加征从价。例如美国税则规定对钨砂进口征收混合税，从量税每磅60美分，再加征从价税5%；计征手续较为繁琐，但在物价波动时，可以减少对财政收入的影响。常用于本身较重的原材料，或耗用原材料较多的工业制成品的进口计税。

4. 选择关税（Alternative Duty）

即在税则中对同一税目规定从价和从量两种税率，在征税时可由海关选择其中一种计征。一般是选择税额较高的一种。选择的基本原则是：在物价上涨时，使用从价税；在物价下跌时，使用从量税。但有时为了鼓励某种商品进口，也有选择税额较低者征收。

5.2.4 以对进口货物的差别待遇为标准划分

1. 进口附加税（Additional Duty）

进口附加税是指对进口商品除了征收正常的进口关税以外，根据某种目的再加征的额外进口税。进口附加税可以对所有国家、所有的进口商品征收，也可以对个别国家和个别商品征收。进口附加税不同于正常关税，它通常是一种为特定目的而设置的临时性措施，因此进口附加税又称为特别关税。

（1）征收进口附加税的主要目的

①应付国际收支逆差，维持进出口平衡。如1971年美国出现了自1893年以来一直保持贸易顺差的贸易逆差局面，国际收支恶化。为应付国际收支逆差，

1971 年 8 月 15 日美国尼克松总统宣布对所有进口商品一律征收 10％的进口附加税。

②防止外国商品低价销售。对实行补贴或倾销的进口商品征收进口附加税，可以削弱其低价优势，抵消其补贴额或倾销幅度。

③对某个国家实行歧视或报复。一种情况是本国出口商品、船舶、企业、投资或知识产权受到某国歧视性待遇，对来自该国的进口商品除征收正常关税外，加征报复性进口附加税；另一种情况是某种进口商品违反双边贸易协定或单方面的承诺，大量流入进口国市场，进口国对该种商品征收惩罚性关税。

（2）进口附加税最常见的有反倾销税和反补贴税两种

①反倾销税

反倾销税（Anti-dumping Duties）是指对实行商品倾销的进口商品征收的一种进口附加税。所谓倾销，是指低于正常价格在其他国家进行商品销售的行为。它会造成国际市场价格的不合理，使进口国厂商处于不平等的竞争地位。进口国政府为了保护本国产业免受外国商品倾销的冲击，就有可能考虑对实施倾销的产品征收反倾销税。

关于倾销与反倾销，《关贸总协定》规定，"用倾销手段将一国产品以低于正常价格的办法挤入另一国贸易时，如因此而对某一缔约国领土内已建立的某项工业造成重大损害或产生重大威胁，这种倾销应该受到谴责……缔约国为了抵消或防止倾销，可以对倾销的产品征收数量不超过这一产品的倾销差额的反倾销税。"可见，构成倾销须具备两个条件，一是出口价格低于正常价格，二是对进口国的某一工业部门产生实质性损害或构成严重威胁。

正常价格是指相同产品在出口国用于国内消费时在正常情况下的可比价格；如果没有这种国内价格，则按相同产品在正常贸易情况下向第三国出口的最高可比价格或产品在原产国的生产成本加合理的推销费用和利润计算。

尽管关贸总协定对倾销与反倾销作了规定，但实践中并没有得到很好遵守。事实上，发达国家在反倾销调查中对正常价格的衡量往往是不公平、带有歧视色彩的。此外，在反倾销调查中，耗时较长，甚至以反倾销调查为借口，故意拖延、阻碍商品进口。实际上，反倾销已成为一些国家特别是发达国家实行贸易保护主义和实行歧视政策的一种工具。

②反补贴税

反补贴税（Countervailing Duty）又称抵消税或补偿税，是对在生产、加工及运输过程中直接或间接地接受出口国政府、同业公会或垄断组织所发给的任何补贴或津贴的进口商品所征收的一种进口附加税。所谓直接补贴，是指出口国出于价格因素的考虑，以货币形式给予该商品的补贴；所谓间接补贴，是指出口国通过一些特殊的优惠措施给予该商品的一种事实上的补贴，如减免出口税或某些国内税，降低运费，对于为加工出口而进口的原料、半制成品实行免税或退税。间接补贴显然具有较大的隐蔽性。反补贴税的税额一般按补贴或津贴的数额征收。征收的目的在于使进口商品的价格提高，抵消其所享受的补贴数额，削弱其竞争力，使其不能在进口国的国内市场上进行低价竞争，以保护本国生产和市场。

《关贸总协定》规定，不得为抵消倾销或出口补贴，而同时对同一产品既征收反倾销税又征收反补贴税。征收反补贴税同样是要以对进口国国内某项工业造成重大损害或产生重大威胁作为条件，否则不得征收反补贴税。

2. 差价税

差价税（Variable Import Duty）又称差额税，是指当某种产品的国内价格高于同类进口商品的价格时，为了削弱进口商品的竞争力，保护国内生产和国内市场，按国内价格与进口价格间的差额征收的关税。由于差价税是随着国内外价格差额的变动而变动的，因此它是一种滑动关税。征收差价税的规定各国不一，有的规定直接按价格差额征税，有的规定在征收正常关税以外另行征税，这种差价税实际上属于进口附加税。征收差价税的目的是使该种商品的税后价格保持在一个预定的价格标准上，以稳定进口国国内该种商品的市场。差价税的计算方法是：

$$差价税＝入门价格－进口价格$$

差价税多用于对农产品的价格保护，例如欧共体的共同农业政策，差价税处于核心地位。其差价税征收分三个步骤：首先对有关谷物按季节分别制定统一的"目标价格"，即以欧共体内部生产效率最低而价格最高的内地中心市场的价格为准而定的价格；其次，确定"入门价格"，即从"目标价格"中扣除把有关谷物从进口港运到内地中心市场所付一切开支的余额，该价格就是差价税估价的基础；最后，差价税由有关产品的"入门价格"与进口价格的差额来确定。

3. 特惠税

特惠税（Special Preference Duty），是指对从某个国家或地区进口的全部或部分商品，给予特别优惠的低关税或免税待遇的一种关税制度。其他国家和地区不得根据最惠国待遇原则要求享受这种优惠待遇。特惠税有的是互惠的，有的是非互惠的。特惠税是殖民主义的产物，最早始于宗主国与殖民地附属国之间的贸易往来中，目的在于保证宗主国在殖民地附属国市场上占有优势。其中最有名的是英联邦特惠税，它是1932年英联邦国家在渥太华会议上建立的，目的是确保英国获取廉价的原料、食品和销售其工业产品,并以此作为垄断殖民地附属国市场的有力工具。这一特惠税在 1973 年英国加入欧洲共同体后逐步被取消。

目前,在国际上最有影响的特惠税是《洛美协定》,它所规定的特惠税是目前世界上优惠商品范围最广、优惠幅度最大的一种特惠税。1975 年 2 月欧共体与非洲、加勒比和太平洋地区 46 个发展中国家签订了《洛美协定》,欧共体承诺向这些国家单方面实行特惠税。该特惠税的内容主要包括:第一,欧共体各国将在免税、不限量的条件下,接受这些国家的全部工业品和 96％的农产品进入欧共体市场,而不要求这些发展中国家给予"反向优惠";第二,欧共体对从这些国家进口的 96％以外的一些农产品,如牛肉、甜酒、香蕉等每年给予一定数量的免税进口配额,超过配额的部分才征收关税;第三,在原产地规定中,确定了"充分累积"制度,即来源于发展中国家或欧共体内部各国的产品,若在受惠国中的任何国家内进一步制作或加工后,仍被看作是原产地产品,享受特惠税待遇。但是,协定规定,如果大量进口在欧共体市场的某个经济区域或某个成员国内引起严重混乱的产品,欧共体市场保留采取保护措施的权利。1979 年 10 月和 1984 年12 月又签订了第二个和第三个《洛美协定》,期限均为 5 年。第四个《洛美协定》已于 1990 年 2 月生效,有效期为 10 年。2000 年第五个《洛美协定》签订,并于2002 年正式生效,协定有效期 20 年。

实际上,在目前许多区域经济一体化组织成员之间所达成的取消贸易壁垒的协议中,区域经济一体化组织成员之间相互给予的关税减免,也是一种特惠税。这种特惠税是世界贸易组织最惠国待遇所允许的例外。

4. 普惠税

普遍优惠制(Generalized Preference System,G. P. S.)简称普惠制。与特惠税不同,它不是某些国家对另一些国家的输入产品提供优惠待遇,而是指在一般意义上,发达国家对从发展中国家或地区输入的产品,特别是制成品和半制成品,普遍给予优惠关税待遇的一种制度。因此,按普惠制征收的优惠关税称为普惠税。普惠制是发展中国家在联合国贸易与发展会议上进行了长期斗争后通过建立普惠制决议之后取得的。

普惠制有三项主要原则,即普遍的、非歧视的、非互惠的。所谓普遍的,是指发达国家应对发展中国家出口的制成品和半制成品,给予普遍的优惠待遇;所谓非歧视的,是指发达国家应使所有发展中国家均不受歧视、无例外地享受普惠制待遇;所谓非互惠的,是指发达国家应单方面给予发展中国家关税优惠,而不要求发展中国家提供反向优惠。普惠制的目标是:扩大发展中国家制成品和半制成品的出口；增加发展中国家的外汇收入；促进发展中国家的工业化；提高发展中国家的经济增长率。

实行普惠制的国家，在提供关税优惠待遇的同时，各自又规定了一些限制措施。这些限制措施主要包括以下五个方面：

（1）受惠国家或地区。即受惠国或地区的名单。

（2）受惠商品范围的规定。受惠产品随给惠国的经济贸易政策的需要而有所调整。一般对发展中国家或地区工业制成品和半制成品都列入受惠范围，但对一些敏感性商品，如纺织品、服装、鞋类及皮革制品和石油制品等常被排除在外。另外，农产品中受惠商品较少。

（3）受惠商品减税幅度的规定。受惠商品的减税幅度要根据最惠国税率和普惠制税率之间的差额确定。

（4）给惠国保护措施的规定。由于普惠制是一种单向的优惠，为了保护本国工农业生产，给惠国在实施普惠制时，一般都规定保护措施。保护措施的内容包括：①免责条款，即当某种受惠商品的进口量增加到对本国同类产品或有竞争关系的商品生产者造成或即将造成严重损害时，给惠国保留对该产品完全取消或部分取消关税优惠待遇的权利。②预定限额，即给惠国预先规定一定时期受惠商品优惠关税进口限额，超过这一限额，则取消普惠制待遇，按最惠国税率征税。欧共体与日本都是采用这种方法。③竞争需要标准，即对来自受惠国的某种进口产品，如超过当年所规定的进口额度，则取消下一年度该种商品的关税优惠待遇。如美国就规定某种受惠商品进口每年不超过 2500 万美元，超过则取消下一年度该项商品的优惠待遇。④毕业条款，即给惠国以某些发展中国家或地区由于经济发展，其产品已能适应国际竞争而不再需要给予优惠待遇和帮助为由，单方面取消这些国家或产品的普惠制待遇。毕业标准分为国家毕业和产品毕业两种，由各给惠国自行具体确定。例如，美国 1989 年开始对中国香港、中国台湾、韩国和新加坡等国家与地区实施国家毕业条款；新加坡近年来也对我国某些产品实施了产品毕业条款。

（5）原产地规则。原产地规则是普惠制的主要组成部分和核心。为了确保普惠制待遇只给予发展中国家生产和制造的产品，各给惠国都制定了详细和严格的原产地规则。原产地规则一般包括原产地标准、直接运输规则和书面证明三个部分：①原产地标准，即受惠商品不含任何进口成分，全部由受惠国生产、制造和加工，或者受惠商品虽含有进口原料或零件，但在受惠国经过高度加工后发生了实质性变化，才可享受关税优惠待遇。衡量实质性变化的标准一般有两种：一种是加工标准，欧共体、日本、瑞士、挪威等国家采用这项标准。它规定进口原料或零件在加工以后的商品税目发生了变化,就可以认为已经过高度加工,发生了实质性变化;另一种是增值标准,又称百分比标准,澳大利亚、加拿大、美国、波兰、新西兰等国家采用这项标准。它规定只有进口原料或零件的价值没有超过出口商品价值一定的百分比,这种变化才能作为实质性变化享有关税优惠待遇。例如,加拿大规定进口原料或零件的价值不得超过出口商品价值的40%。②直接运输规则,即受惠商品必须由受惠国直接运至给惠国,以避免途中经过第三国时可能进行的任何加工或换包。但是由于地理原因和运输需要,各给惠国也允许货物经过受惠国以外的第三国领土,以及在过境国家或地区转换运输工具或暂存货栈。条件是货物要一直处于过境国海关的监督之下,不得投入当地市场销售和交付当地使用。③书面证明,即受惠国必须向给惠国提供由出口受惠因政府授权的签证机构签发的普惠制原产地证明书(FORM A),作为享受普惠制减免关税优惠待遇的有效凭证。

5.3 关税征收

5.3.1 海关税则

1. 海关税则的含义

海关税则(Tariff)是一国对进出口商品征收关税的规章和对进出口商品系统分类的一览表,又称关税税则。海关税则包括两个部分:一部分是海关计征关税的规章、条例及说明;另一部分是关税税率表(Tariff Schedule)。关税税率表,指一国制定和公布的对进出其关境的货物征收关税的条例和税率的分类表。关税税率表主要包括税则号列、货物分类目录和税率三部分。

2. 货物分类目录

海关税则中对各种不同进出口商品进行分类、组合和排列,将种类繁多的商品归纳成类、章、组和税目的分类体系,称为海关税则商品分类目录。长期以来,各国海关税则的商品分类越来越细,这不仅是由于商品日益增多而产生技术上的需要,更主要的是各国开始利用海关税则更有针对性地限制有关商品进口和更有效地进行贸易谈判,将其作为实行贸易歧视的手段。

为了避免各国因海关税则商品分类不同而引发矛盾,从技术上为国际贸易提供方便,统一货物分类目录开始出现并不断完善。其中影响较大的有两个:

(1)《布鲁塞尔税则目录》

《布鲁塞尔税则目录》(Brussels Tariff Nomenclature,简称BTN)是1952年由欧洲关税同盟小组成立的关税合作理事会制订的,后改称《海关合作理事会税则商品分类目录》(Customs Cooperation Council Nomenclature,简称CCCN)。CCCN以商品的自然属性为主,结合加工程度等作为商品的分类划分原则,它把全部商品分为21类(Section),99章(Chapter),1015个项目号(Heading No.)。其中前4类(1章—24章)为农副产品;5—21类(25章—99章)为工业制成品。商品来自同一原料一般划归一章,具体税目再根据加工程度、制造工序逐项排列,加工程度越复杂,税则号就越大。CCCN中的税则号用四位数表示,中间用圆点隔开,前两位数表示商品所属章次,后两位数表示该章项下的税则号。CCCN曾被140多个国家用来编制本国的税则目录。

(2)《商品名称及编码协调制度》

这一商品分类目录是1983年由海关合作理事会协调制度委员会制订的,简称《协调制度》(Harmonized System,简称HS)。它将商品分为21大类,97章,1241个四位数项目号和5019个六位数的子目。商品项目的号列仍为四位数,前两位为章的顺序号,第三、四位为每章内的项目位置。项目以下,第五位数字为一级子目表示在项目中的位置,第六位数字为二级子目。《协调制度》与《海关合作理事会税则商品分类目录》的分类总则相似,但增加了对子目一级的规定,它能同时满足关税统计和国际贸易其他方面的要求。这一目录于1988年1月1日正式实施,到1991年有80多个国家采用。我国于1992年正式使用。

3. 海关税则的种类

海关税则分为单式税则和复式税则两种。大多数国家实行复式税则。

所谓单式税则,指一个税目只有一个税率,适用于来自任何国家同类商品的进口,没有差别待遇。在垄断前资本主义时期,各国都使用单式税则。进入垄断阶段以后,为了在国际竞争中取得优势,在关税上实行差别和歧视待遇,都改用复式税则,只有少数发展中国家如委内瑞拉、巴拿马、肯尼亚等还在使用单式税则。

复式税则又称多栏税则,是指一个税目有两个以上税率,对来自不同国家的进口商品,使用不同税率。各国复式税则不同,有二、三、四、五栏不等,设有普通税率、最惠国税率、协定税率、特惠税率等。一般是普通税率最高,特惠税率最低。资本主义国家使用复式税则是为了贸易竞争的需要,对不同国家实行差别或歧视待遇,或为获取关税上的互惠,以保证其商品销售市场和原料来源。许多发展中国家为保护民族经济,发展在平等互利基础上的经济合作,也使用复式税则。我国目前采用两栏税则。

5.3.2 通关手续

海关征收关税要遵循一定的程序和手续,即通关手续。它是指进出口商向海关申报进口或出口,接受海关的监督与检查,履行海关规定的手续。通关手续通常包括申报、查验、征税和放行四个基本环节。

申报是指进出口货物的收发货人或其代理人,向海关提交有关单证和填写由海关发出的表格,申请办理通关事宜的行为,即通常所说的报关。一般情况下,报关应备单证包括进出口货物报关单、提单、商业发票或海关发票、原产地证书、配额许可证书、品质证书和卫生检验证书等。目前,海关接受申报的方式有口头申报、书面申报和电子数据申报等三种形式。后两种形式是常用的申报形式。

查验是指海关在接到报关单位的申报后,依法为确定进出境货物的性质、原产地、货物状况、数量和价值是否与货物申报单上申报的内容相符,对货物进行实际检查的行政执法行为。查验货物一般在海关监管区内的进出口口岸码头、车站、机场、邮局或海关的其他监管场所进行。查验可根据实际情况分别采取彻底检查、抽查和外形检查的方法。

征税是指海关在审核单证、查验货物后,依法对进出口货物收缴税费的过程。对进出口货物除征收关税外,还要征收进出口环节增值税,对少数商品征收消费税。税款用本国货币缴纳,如使用外币,则应按本国当时汇率折算缴纳。如果进口商对于某些特定商品如水果、蔬菜、鲜鱼等易腐商品,要求货到即刻从海关提出,则可日后再正式结算进口税。

放行是指海关在完成上述工作后,对进出口货物做出结束海关现场监管决定的工作程序。放行环节的工作重点是对申报、查验、征税等几个环节的工作进行复核。海关决定放行后,须在有关报关单据上签盖"海关放行章",进出口货物的收发货人凭此提取进口货物或装运出口货物。

各国的通关手续十分复杂,为及时完成货物的进出口,一般情况下,进口商在货物到达后所规定的工作日内办理通关手续。对于易腐商品如鲜鱼、水果等,如果进口商要求货到立刻从海关提出,可以在货到之前办理提货手续,并预交一笔进口税,到次日正式结算进口税。如果进口商想延期提货,可办理存栈报关手续,然后再把货物存入保税仓库,暂不缴纳进口税。在存仓期间,货物可再出口,不需付进口税,但如果运往该国国内市场销售,在提货前须办理通关手续。货物运到时,如果发现货物缺失一部分,可以扣除不足部分的进口税。

进口货物运到后,进口商在规定的日期内如果没办理通关手续,海关有权把货物存入候领货物仓库,进口商负责一切责任和费用。在规定期限内,如果存仓货物仍未办理通关手续,海关可根据规定进行处理。

最后应当注意的是,海关通关手续办理时间的长短,常常会影响货物进入市场后的价格与销路,客观上起到限制或鼓励进出口的作用。

5.4 关税保护率

关税保护率是衡量一国关税保护措施对本国某一类产品的保护程度。关税保护率可分为名义关税保护率和有效关税保护率。

5.4.1 关税名义保护率

在现实经济中,影响进口商品国内外价格差的因素很多,除关税外,还有各种非关税壁垒措施,但关税是国际贸易中主要的保护手段。在关税理论研究中,为简化计算,通常假定关税是惟一的保护措施。因而,一国海关税则中某一商品的法定税率常常被认为就是该商品的关税名义保护率（Norminal Rate of Protection）。

名义关税保护率将关税的保护作用定义为:对一种产业的关税保护,就是对从国外进口的同类产品征收较高的名义税率的关税,用这种手段造成国内价格和国际价格之间的差别,以此来引导消费,保护国内的工业生产。它假设征收关税的对象只是进口的最终产品,因而只要对最终产品征收关税,就会产生保护效果,而且关税税率越高,保护效果越大。这一理论忽视了这样一个事实:现代工业社会是由许多相互依存的经济活动组成的联合体,某种工业的产品可能会是另一种工业的中间投入品,而它的产品又可能介入另外一种工业的生产。对一种最终产品征收进口关税,不但保护了该进口竞争商品的生产行业,而且保护了为这个行业提供原材料等投入的其他行业。比如,对汽车征收进口关税,不但保护了汽车行业的生产,而且保护了为生产汽车而提供的钢铁、机械、橡胶、仪表等行业的生产。另一方面,进口竞争行业中的企业,不但受到了进口商品征收关税的影响,而且还要受到对所使用的原材料等中间投入品征收的关税的影响,增加该产品的成本,从而抵消了一部分其名义税率带来的保护作用,可见仅用其名义税率来衡量保护效果是不全面的,要将全面的关税结构考虑在内来探讨关税的影响效果。于是产生了现代关税结构理论,其核心概念是有效保护率,因而又称为有效保护率理论。

5.4.2 有效关税保护率

有效关税保护率(Effective Rate of Protection) 又称实际关税保护率,1955年由加拿大经济学家巴伯在其著作《加拿大的关税政策》中首次提出此概念。其后许多从事国际经济研究的经济学家在这一领域进行了大量开创性研究,进一步完善了有效保护理论。1970 年 12 月,根据伦敦经济学院教授 H.G. 约翰逊的倡议,在关税与贸易总协定秘书处和瑞士国际问题研究所的主持下,第一次有效保护理论国际研讨会在日内瓦召开,并出版了论文集《有效关税保护》。该理论以有效保护率衡量对被保护产业保护程度的高低。有效保护率是把各种保护措施可能给被保护的生产过程带来的价值增值的增加量作为自由贸易条件下增值的百分比。有效保护理论在考察保护措施对被保护产业的保护程度时,把着眼点放在对生产过程的增值上,考察包括关税在内的各种保护措施对被保护产业生产过程的增值所产生的影响,而不是放在对国内市场价格的影响上。有效保护理论认为,对进口产品征收税率相同的关税,并非意味着给予国内同类产品以相同的保护。对生产被保护产品所消耗的投入品课征关税等,保护措施会提高产出品的成本,减少产出品生产过程的增值,从而降低对产出品的保护。因此,考察保护措施的实际保护作用,应全面分析整个保护措施的结构。由于关税是主要的贸易保护措施,通常人们假设关税是唯一的保护措施,以有效关税保护率代替有效保护率。有效保护理论解释了各国普遍存在的关税税率随产品加工程度升级而逐渐提高的关税升级现象,指出:对投入品征收较产出品低的关税,则有效保护率大大高于产出品的关税税率。由于关税的实际保护程度取决于投入品关税税率与产出品关税税率之间相互的结构关系,因此,有效保护理论又被称为关税结构理论。

有效保护率是有效保护理论中衡量一国对某产业保护程度的指标,指征收关税后使受保护行业每单位最终产品新增价值增加的百分比。用公式表示为:

$$ERP=(V'-V)/V\times100\%$$

式中,ERP 为有效保护率;V' 为保护贸易条件下被保护产业生产过程的增值;V 为自由贸易条件下该生产过程的增值。在现实经济生活中,由于一个产业部门(如汽车)的投入要素是多种多样的,因此有效保护率通常用下列公式计算:

$$ERP=\frac{T-\sum a_i t_i}{1-a_i}$$

式中，T 为最终产品名义关税率；t_i 是对各种进口的中间投入品征收的名义关税率；a_i 是自由贸易条件下进口投入品成本与最终产品价格的比率，即进口的中间投入品在总价格中所占的比例。

根据上面的公式我们可知：(1)当最终产品名义关税率等于中间产品名义关税率时，有效保护率等于最终产品名义关税率，说明未能充分发挥关税结构的积极保护作用；(2)当最终产品名义关税率高于中间产品名义关税率时，有效保护率大于最终产品名义保护率，说明关税结构充分发挥了对产业和市场的保护作用；(3)当最终产品的名义关税率低于中间产品的名义关税率时，有效保护率小于最终产品名义关税率，说明关税结构对产业和市场的保护能力下降。

例如，在自由贸易情况下，一辆汽车的国内价格为 10 万元，其中 8 万元是自由进口的钢材、橡胶、仪表等中间投入品的价格，则另外 2 万元就是国内生产汽车的附加价值。现在假定对每辆汽车和中间投入品的进口各征收 10% 的名义关税，征税后假定汽车、中间投入品价格上涨的幅度等于名义税率，那么：

$$ERP = \frac{10\% - 80\% \times 10\%}{1 - 80\%} = 10\%$$

如果现在对钢材等进口投入品征收 5% 的名义关税而汽车仍为 10% 的名义关税，那么 EPR＝30%。

如果进口汽车的名义关税率仍旧是 10%，而进口钢材等中间投入品的名义税率增加到 20%，那么 ERP＝-30%。

区别名义保护率和有效保护率，对于一个国家制定关税税率具有非常重要的指导意义。首先，应该用有效保护率替代名义关税率来衡量关税的保护效果，名义关税率与有效保护率是不同的，名义关税率是一个静态指标，不能体现某个产品自原材料到成品形成的整个过程保护情况，因而不能正确衡量对产品的保护。而有效保护率实质上是一个动态的指标，是通过一个行业新增价值的变动比率来反映该行业实际所受到的保护程度，因而其结论更具有科学性、合理性与指导性。

其次，有效保护率是指导一个国家关税结构的依据。进口初级产品、半制成品(中间产品)到制成品是随加工程度的深化而成阶梯分布，关税应当循着加工深度的提高而相应升级，这种关税升级(Tariff Escalation)的状态，可使有效保护率高于名义关税率。

再次，有利于关税调整。在全面降税时，只要产出品关税下降幅度低于全体投入品加权平均下降幅度，有效保护率就会随关税降低而升高。许多资本主义国家往往以最终产品附加值的高低作为制定税率的依据。目前，许多国家根据关税有效保护率采用的进口税率结构是：工业制成品税率高，半制成品其次，原材料低税或免税。

5.5 关税减让

5.5.1 关税减让的含义

关税减让（Tariff Concession）指通过谈判，互相让步，承担减低关税的义务。特别指第二次世界大战后在关税与贸易总协定的主持下，经由多方谈判所达成的关税减让。谈判在最惠国待遇原则下进行，列出减让税率表，所有成员国一律享有。协议的减让税率对成员具有约束力，称约束性税率，成员国不得任意撤回或修改，并承担关税减让的法律义务，不得加征其他国内税、进口费、改变关税估价办法和对税目重新分类以及给予补贴等，以逃避、抵消减让。除规定减让税率直接减低关税外，还有以下减让形式：（1）承诺现行税率不变；（2）在谈判期间不得提高现行税率，不得增减免税税目；（3）规定最高税率不得超过等。

5.5.2 关税谈判的基础

关税谈判必须有两个基础：一是商品基础，即海关进出口税则；二是税率基础，即确定税率削减的基础。

1. 商品基础

现行关税谈判的商品基础是世界海关组织协调产生的国际上各国海关采用的《商品名称及编码协调制度》（简称《协调制度》或 HS）。各国在此基础上根据本国的情况再细化，形成各国海关税则。各国在此基础上确定的编码即为某一商品或某一类商品的税号。某一税号确定的商品范围在一定程度上是一致的，因此用税号进行谈判时商品范围就已确定，谈判有一共同的语言，商品的税号是某一具体产品的谈判基础。如谈到税号 8704，大家都知道是指小汽车，至于小汽车发动机的排量多大，就要看具体税号了。不管谈判方式如何，也不管谈判怎样进行，最后的结果也要反映在具体的税号上。关税减让谈判均要以进口国的海关税则作为谈判基础。

2. 税率基础

有商品基础的同时必须要有税率基础作为关税减让的起点。当然，每一次谈判的税率基础是不同的,一般以上一次谈判后谈定的税率作为基础。这一谈判中谈定的税率也称为约束税率。对于没有约束税率的商品,谈判方要共同确定一个税率。如在乌拉圭回合谈判中,对于没有约束的工业品以 1986 年 9 月关税与贸易总协定缔约方的实施税率作为乌拉圭回合关税谈判的基础税率。对于农产品发展中国家对部分产品可以自己提出一个上限约束水平作为基础税率。对于加入世界贸易组织关税谈判中的基础税率一般是申请方开始进行关税谈判时其实际在国内实施的税率。

5.5.3 关税减让的原则

关税谈判的目的是为了消除贸易壁垒,不是要毁坏一国的工业。根据 GATT 1994 第 28 条的规定,世界贸易组织成员应在互惠互利基础上进行谈判,实质性地削减关税和其他进口费用的总体水平,特别是削减甚至阻碍最低数量进口的高关税,并在谈判中适当注意本协定的目标和成员的不同需要。

1. 互惠互利原则

互惠是关税谈判的基本原则,它一方面表明各成员在关税谈判中相互之间应采取的基本立场,另一方面表明只有在互惠的基础上才能达成协议。互惠就是要"双赢"。另外,互惠要从广义上去理解,要从整个国家的贸易发展来看,不能仅局限在关税谈判上,各方所得到的利益要大体相同。互惠并不意味着我减让 50 项产品,谈判对方也要减让 50 项产品。不是所有的关税谈判双方都要承诺减让。在加入谈判中,承诺减让的只有申请加入一方,只是单方承诺削减关税,此时的互惠不是体现在对方此次给你削减多少产品的关税,而是体现在申请加入方加入以后,可以从对方在多边框架下已作的承诺中得到利益。

2. 谈判应考虑对方的需要

GATT 1994 第 28 条规定,谈判应充分考虑到各成员产业的需要,为帮助欠发达国家经济发展,要考虑到其更灵活地使用关税保护本国产业的需要,征收关税为增加财政收入的特殊需要,以及有关国家财政、发展和战略等其他需要。这就要求进行关税谈判在提出关税削减的要价时要考虑到对方的经济发展水平,不可漫天要价。

3. 对谈判情况予以保密

进行关税谈判时,一般一个成员要与若干个成员进行谈判,谈判是在双边基础上进行的,没有第三者参加,既没有其他成员也没有世界贸易组织秘书处的人员参加。双方在谈判中的承诺只有谈判双方知道,不能告诉第三者,以避免互相攀比要价。只有所有双边谈判结束后,才可将汇总后的双边谈判结果多边化。

让所有参加谈判的成员知晓。如果在谈判中谈判一方有意透露双边谈判的情况,则违反谈判原则,要受到谴责。

4. 最惠国待遇基础上实施

关税谈判之后达成的谈判结果,要在最惠国待遇的基础上对所有世界贸易组织成员实施,这也是世界贸易组织基本原则的具体体现。

5.5.4 关税谈判的类型

关税谈判大体可分三类,即多边关税谈判、加入时的关税谈判和修改或撤回减让表的关税谈判。

1. 多边关税谈判

多边关税谈判是指由所有关税与贸易总协定缔约方或世界贸易组织成员参加的,为进一步削减贸易壁垒而进行的关税谈判。这种谈判需要由全体缔约方(或成员)同意才可发起,确定关税削减的最终目标。这类谈判是相互的,所有成员均有权向其他成员要价,也有义务对其他成员的要价作出还价,都要根据确定的规则作出对等的关税减让承诺。多边关税谈判可邀请非缔约方(或成员)参加。

2. 申请加入关税与贸易总协定/世界贸易组织时的关税谈判

任何一个申请方都要与现有缔约方或成员为加入之目的而进行关税谈判,谈判的目的是为了削减并约束申请方的关税水平,作为"入门费",作为加入后享受到多边利益的补偿。这种关税谈判是单方面的,任何成员有权向申请方提出关税减让的要求,申请方有义务作出减让承诺,无权向成员提出关税减让要求。

3. 修改或撤回减让表的关税谈判

这类关税谈判是指某一成员对已作出承诺的关税减让结果,如果进行修改或撤回而进行的关税谈判。这种"修改或撤回"包括对税率的修改或撤回,也包括税号产品范围的变化,即税则归类的改变。

5.5.5 关税减让谈判方式

不论是哪种类型的关税谈判,其谈判方式主要有以下几种:

1. 产品对产品谈判

产品对产品谈判,是关税与贸易总协定传统的谈判方式。世界贸易组织成员可通过此谈判方式解决其最关心的产品。产品对产品谈判是某方根据对方的进口税则产品分类,向谈判对方提出自己具有利益产品的要价单,被要求减让一方根据主供国原则,对其提出的要价单按每一具体产品进行还价。提出要价单的一方一般称为索要方，索要方在提出的要价单中一般包括主供国产品、实质利益产品及潜在出口利益产品。索要的产品一般都是在谈判对方受到贸易壁垒的限制。谈判通常要进行若干轮才能最终达成一致。

2. 公式减让谈判

公式减让一般适用于多边谈判，在谈判中对所有产品或所选定的产品，不论税率高低，按某一议定的百分比或按某一公式削减。如"肯尼迪回合"中，要求工业化国家对工业品削减 50%，乌拉圭回合中的农业关税谈判，全体 24%，每一产品不低于 10%；这一方式的缺点是等百分比削减，不利于削减关税高峰。在"东京回合"中采用了瑞士公式，即：谈判达成的最终税率 $= AX/(A+X)$，其中 X 代表原来税率，A 是系数，在谈判中，欧共体、北欧国家和澳大利亚使用的系数是 16，而美国、日本和瑞士使用的系数是 14。通过这一公式可对高关税进行较大幅度削减，而低关税削减的幅度相对较小。

3. 部门减让谈判

从乌拉圭回合多边谈判开始采用。关税与贸易总协定主要缔约方提出的减让方式，即对选定的产品部门的关税约束在某一水平，如对蒸馏酒、啤酒、家具、玩具、建筑机械、农业机械、钢材、药品、医疗机械、纸及其制品等十个部门的关税约束为零，谈判中称为零关税部门。对化学品的原料、半制品（中间体）、制成品上限关税税率分别约束在 0、5.5%、6.5% 的水平，谈判中称为协调关税部门。乌拉圭回合之后达成《信息技术协议》中的关税谈判。这类减让方式称为部门减让谈判。部门减让的产品范围一般是按照 6 位《协调制度》目录确定。

在实践中，乌拉圭回合谈判中以及在乌拉圭回合后的加入谈判中，这几种谈判方式交叉使用，没有固定的减让模式。通常是以部门减让及产品对产品谈判方式为主，通过部门减让解决缔约方大部分关心的产品，而通过产品对产品谈判解决个别重点产品。产品对产品谈判是在双边基础上进行，而公式减让及部门减让主要是在多边基础上进行，现在也用于双边谈判中。

5.5.6 关税减让结果

关税谈判的结果一般有三种情况：一是谈判结果为所有成员接受并形成减让表；二是谈判结果形成一个诸边协议；三是谈判未达成一致，谈判失败。

关税减让表是各成员关税减让结果的具体体现，减让结果应体现在各成员的税则中。在"乌拉圭回合"后，各成员的减让表均作为附件列在"乌拉圭回合"最后文件中，是世界贸易组织协定的组成部分。减让表也成为一国加入世界贸易组织议定书的附件。

关税谈判结果的税率与各成员实施的税率是不同的。谈判结果的税率是约束税率,而实施税率是各成员公布的法定适用税率。各成员实施的关税水平,均不得高于其在减让表中承诺的税率以及逐步削减的水平。如要将某产品的关税税率提高到约束水平以上,或调整关税约束的产品范围,均应按有关条款规定的程序进行谈判。经过谈判确定的修改结果,重新载入减让表。

⇨【本章小结】

关税措施是一个国家最基本的贸易政策工具。本章重点介绍了关税政策的基本内容,包括关税的概念、特点、作用、种类及其征收等。在此基础上对关税的保护率和关税减让进行了必要的分析,以求对关税的认识和理解更为全面。

⇨【案例分析】

中国进口汽车的关税税率变迁

1985年以前,中国整车进口关税为120%~150%。1985年6月起,又在原有基础上加征80%的调节税。到1986年,汽车进口关税上调为:排量3升以上的汽油轿车为220%,3升以下的为180%。此规定一直延续了8年,导致中国进口轿车的价格长期以来比国际市场贵3—4倍。由于进口车价格居高不下,国产车定价也水涨船高。尽管国内散件组装轿车,依照国产化率比例,进口税率只有25%~60%,但是国产车价格同样高出国际车价格数倍,长期不能与国际接轨。

1994年,我国对进口汽车关税第一次进行了调减,175个汽车税目中有105个下调,关税税率总共降低13个百分点。排量3升以下的进口轿车关税降为110%,3升及以上排量的降为150%,迈出了与国际接轨的第一步。到1997年10月,3升排量上下的进口轿车,税率已经分别降至100%和80%;2001年又进一步降至70%和80%。

2001年11月,中国正式加入世界贸易组织。依据谈判协议,从2002年至2004年,我国继续实行汽车进口的配额许可证管理,以60亿美元的汽车进口额为基数,每年增长15%,直到2005年1月1日全部取消进口配额。

2002年是2006年前关税降低幅度最大的一年,从2002年1月起,排量在3升以下的轿车,关税从70%降到43.8%,3升以上的从80%降到50.7%。就在那一年,中国汽车市场井喷,需求量出现爆发性增长,各厂家的产品产销率基本上达到100%。当年汽车产量为325万辆,比2001年增长90万辆;其中轿车产量109万辆,同比增长55%。

2003年,3升排量上下的进口轿车,关税降至43.8%和50.7%;2004年降至34.2%和37.6%;2005年1月,进口汽车关税整体降到30%。

2006年7月1日,中国根据加入世界贸易组织的关税减让承诺,进一步降低部分汽车及其零部件的进口关税税率。小轿车、越野车、小客车整车的进口税率由将28%降至25%,车身、底盘、中低排量汽油发动机等汽车零部件的进口税率由13.8%～16.4%降至10%。至此,中国加入世界贸易组织时所承诺的汽车及其零部件降税已经履行完毕。

案例点评

关税总水平的高低是衡量一个国家市场开放度的主要标志。从2001年底加入世界贸易组织到2006年1月,我国已经连续5年大幅度降税,关税总水平由加入世贸组织前的15.3%降到9.9%,履行了绝大部分加入世贸组织的降税承诺。

关税不断下降,显示我国向世界敞开胸怀,以更加积极、更加开放的姿态融入经济全球化的洪流。

下调关税,开放市场,不仅是中国对世界的承诺,更是我们在经济全球化的新形势下,抓住机遇,积极应对,趋利避害,向贸易强国进军、推动经济又快又好发展的明智选择。

【思考练习】

1.关税的概念和特点各是什么?

2.简述关税的种类。

3.关税的有效保护率是如何计算的?了解有效保护率有何现实意义?

4.关税减让谈判的原则有哪些?

第 6 章

非关税措施 ≫ ≫ ≫ ≫

　　本章介绍了非关税措施的含义、特点和作用,并从传统非关税措施和现代非关税措施的角度出发介绍了各种非关税措施,以期对其有一个更为全面的了解。

6.1　非关税措施概述

6.1.1　非关税措施的含义和特点

1. 非关税措施的含义

非关税措施(Non-tariff Measures,NTMs)又称非关税壁垒,是国际贸易中除关税以外的一切直接或间接限制外国商品进口的法律和行政措施的总称。非关税措施名目繁多,不胜枚举,又可分为直接的和间接的两大类。前者指进口国直接对进口商品规定进口的数量和金额加以限制或迫使出口国直接按规定的出口数量或金额限制出口,如进口配额制、进口许可证制和"自动"出口限制等;后者指进口国未直接规定进口商品的数量或金额,而是对进口商品制定种种严格的条例,间接地影响和限制商品的进口,如进口押金制、最低限价制、海关估价制、繁苛的技术标准、安全卫生检疫和包装标签规定等。

非关税壁垒出现在资本主义发展初期,是资本主义国家争夺市场的产物。1929—1933 年,资本主义世界爆发了空前的经济危机,生产骤降、价格猛跌、失业剧增,为了缓解国内市场的矛盾,各主要资本主义国家对进口的限制变本加厉,在把进口关税提高到历史最高水平的同时,出现了大量的非关税壁垒措施。1931 年,法国首先对化肥的进口实行进口配额制,后来对农产品和燃料等的输入也采用相同的限制措施。其他国家纷纷效尤。到 1934 年,采用进口配额制的国家已有 20 余个。1933 年,澳大利亚首先对工业制成品实行进口许可证制,接着法国、前捷克斯洛伐克、西班牙、比利时和瑞典等国也相继对许多商品实行进口许可证制。在这段时期实行外汇管制的国家也不断增多,到 1940 年,在 100 多个国家和地区中,只有 11 个国家没有正式实行外汇管制。

第二次世界大战后初期,发达资本主义国家仍然广泛采用进口配额制、进口许可证制和外汇管制等措施限制进口。从 20 世纪 50 年代到 70 年代中期,世界经济增长迅猛、资本主义国家进入经济发展的"黄金时期",贸易自由化程度大大提高,在关税大幅度下降的同时,许多非关税壁垒措施也被废除了。70 年代中期以来,资本主义国家经济发生滞胀,贸易保护主义重新抬头,又出现了许多新的非关税贸易壁垒。

2. 非关税措施的特点

非关税措施与关税措施一样,都有限制进口的作用。与关税壁垒相比较,非关税措施有以下特点:

(1)更灵活

关税措施主要是通过提高关税税率来达到限制进口的作用。一般来讲,各国关税税率的制定,都必须通过立法程序,并像其他立法一样,要求具有一定的延续性,而不能朝令夕改。调整或更改税率,需要通过较为繁琐的法律程序和手续,这种立法程序与手续往往迂回迟缓,在需要紧急限制进口时往往不能起到立竿见影的效果。同时由于目前绝大多数国家是世界贸易组织的成员国,这样,关税在同等条件下,还要受到最惠国待遇条款的约束,从成员国进口的同种商品适用同样的税率,因此在税率上作灵活性的调整往往有较大的困难;但在制定和实施非关税壁垒的措施上,通常采用行政程序,制定手续比较迅速,程序也比较简便,能随时针对某国的某种商品采取或更换相应的限制进口措施,更快地达到限制进口,保护国内市场的目的。

(2)更直接

关税措施是通过征收高额关税,提高进口商品成本和价格,削弱其竞争能力,间接地达到限制进口之目的。如果出口国采用出口贴补、商品倾销等办法降低出口商品成本和价格,关税往往难以起到限制商品进口的作用。但一些非关税措施,如进口配额等预先规定进口的数量和金额,超过限额就直接地禁止进口,这样就能把超额的商品拒之门外,达到了关税未能达到之目的。

（3）更隐蔽

由于各国的关税税率均是通过立法程序确定的,因此关税税率确定之后,往往以法律形式公布于众,依法执行,所以出口商往往比较容易获得有关税率。与此相反,非关税壁垒措施往往不公开,或者规定极为繁琐及复杂的标准和手续,使出口商难以对付和适应。以技术性贸易壁垒为例,一些国家对某些商品质量、规格、性能、安全、卫生检疫、商品包装和标签等规定了极为严格繁琐的和特殊的标准,检验手续繁琐复杂,而且经常变化,使外国商品难于应付,因而往往由于与某一个规定不符,使商品不能进入对方的市场销售。同时,一些国家往往针对某个国家采取相应的限制性的非关税壁垒措施,这样就大大加强了非关税壁垒的判别性和歧视性。

6.1.2 非关税措施的作用

1. 替代关税降低的一种保护手段

第二次世界大战以后,由于关税税率的大幅度下降,关税作为保护手段的作用已经大大降低。在东京回合多边贸易谈判后,工业化国家进口工业制成品的关税普遍降低,发达国家工业制成品的关税已下降到5%左右,发展中国家工业产品的平均进口关税水平也仅为14%左右。乌拉圭回合市场准入谈判要求各缔约国降低工业品和农产品关税,各主要工业国的降税范围也都相继扩大。由于目前世界贸易额的90%左右是在世界贸易组织的成员中进行的。单方面提高关税会遭到出口国的报复而导致两败俱伤,而且世界上众多的跨国公司往往通过内部调拨价格等方式来逃避海关的征税,使关税失去限制意义,因此从整体上讲,关税不再对进口构成主要的壁垒。取而代之的是非关税壁垒,它成为替代关税降低的一种保护手段。

2. 实施贸易歧视的重要手段

非关税措施的贸易歧视作用集中体现在数量限制措施上。在当前贸易保护主义蔓延和区域一体化日益加强的情况下,发达国家对发展中国家不同程度地实施歧视性数量限制,阻止发展中国家有竞争力的产品进入本国市场,使发展中国家在经济上蒙受很大损失。尽管在关税与贸易总协定中规定,实施数量限制不得采取歧视性做法,从而体现非歧视性原则,但在实际贸易中一些国家仍把数量限制作为歧视性手段。如进口配额中的国别配额,进口国可以根据需要给有的国家配额多,有的国家配额少,这种差别对待就是一种歧视。

3. 保护和发展国内特定产业

产业政策是高速优化产业结构、合理配置资源的重要手段。产业政策中能够对外起作用的是产业贸易政策,它含进口、出口、国际竞争和国际分工等方面的内容。在进口保护政策中,主要依靠非关税措施。对于刚起步的产业来说,由于技术、人员素质和设备等因素的制约,产品成本一般较高。如果来自他国的同类产业的商品质量高、价格低,很快就会把进口国刚起步的产业挤垮。为了保护和发展这些产业,就必须采取一些非关税措施,如数量限制等,来限制这些商品的大量涌入,给国内产品设置一个保护圈,使该产业在特定的保护下逐步发展壮大。

4. 保护国民身体健康及保护生态环境

随着经济的高速发展和生活水平的提高,人们现在追求的是有益于身体健康、生态平衡的高质量的产品。为此,各国政府对进口商品的要求也不断提高,不符合标准的商品就要被限制或禁止。ISO14000 环境管理体系国际标准已于1996 年正式颁布,它要求世界各国制造商在确保其自身质量管理、质量保证和体系符合系列标准的同时,其生产环境也应满足 ISO14000 标准要求和自己国家制定的环保法规,对于任何不符合该标准的产品,任何国家都可以拒绝进口。在关税与贸易总协定中,也允许缔约国为维护公共道德,保障人类和动植物生命与健康,保护稀有资源和国家文物等对进口实施禁止或限制措施。这些规定为各国充分发挥非关税壁垒的保护国民健康和保护生态环境作用提供了依据。目前在国际贸易中,几乎每个国家都对进口商品是否有益于国民身体健康、是否有益于生态平衡规定了严格的检验标准。

5. 保护国际收支平衡

一国的国际收支平衡主要受国际贸易平衡、国际资本流动平衡的影响。国际贸易不平衡必然引起国际收支不平衡。从进口结构上看,国际市场若对某类商品的需要发生了较大变化,必然在一定程度上改变一些国家的出口结构。若这些变化涉及某些国家的大宗出口产品,而该国国内的产品结构又不能适应这一变化,进口商品又得不到有效的限制,势必引起贸易的不平衡,从而导致国际收支不平衡。从进出口速度上看,如果一段时期进口增长率快于出口增长率,也会引起国际贸易逆差。要保持国际收支平衡就要从进出口的结构和速度上加以限制,而这种限制的主要措施就是非关税壁垒。

6. 作为涉外谈判的一种手段

非关税措施可作为在贸易谈判中讨价还价争夺国外市场的有力手段,有时甚至与政治外交交织在一起,互为手段和目的。如在中美人权问题、知识产权问题、中国复关问题等谈判中,非关税壁垒就被美国作为向中国施加压力和实行贸易报复的一种重要手段。

6.2 传统非关税措施

6.2.1 进口配额制

1. 进口配额制的含义

进口配额制(Import Quota System)是指进口国在一定时期(如一季度、半年或一年)内对某些商品的进口数量和金额规定一定的限额。对限额以内的商品允许进口,对超出限额的部分不准进口或征收高关税或罚款的一种进口直接限制措施。这种贸易限制措施多用于对"敏感"或"半敏感"商品的进口限制。

2. 进口配额制的分类

进口配额制的实施方式多种多样,目前颇为常见的可归类为绝对配额和关税配额两种。

(1)绝对配额(Absolute Quota)

绝对配额是指进口国在一定时期内(一般为一年)对特定产品的进口数量或金额规定允许进口的最大限额,达到这一限额后便不准进口。绝对配额在数量限制上非常严格,因而它是强有力的市场保护措施之一。这种配额在实际业务操作中,具体做法有全球配额、国别或地区配额及进口商配额等。

全球配额(Global Quotas; Unallocated Quotas)是进口国在规定了进口总限额之后,对来自世界任何国家或地区的商品,在没有国别和地区限制的情况下分发配额。分发方式通常包括:按照先申请者先获得的原则分发配额;根据过去某一时期的进口实绩,对信誉好的企业优先发放配额;按竞争原则出售进口配额。全球配额的优点在于进口国对进口产品的价格、质量和信誉等方面的选择具有主动性。但由于它不限定进口国别和地区,这样往往容易被邻国或强大力量的公司垄断,难以贯彻公平的国别政策。

国别或地区配额(Country or Region Quotas)是进口国在规定了进口总限额之后,对来自世界不同国家或地区的产品分别规定进口配额。每一国家或地区的进口产品限制在被规定的限额之内,超过额度便不准进口。在国别或地区配额制下,进口商必须向进口国海关提交原产地证明书。

国别或地区配额有自主配额(Autonomous Quotas)和协议配额(Agreement Quotas)之分。前者是由进口国单方面强制规定在一定时期内从某个国家或地区进口某种商品的配额；后者是由进口国与出口国家或地区之间通过签订协议确定的配额。协议配额一般可以避免实施自主配额所可能引发的出口方之报复行为。

国别或地区配额在具体分发时，通常采用两种方法：一种是严格规定从每个出口国或地区进口产品的数量或金额；另一种是规定从某一国家或地区进口的产品在总进口量中所占的百分比。国别或地区配额制有利于进口国从总体上调节贸易平衡，同时兼顾到特殊利益关系；缺点是常常不能最大限度地进口优质优价产品，并容易造成配额指标的浪费。

进口商配额是进口国在规定了某些产品的进口总限额之后，把这些限额直接分配给本国进口商。进口商则按政府部门所分配的额度组织进口，超过额度不被进口。这种分配方式有利于进口国政府从宏观上加强对国内产业的调控和引导，但如果这种配额分配不当，容易被个别进口商所垄断。

（2）关税配额（Tariff Quota）

关税配额是对商品进口的绝对数额不加限制，而在一定时期内，对配额以内的进口商品给予低税、减税或免税待遇，对超过配额的进口商品则征收较高的关税、进口附加税或罚款。关税配额是关税与配额相结合的贸易限制措施，它以关税税率变化为其存在条件，故有学者称其为"条件配额"。与绝对配额相比，关税配额的最大特点是：进口产品仅就数量而言，并没有一个绝对的数额，它的限制实际上是对进口产品划定了施以优惠条件的范围。

关税配额商品进口的来源，可分为全球性关税配额和国别关税配额。按征收关税的差别，可分为优惠性关税配额和非优惠性关税配额。优惠性关税配额是对配额内进口的商品，给予较大幅度的关税减让，甚至免税；对超过配额的进口商品按最惠国税率征收关税。非优惠性关税配额则是在配额内仍征收原来的进口税，但超过配额进口商品就征收很高的进口附加税或罚款。

6.2.2 "自动"出口配额制

"自动"出口配额制（Voluntary Export Quotas）又称自动限制出口，是指出口国家或地区在进口国的要求或压力下，"自动"规定某一时期内（一般3—5年）某些商品对该国的出口限额，在规定的限额内自行控制出口，超过限额则禁止出口。"自动"出口配额制属于关贸总协定中的"灰色区域"，它是缔约国利用关贸总协定条款所做出的选择性保障措施，通常以非协定的和协定的"自动"出口限制两种方式实施。

非协定的"自动"出口配额即不受国际协定的约束，而是由出口国迫于来自进口国的压力,单方面自行规定出口配额,以限制商品出口。这种配额一般是由机构或组织申请配额,领取出口许可证或授权书才能输出商品。

协定的"自动"出口配额即进出口双方通过谈判签订"自限协定"或"有秩序销售协定",规定某些商品在一定时期的出口配额,出口国据以实行出口许可证制或出口配额签证,自行限制这些商品出口。进口国则根据海关统计进行检查。目前,"自动"出口配额大多数属于这一种。

发达国家特别是美国,力图通过"自限协定"来限制一些国家的商品出口。其所实行的这种"自限协定"的条款和内容虽不尽相同,但一般均包括:配额水平,即规定对方国家一定时期内各年度的"自动"出口限额;自限商品分类,即分别对各类商品确定限额,一般对第三性商品限额最严;限额融通,即对各类商品留用额与预用额的确定和融通方法进行规定,留用额用来规定当年未用完的余额可供下年度使用的最高额度和权限,预用额用于规定当年额不足而预先使用下年度的额度和权限;保护条款,即进口一方有权通过一定程序,限制或停止某些造成"市场混乱"的商品进口;管理规定,即一般规定出口国厂商必须凭出口许可证输出、以保证出口不超过限额水平和实现按季度均匀出口;协定期限。

6.2.3 进口许可证制度

1. 进口许可证制度的含义

进口许可证(Import License System)制度是一国为了加强对外贸易管制,规定某些商品进口必须领取许可证的一种具有法律强制力的贸易制度。

在一个国家的对外贸易中,哪些商品的进口应受到许可证的限制,以及应受到何种限制,这通常应事先公布,并在公布时确定不同的商品使用不同的进口许可证。

2. 进口许可证制度的分类

根据进口许可证与进口配额的关系,进口许可证又可分为有定额的进口许可证和无定额的进口许可证。

(1)有定额的进口许可证。是由国家有关机构在确定了商品的进口配额后,根据进口商的申请按一定程序发放进口许可证。有定额的进口许可证是指与配额结合的许可证,管理当局预先规定有关商品的进口配额。然后,在配额的限度内,根据进口商的申请逐笔发放具有一定数量或金额的许可证,配额用完即停止发放。进口许可证一般由进口国当局颁发给向本国提出申请的进口商,有的国家将此权限交给出口国自行分配使用(通常是国别配额情况),又转化为出口国依据配额发放的出口许可证。有的国家则要求进口商用出口国签发的出口许可证来换取进口许可证，即所谓的"双重管理"，如欧洲共同市场对中国出口的纺织品就采用这种办法。

（2）无定额的进口许可证。是指政府管理当局发放有关商品的进口许可证只是在个别考虑基础上进行，而没有公开的配额数量依据，也就是对非配额商品发放的进口许可证。由于此种许可证没有公开的标准，在执行上具有很大的灵活性，起到的限制作用更大。

根据对商品来源国有无限制，进口许可证也可以分为公开一般进口许可证和特种许可证两类。

（1）公开一般进口许可证。又称公开进口许可证、一般进口许可证或自动进口许可证，是指对国别或地区没有限制的许可证。凡属公开一般进口许可证项下所列商品，进口商只要填写此许可证即可获准进口。此类商品实际上是"自由进口"的商品，填写许可证只是履行报关手续，供海关统计和满足监督需要。

（2）特种许可证。又称非自动进口许可证，即进口商必须向有关当局提出申请，获准后才能进口。特种许可证适用于实施配额管理的商品，以及某些特殊商品或特定目的的申请，如烟、酒、麻醉物品、军火武器或某些禁止进口的物品。特种许可证直接受管理当局控制，并贯彻国别地区政策。

6.2.4　外汇管制

外汇管制（Foreign Exchange Control）是一国政府通过法令对国际结算和外汇买卖实行限制以平衡国际收支和维护本国货币稳定的一种制度。

在实行外汇管制的国家，出口商必须把他们出口所得的外汇收入按官定汇价卖给外汇管理机关。进口商也必须在外汇管制机关按官定汇价申请购买外汇用于进口。本国外汇的携出入国境也受到严格的限制。这样，国家的有关机构就可以通过确定官定汇价、集中外汇收入和控制外汇供应数量的办法，来达到限制进口商品种类、数量和控制进口国别从而限制进口的作用。

外汇管理的方式较为复杂，各国管制外汇的办法也有很大差别，主要有成本型外汇管制、数量型外汇管制和混合型外汇管制。

成本型外汇管制即国家外汇管理机构对外汇买卖实行复汇率制，利用外汇买卖成本的差异来间接影响不同商品的进出口，达到限制或鼓励某些商品进出口的目的。所谓复汇率，也称多重汇率，是指一国货币对外汇率有两个或两个以上，分别适用于不同的进出口商品。其作用是：根据出口商品在国际市场上的竞争力，为不同商品规定不同的汇率以加强出口；根据保护本国市场的需要为进口商品规定不同的汇率以限制进口等。复汇率制度，有的是官方制定不同汇价；有的是国家高估本国货币币值,形成事实上的复汇率。其目的是利用外汇买卖的成本差异达到限制或鼓励某些商品的进出口。

数量型外汇管制由国家外汇管理机构对外汇买卖的数量直接进行限制和分配。一些国家实行数量型外汇管制时,往往规定进口商必须获得进口许可证后,方可得到所需的外汇。例如,规定进口商必须获得许可证后,方可得到所需外汇等。其目的在于集中外汇收入,控制外汇支出,限制商品进口。

混合型外汇管制,即同时采用成本型和数量型的外汇管制,直接或间接地控制和影响商品进口。如利润汇出限制,即国家对外国公司在本国经营获得的利润汇出加以管制。

6.2.5 进出口国家垄断

进出口国家垄断(Monopoly of Import & Export State)也称国营贸易,是指对外贸易中,某些商品的进出口由国家直接经营,或者把这些商品的垄断权给予某些组织。经营这些受国家专控或垄断的商品的企业,称为国营贸易企业。国营贸易企业一般为政府所有,但也有政府委托私人企业代办。一国政府从事国营贸易,其主要动机是推动国内市场有剩余的产品的出口、争取较有利的贸易条件、保持国际收支平衡、取得政府收入以及便于对国防或其他特种商品进出口实行管制。

目前,国营垄断贸易主要集中在四类产品上:第一类是烟和酒,这些国家的政府机构从烟和酒的进出口垄断中,可以取得巨大的财政收入。第二类是农产品,这些国家把对农产品的对外垄断销售作为国内农业政策措施的一部分。像美国的农产品信贷公司,就是资本主义世界最大的农产品贸易垄断企业。它高价收购国内的"剩余"农产品,然后以低价向国外倾销,或按照所谓"外援"计划向缺粮国家,主要是发展中国家大量出口。第三类是武器,资本主义国家的武器贸易多数由国家垄断。第四类是石油,它是一国的经济命脉,因此,不仅出口国家,而且主要的石油进口国都设立国营石油公司,对石油贸易进行垄断经营。

6.2.6 歧视性的政府采购政策

歧视性政府采购政策(Discriminatory Government Procurement Policy)作为一种非关税壁垒,是指一国政府通过颁布法令或政策,规定本国政府机构在采购时必须优先购买本国产品,即所谓"购买国家化",从而导致对外国产品的歧视和进口限制。

在关贸总协定"东京回合"中,专门缔结了《政府采购守则》,规定除国防开支、通讯设备和部分能源设备外,各国政府采购应实行公开竞争的国际招投标。但目前各国的政府歧视性采购行为仍然很严重。

6.2.7　歧视性国内税

歧视性国内税(Discriminatory Internal Tax)是指有些国家在进口商品进入关境以后的运输、销售和购买等环节,征收比本国货物高的各种国内税,以此提高进口商品价格,间接实现限制进口。这是一种比关税灵活又便于伪装的贸易限制手段。国内税的制定和执行都属于本国政府权力,有时甚至由地方政府制定和执行,其他国家很难通过贸易谈判对其进行限制。

6.2.8　最低限价和禁止进口

最低限价(Minimum Price)就是一国政府对某种进口商品规定的最低价格,凡进口货价低于规定的最低价格时征收高额进口附加税或禁止进口。进口最低限价制在一定程度上类似于差价税,都是为了使进口商品的价格达到某一水平,低于最低限价的进口商品原则上是不准进口的。

当限制进口已不足以解救国内市场所受的冲击时,便直接颁布法令禁止某些商品的进口。

6.2.9　进口押金制

进口押金制(Import Advanced Deposit System)又称预先进口存款制,即进口商必须在规定时间按进口金额的一定比例,预先在指定的银行无息存入一笔现金。这样势必增加进口商的资金负担,从而起到限制进口的作用。进口存款所造成的利息损失,相当于对进口商品征收了进口附加税。

但进口押金制对进口的限制有很大的局限性。如果进口商以押款收据作担保,在货币市场上获得优惠利率贷款,或者国外出口商为了保证销路而愿意为进口商分担押金金额时,这种制度对进口的限制作用就微乎其微了。

6.2.10　海关估价制度

海关估价制度(Customs Valuation System)是进口国海关通过对进口货物的价格进行审核,确定或估定其完税价格,从而实现对本国市场保护的一种法律制度。

海关估价以什么价格为依据,各个国家都有自己的规定。过去,国际贸易中的海关估价制度相当混乱。1950年海关合作理事会(CCCN)制定了《海关商品估价公约》，规定在从价计征关税时，进口货物价格应当是相互独立的买卖双方在充分竞争条件下成交的正常价格。由于货物价格形成受许多因素影响，这种估价制度很难实施。一些国家仍然利用海关估价提高进口货的关税负担，阻碍商品的进口。以美国为例，为防止外国商品与美国同类产品竞争，美国海关当局曾对如煤焦油产品、胶底鞋类、蛤肉罐头、毛手套等商品，依"美国售价制"这种特殊标准进行估价和征税，使这些商品的进口关税率大幅度提高。

1979 年关贸总协定第七轮多边贸易谈判中，把海关估价作为一种非关税壁垒措施提出来作了讨论，缔结了《海关估价协议》。这个协议规定了六种不同的依次采用的新估价法：一是基于成交价格的海关估价；二是基于"相同货物"之比照方法的海关估价；三是基于"相似货物"之比照方法的海关估价；四是基于"计算方法"的海关估价；五是基于"推行方法"的海关估价；六是基于"合理方法"的海关估价。"海关估价协议"第一次较全面地统一了各国和各地区实施海关估价的规则，并为进出口商确定相应的权利，使进出口商可以事先较准确地确定其进出口货物的海关估价，便于核算货物成本。

6.3　现代非关税措施

现代非关税措施或新贸易壁垒是相对于传统非关税措施而言的，指以技术壁垒为核心的包括绿色壁垒和社会壁垒在内的所有阻碍国际商品自由流动的新型非关税壁垒。区别传统非关税措施和现代非关税措施的根本特征是：前者主要是从商品数量和价格上实行限制，更多地体现在商品和商业利益上，所采取的也大多是边境措施；而后者往往着眼于商品数量和价格等商业利益以外的东西，更多地考虑商品对于人类健康、安全以及环境的影响，体现的是社会利益和环境利益，采取的不仅是边境措施，还涉及国内政策和法规。

6.3.1　现代非关税壁垒产生的原因

现代非关税壁垒的出现及不断强化并非偶然，它是国际经济、社会、科技不断发展的产物。新贸易壁垒产生的原因最主要的有以下几点。

（1）社会进步及发达国家人民生活水平日益提高，人们安全健康意识空前加强，越来越关心产品对身体健康和安全的影响，以致在国际贸易中以健康、安全和卫生为主要内容的新贸易壁垒日益增多。

（2）随着环保意识的提高,可持续发展理念深入人心,人们越来越关心赖以生存的地球和社会的可持续发展,因而要求国际贸易中的产品本身及其生产加工过程都不要以破坏环境或牺牲环境为代价;同时,要求生产这些产品时也不要以牺牲劳动者的健康为代价。于是,绿色壁垒和社会壁垒等新贸易壁垒将在国际贸易中不断出现。

（3）传统非关税壁垒受到约束。传统贸易壁垒如关税、许可证和配额等的使用不仅会受到国际公约的制约和国际舆论的谴责,而且也易遭到对等报复。因此,这些传统贸易壁垒措施将来的发展空间不是很大,这就为绿色壁垒等新贸易壁垒的发展提供了巨大发展空间。

（4）日新月异的科学技术为新贸易壁垒的设置提供了条件和手段。技术密集型产品在国际贸易中的比重不断提高,特别是信息技术产品,涉及的技术问题较为复杂,容易形成新贸易壁垒。同时,高灵敏和高技术检测仪器的发展使检测精度大大提高,给一些国家设置新贸易壁垒提供了技术和物质条件。

（5）近几年,主要发达国家因经济增长乏力,贸易保护主义有重新抬头之势,随着传统非关税壁垒作用的弱化纷纷寻求新贸易壁垒,以保护其国内产业。

6.3.2　现代非关税壁垒的特点

相对于传统的非关税壁垒,现代非关税壁垒有如下特点:

1. 双重性

现代非关税壁垒往往以保护人类生命健康和保护生态环境为理由,其中有合理成分,这无可厚非,况且世贸组织协议也允许各成员方采取技术措施的必要性和合理性只以其不妨碍正常国际贸易或对其他成员方造成歧视为准。所以,新贸易壁垒有其合法和合理的一面。然而,新贸易壁垒又往往以保护消费者、劳工和环境为名,行贸易保护之实,从而对某些国家的产品进行有意刁难或歧视,这又是它不合法和不合理的一面。这些负面的东西有时往往导致混淆是非,给国际贸易带来不必要的障碍。可见,新贸易壁垒具有双重性。

2. 隐蔽性

传统非关税壁垒无论是数量限制还是价格规范,相对较为透明,人们比较容易掌握和应对。而新贸易壁垒由于种类繁多,涉及的多是产品标准和产品以外的东西,这些纷繁复杂的措施不断改变,让人防不胜防。

3. 复杂性

现代非关税壁垒涉及的多是技术法规、标准及国内政策法规,它比传统贸易壁垒中的关税、许可证和配额复杂得多,涉及的商品非常广泛,评定程序更加复杂。

4. 争议性

现代非关税壁垒介于合理和不合理之间,又非常隐蔽和复杂,不同国家和地区间达成一致的标准难度非常大,容易引起争议,并且不易进行协调,以致成为国际贸易争端的主要内容,于是传统商品贸易大战将被新非关税壁垒大战所取代。

6.3.3 现代非关税壁垒的主要内容

1. 技术性贸易壁垒

技术性贸易壁垒(Technical Barrier to Trade,TBT)是现代国际贸易中商品进口国在实施贸易进口管制时,以维护国家安全、保障人类健康、保护生态环境、防止欺诈行为及保证产品质量等为由而采取的一些技术性措施。它主要通过颁布法律、法令、条例、规定,建立技术标准、认证制度、卫生检验检疫制度等方式,对外国进口商品制定苛刻的技术、卫生检疫、商品包装和标签等标准,从而提高对进口商品的技术要求,最终限制其他国家商品自由进入本国市场的一种非关税壁垒措施。

技术壁垒扭曲了技术规则的本来面目,使原本有利于国际贸易发展的技术标准变成了阻碍国际贸易正常进行的手段。

从表现形式来看,技术壁垒主要是技术法规、标准及合格评定程序。技术法规即规定强制执行的产品特性或其工艺和生产方法,包括适用的管理规定在内的文件;这些文件还包括专门适用于产品、工艺或生产方法的专门术语、符号、包装、标志或标签要求。标准指的是经公认机构批准的、规定非强制执行的、供通用或重复使用的产品或相关工艺和生产方法的规则、指南或特性的文件;文件还包括或专门适用于产品、工艺或生产方法的专门术语、符号、包装、标志或标签要求。合格评定程序指的是任何直接或间接用以确定是否满足技术法规或标准中的相关要求的程序。

构成技术壁垒的实质性内容有以下几方面:

(1)安全标准:是指那些以保护人类和国家安全为理由而采取的限制或禁止贸易的措施。主要发达国家都颁布了一系列有关安全的法规,如德国的《防爆器材法》,美国的《冷冻设备安全法》、《联邦烈性毒物法》和《控制放射性物质的健康与安全法》,日本的《劳动安全与健康法》、《氧气瓶生产检验法》等。

(2)卫生标准:是指以人类健康为理由对进口动植物及相关产品实施苛刻的卫生检验检疫标准,以限制或禁止商品进口的贸易措施。虽然乌拉圭回合通过的《实施卫生与植物卫生措施协议》规定,成员方有权采取措施,保护人类与动植物的健康,但由于各成员方有很大的自由度,为达成某种目的,往往任意提高标准或增加程序,从而造成贸易障碍。从发展趋势看,发达国家对食品安全卫生指标将持续提高,尤其对农药残留、放射性物质残留及重金属含量的要求日趋严格,从而使很多出口产品达不到其卫生标准而被迫退出市场。

(3)包装标识:主要是通过对包装标识进行强制性规定来达到限制或者禁止进口的目的,它是技术壁垒的重要组成部分。主要发达国家在包装标识制度上都有明确的法规和规定。美国对除新鲜肉类、家禽、鱼类和果菜以外的全部进口食品强制使用新标签,食品中使用的食品添加剂必须在配料标识中如实标明经政府批准使用的专用名称。美国食品与药品管理局(FDA)要求销售的强化食品应按规定加附营养标签。营养标签上的信息应包括:食品单位,使用与该食品形态相应的词语(如块、胶囊、包或勺);每盒份数;膳食成分信息,如日参考摄入量(RDI)或日参考消耗量(DRV)。修改后的法规对强化食品标签的格式、字体大小、线条粗细等都作了明确而具体的规定。

(4)信息技术标准:是指进口国利用信息技术上的优势,对国际贸易信息传递手段提出要求,从而造成贸易上的障碍。例如电子数据交换(EDI)和近几年方兴未艾的电子商务对发展中国家将是一个新贸易壁垒。在 EDI 和 B2B 企业电子商务领域,无论在技术上还是在商务应用上美国等发达国家均处于主导地位,所以须密切关注这一领域的发展对国际贸易的影响。

2. 环境壁垒

随着全球生态环境的日益恶化,保护环境,防治、减少环境污染,节约能源,合理利用自然资源已成为新的国际焦点,并逐渐深入地影响到国际贸易。形形色色的环保规章措施越来越多地涉及与自然资源、人类和动植物安全、健康有关的商品的国际间流动,甚至扩展到服务贸易、技术贸易等领域。环保措施不仅涉及范围很广,要求苛刻,而且,其中借环保之名行贸易保护之实的贸易保护主义措施也随之泛滥,形成隐蔽性极大的新的国际贸易绿色壁垒。"环境壁垒"也称为"绿色贸易壁垒"(Green Trade Barrier)或"绿色壁垒",是由进口国出于各种目的而颁布的一系列环境保护措施构成的,实质上能限制或影响该国商品进口的国际贸易政策,是一种新兴的非关税壁垒。

随着贸易自由化的逐步推进,国家间的关税逐渐下调,非关税壁垒的贸易保护作用也随之降低。但全球环境问题的恶化,使得发达国家获得了一项新的贸易保护手段——"环境壁垒"。

发达国家由于生产力水平高而追求的是"舒适、优美"的环境,追求"清洁生产"、"绿色消费"，而发展中国家在贫困与人口的压力下，不得不对自然资源进行超负荷的利用和开发，同时由于经济落后，这些国家的环境法规不健全，环境标准相对低下。因此，发达国家及国际组织为了保护环境而制定的环境措施，以及对不遵守环保措施而规定的贸易制裁，对发展中国家而言，就存在着事实上的标准过高、范围过宽的现象，对其出口存在着严重阻碍作用，从而形成了事实上的保护发达国家的对外贸易，而限制发展中国家的对外贸易，也就具有了贸易壁垒的特征。

环境壁垒包括以下内容：

(1)环境技术标准。发达国家的科技水平较高，处于技术垄断地位。它们在保护环境的名义下，通过立法手段，制定严格的强制性技术标准，限制国外商品进口。这些标准均根据发达国家生产和技术水平制定，对于发达国家来说可以达到，但对于发展中国家来说则很难达到。例如1994年，美国环保署规定，在美国9大城市出售的汽油中硫、苯等有害物质含量必须低于一定标准，对此，国产汽油可逐步达到，但进口汽油必须在1995年1月1日生效时达到，否则禁止进口。美国为保护汽车工业，出台了《防污染法》，要求所有进口汽车必须装有防污染装置，并制定了近乎苛刻的技术标准。上述内外有别、明显带有歧视性的规定引起了其他国家，尤其是发展中国家的强烈反对。

(2)多边环境协议。目前，国际上已签订的多边环境协议有150多个，其中近20个含有贸易条款。特别是保护臭氧层的有关国际公约，将禁止受控物质及相关产品的国际贸易。这些受控物质大部分是基础化工原料，如制冷剂、烷烯炔化工产品，用途广泛，因此影响面非常大。随着多边环境协议执行力度的增大，其对贸易的影响也将越来越大。

(3)环境标志。环境标志是一种印刷或粘贴在产品或其包装上的图形标志。它表明该产品不但质量符合标准，而且在生产、使用、消费及处理过程中符合环保要求，对生态环境和人类健康均无损害。1978年，德国率先推出"蓝色天使"计划，以一种画着蓝色天使的标签作为产品达到一定生态环境标准的标志。发达国家纷纷效仿，如加拿大叫"环境选择"，日本有"生态标志"。美国于1988年开始实行环境标志制度，有36个州联合立法，在塑料制品、包装袋、容器上使用绿色标志，甚至还率先使用"再生标志"，说明它可重复回收，再生使用。欧共体于1993年7月正式推出欧洲环境标志。凡有此标志者，可在欧共体成员国自由通行，各国可自由申请。

(4)环境管理体系标准。ISO14000是国际标准化组织在汲取发达国家多年环境管理经验的基础上，制订并颁布的环境管理体系标准，得到世界各国政府、企业界的普遍重视和积极响应。现在,国际上采购商在要求有 ISO9000 质量证书的同时,还要看有无 ISO14000 环保证书,对于产品质量不相上下的企业,通常是优先挑选那些两证齐全者,因为这表明产品符合国际环保要求,有利于达成国际贸易订单。不言而喻,没有通过 ISO14000 认证企业的产品将在市场竞争中处于劣势。

(5)绿色补贴。为了保护环境和资源,有必要将环境和资源费用计入成本,使环境和资源成本内在化。发达国家将严重污染环境的产业转移到发展中国家,以降低环境成本,发展中国家的环境成本却因此而提高。更为严重的是,发展中国家绝大部分企业本身无力承担治理环境污染的费用,政府有时给予一定的环境补贴。对此,发达国家以违反关贸总协定和世界贸易组织规定为理由,限制从发展中国家产品进口。2001 年初,美国就以环境保护补贴为由,对来自巴西的人造橡胶鞋和来自加拿大的速冻猪肉提出了反补贴起诉。这种"绿色补贴"壁垒有日益增加之势。

3. 社会壁垒

社会壁垒是指以劳动者劳动环境和生存权利为借口采取的贸易保护措施。社会壁垒由社会条款而来,社会条款并不是一个单独的法律文件,而是对国际公约中有关社会保障、劳动者待遇、劳工权利、劳动标准等方面规定的总称,它与公民权利和政治权利相辅相成。国际上对此关注由来已久,相关的国际公约有100 多个,包括《男女同工同酬公约》、《儿童权利公约》、《经济、社会与文化权利国际公约》等。国际劳工组织(ILO)及其制定的上百个国际公约,也详尽地规定了劳动者权利和劳动标准问题。为削弱发展中国家企业因低廉劳动报酬、简陋工作条件所带来的产品低成本竞争优势,1993 年在新德里召开的第 13 届世界职业安全卫生大会上,欧盟国家代表德国外长金克尔明确提出把人权、环境保护和劳动条件纳入国际贸易范畴,对违反者予以贸易制裁,促使其改善工人的经济和社会权利。这就是当时颇为轰动的"社会条款"事件。此后,在北美和欧洲自由贸易区协议中也规定,只有采用同一劳动安全卫生标准的国家与地区才能参与贸易区的国际贸易活动。

目前,在社会壁垒方面颇为引人注目的标准是 SA8000 (Social Accountability),该标准是从 ISO9000 系统演绎而来,用以规范企业员工职业健康管理。通过论证的公司会获得证书,并有权在公司介绍手册和公司信笺抬头处印上SGS-ICS 论证标志和 CEPAA 标志。此外,它们还可得到 SA8000 证书的副本用于促销。欧洲在推行 SA8000 上走在前列,美国紧随其后。欧美地区的采购商对该标准已相当熟悉。目前,全球大的采购集团非常青睐有 SA8000 认证企业的产品,这迫使很多企业投入巨大人力、物力和财力去申请与维护这一认证体系,这无疑会大大增加成本。特别是发展中国家,劳工成本是其最大的比较优势,社会壁垒将大大削弱发展中国家在劳动力成本方面的比较优势。

4. 贸易救济措施

倾销和补贴在国际贸易中一般被视作不公平的竞争手段,为了避免外国商品倾销和受补贴商品进口对本国市场和生产造成重大伤害,进口国对实施倾销和补贴的进口商品采取反倾销税和反贴补税等附加税,实行正当的保护措施。但是,反倾销和反贴补措施被进口国特别是欧美等发达国家滥用的现象在 20 世纪 70 年代以来日益严重。有时,即使最终裁决倾销或补贴不成立,但仅反倾销、反贴补的立案和一系列程序就足以对进口商品形成障碍。为此,关贸总协定及世界贸易组织就有关反倾销和反补贴达成协定,试图制止这种变相的保护主义措施,但是这些协定的约束力是有限的,并且协定本身也仍然存在某些概念界定不明确的缺陷。

⮞【本章小结】

本章着重介绍了非关税壁垒的起源和特点,并对数量限制方面的、政府直接参与的、金融方面的、税收方面、海关方面等传统非关税壁垒与技术性贸易壁垒、绿色壁垒、社会责任标准等现代非关税壁垒进行逐一介绍。

⮞【案例分析】

现实中的技术性贸易壁垒:温州打火机事件

2001 年 10 月 2 日,温州打火机协会副会长黄发静收到了贸易合作伙伴欧洲打火机进口商协会会长克劳斯·邱博一份电函,告知欧盟正在拟定进口打火机的 CR 法规草案。这是欧盟对 1994 年美国 CR 法规的"克隆"。其核心内容,即规定进口价格在 2 欧元以下的打火机,必须要加装一个 5 周岁以下儿童难以开启的装置即安全锁,否则不准进入欧盟市场。由此,素有"打火机王国"之称的温州打火机行业即将遭受一场灭顶之灾。

温州打火机以价廉物美、品种繁多等优势打破了日本、韩国、欧盟等一些国家垄断世界打火机市场的局面。目前,温州拥有打火机生产企业(户)约 500 余家,年产打火机 8.5 亿只,出口量约占总产量的 80%,约占世界打火机市场份额近 70%。因温州打火机的外贸出厂价基本上是 1 欧元左右,在欧盟市场极具竞争力,市场份额曾一度高达 80%。欧盟在著名的 BIC 公司、东海公司等打火机制造商的压力下,启动有关程序拟定涉及国际贸易的 CR 法规。该法规于 2002 年 4 月 30 日获得通过,并将在 2004 年强制执行。CR 法规的出台,意味着温州生产的价格在 2 欧元以下、装有燃料的玩具型打火机将被禁止在欧盟上市。此消息传出后,温州的打火机出口受到严重影响。据悉,每年的岁末和年初都是温州打火机接收订单最旺盛的季节,而 2001 年入冬以来,接到的出口订单明显减少。可以预见,一旦 CR 法案开始执行,目前设计生产的温州打火机在欧盟市场上将受到极大冲击,这已有先例。早在 1994 年美国关于类似 CR 法规的实施,就使温州打火机产业受到重创,8 年来温州打火机在美国市场节节败退,现在的出口量只相当于出口欧洲市场的 1/5。温州打火机事件是一起利用国际贸易技术壁垒保护本国产业的典型案例,也是我国"入世"后,在国际贸易领域第一次遭遇 WTO 成员方的技术壁垒。

案例点评

温州打火机事件表明,解决的方法要么增加成本丧失价格上的比较优势,要么放弃欧盟市场;在专利问题上也是如此,要么购买发达国家的安全锁专利,要么自行开发而贻误商机。发达国家就是这样利用技术标准或专利技术,抵消了发展中国家产品的价格优势,实现技术壁垒的目的。对于尚处于初级阶段的出口产业而言,温州打火机遇到的问题带有普遍性。因此,从出口企业的角度出发,为克服贸易技术壁垒,应当完成以下转变:(1)克服传统的单纯价格竞争手段,进一步强化技术创新意识,把提高产品的技术含量作为提升企业产品竞争力的重要环节;(2)立足于国际标准,紧跟世界潮流,大力开展各种国际标准的认证工作,使企业产品在技术、安全、卫生、环保等方面接近或达到国际标准的要求;(3)积极主动地研究、总结国内外企业突破 TBT 措施限制的经验和教训,根据市场和产品的特点寻求打破 TBT 措施限制的对策。

西门子家电:贸易壁垒会成为企业发展的动力

最近家电业——中国最具国际竞争力的优秀行业的国际化进程遇到了不小的麻烦。尽管原定于今年 8 月全面推行的欧盟 WEEE 指令

（《报废电子电气设备指令》）有望延期,但面对中国家电出口的最大市场——欧盟正一天天建起的绿色壁垒,面对即将出台的比 WEEE 指令更加难以突破的欧盟 ROHS 指令,一直依靠低廉价格取得竞争优势的中国企业将面临沉重打击。但欧洲著名家电品牌西门子家电总裁盖尔克先生却认为,贸易中的壁垒只会成为企业发展的动力。100 多年来,正是越来越严格的法规促进了欧洲家电技术的进步。如今,正在融入全球经济的中国,在适应世界统一的法规、标准的过程中,固然要付出些代价,但是代价过后,必然迎来企业迅速成长的未来。

西门子家电集团深信,企业经济效益的成功与社会和环保息息相关,也取决于如何将社会和环保完美地融入到长期的发展战略中去。承担起国际性大企业的责任就意味着在全世界范围之内严格执行统一的标准,集团在下属 42 个生产地设立了环保管理系统。每一个产品创新都要经过环保检测方能批量生产。旗下所有企业都要做当地人的好邻居。弃用氟氯化碳是最好的体现。上世纪 90 年代初,科技工作者发现氟氯化碳是破坏臭氧层的罪魁祸首。集团立即开发新科技,用无害于环境的碳氢化合物取代了氟氯化碳。当时,集团不但决定在德国之内使用新科技,在全球范围之内也同时采用新工艺。此举成为行业的开山之作,推动了整个行业的发展。今天,西门子生产的冰箱全是无氟冰箱。

西门子的产品政策是,所有产品在使用阶段应当节能,在回收利用阶段应当环保、低耗。产品对环境产生的影响大约 90% 是发生在使用阶段。就环保而言,节能是关键。因此,节能是集团在此领域环保思想的核心内容。在德国,集团生产的 80% 的产品可以达到节能 A 类标准,同时还具有稳定优秀的性能。没有任何一件产品低于 C 类。

2004 年,新的欧盟制冷家电指导性能耗标识生效,为行业立下了更为严格的标准,并推出了新的节能类别 A＋和 A＋＋。目前 A 类产品必须再节能 25% 方能成为 A＋。西门子所生产的 600 个型号的产品中,10% 的产品已经达到了这些苛刻的要求。

西门子家电集团认为,当能源已成为影响全球经济健康、持续发展的关键因素,人类在节能家电上所寄予的期望和已经取得的巨大成就,使得节能技术逐渐成为未来家电企业成败的决定因素。它将给家电企业一个重新定位的机会。谁能抓住机会,谁就有可能实现从价格优势到技术优势的转化。西门子为节能作出了切切实实的贡献。从 1970

年到 2004 年的短短 34 年间，经过西门子技术专家不断的研究和创新，西门子冰箱百升 24 小时耗电量从 1.7kWh 降到了 0.09kWh，下降幅度达 95%。

在西门子看来，真正的节能技术革新是在不改变原有产品性能的前提下寻找有害物质的替代品，让产品满足环保法规和标准。在冰箱的耗电量、洗衣机的洗涤容量等指标的标注上，西门子家电等品牌都表现得极为"保守"。譬如洗衣机的容量，必须和洗净度、用水量等联系在一起考察，否则标注得再大也是一串毫无意义的数字。正是对市场敏锐感知和积累起的强大技术研发能力，决定了西门子家电不仅不被法规、标准牵制，反而成了行业发展的一面旗帜。

（资料来源：根据《国际商报》2005 年 6 月 27 日的文章内容整理）

案例点评

在我国加入 WTO 以来，关税、配额、许可证等传统的贸易保护手段作用日益弱化，而以技术壁垒、绿色壁垒为典型手段的贸易保护政策越来越多地被予以利用。技术性贸易壁垒使我国企业成本增加，产品竞争力降低。此技术壁垒的直接影响，会导致我国出口产品不符合进口国的标准或由于其标准的提高增加了企业出口成本，一些出口企业可能无法承担费用，被迫退出国际市场。我国出口的商品由于技术水平、环保意识等方面与发达国家存在很大差距，势必导致产品出口受阻。这无形中将给我国正常的经济发展带来严重影响。

为了应对技术性贸易壁垒，企业要加快对产品的绿色设计和更新换代，进行环保型原材料的研发和生产。依靠科技进步，加快科技成果转化和技术引进，提高商品的科技含量和附加值，从根本上改变出口主要依靠数量的增长方式，转向质量效益型发展方式，从整体上提高企业竞争力，从根本上突破技术性贸易壁垒。此外，政府有关部门、行业协会和中介组织也要积极为企业的应对工作服务，加强统筹协调和安排。

欧盟新指令尽管会给国内企业相关产品的出口带来较大影响，但欧盟这些措施并非只针对中国企业，从长远看，将促使我国企业开发和采用新技术，提高环保标准，尽快与国际接轨。这两个指令所带来的，不仅是挑战，更是机遇，它将促使现有企业重新洗牌，中国企业完全有可能在新一轮的绿色环保竞争中取得优势，争夺到更大的全球市场份额。

⊞▷【思考练习】

1.非关税措施的特点是什么?
2.简述传统非关税措施的主要内容。
3.简述技术性贸易壁垒的含义和内容。
4.绿色壁垒是如何表现的?
5.我国企业如何应对技术性贸易壁垒?

第7章

出口促进与出口管制

≫ ≫ ≫   ≫

世界各国在通过利用各种贸易壁垒实施进口限制的同时,还采取各种措施对本国产品的出口给予鼓励或限制。并通过设置各种经济特区以促进本国或地区对外贸易,特别是出口贸易的发展。本章系统地介绍与出口有关的各种措施、经济特区的涵义及相关操作,目的是了解和掌握这些措施的作用和影响。

7.1   出口促进措施

7.1.1   鼓励出口的金融、财政措施

目前,绝大多数国家对本国的大部分产品采取促进出口的政策,涉及的范围包括金融、财政等诸多方面。

1. 出口信贷

(1)出口信贷的含义

出口信贷(Export Credit)是一国为支持和扩大本国商品出口,增强国际竞争能力,通过本国的信贷机构直接向本国出口商或外国进口商(或其银行)提供利率较低的贷款。出口信贷主要用于出口成套设备、船舶、飞机等交易金额大,从生产到交货需要较长时间的产品。

(2)出口信贷发展的背景

第二次世界大战以前,随着国际贸易的发展,工业机械设备出口的增加,各

国之间的出口信贷业务有较大的发展,发达国家利用出口信贷措施,激烈地争夺机械设备的销售市场。第二次世界大战后,与出口技术及成套设备相结合的出口信贷业务急剧发展,银行更多地介入到出口信贷业务中。具体原因有:

①科学技术的快速发展。随着原子能的利用、电子技术的推广和化学工艺技术的革命,第二次世界大战前发达国家大型机械装备的出口,逐渐被成套设备、工艺技术与诀窍的出口所代替。这些项目技术复杂、成本高昂、金额巨大,进口国无力也不可能一次将货款全部付清,只能依靠信贷来进口。同时,这些项目从建造到投产需要较长的时间,投产后设备质量、性能是否符合合同条款的要求尚需经过一定时间的检验,只有效果满意时,进口商才愿如数付款。进口商的付款能力和大工程项目本身所具有的特点,在客观上要求出口国提供出口信贷。

②银行更多地介入贸易。随着银行业务的发展与银行作用的增长,更由于成套设备贷款的某些特殊性,要求银行本身更多地介入。进出口商的主要交易环节,在信贷方式上提出了新的要求,从而在原有信贷形式上出现了卖方信贷、买方信贷等出口信贷的新形式。

③发展中国家的需要。第二次世界大战后,一部分殖民地、附属国取得政治独立。它们急需利用发达国家的先进技术,进口必要的成套设备,建设一些大型的工程项目,以发展国民经济,建设自己的国家。但它们本身资金不足,一时拿不出巨额外汇,除一部分依靠"援助"外,尚需发达国家提供出口信贷帮助解决。

④经济危机的影响。第二次世界大战后,发达国家经济危机时有爆发,因而想通过扩大出口,以减缓经济危机带给他们的影响。为此,它们就利用出口信贷和以国家补贴为基础的信贷担保制,对某些国家,特别是发展中国家提供中长期信贷,以促进成套设备及大型工程项目的出口。同时,国际上大量游资的存在,借贷资本的长期过剩,石油美元的积存,也为这种出口信贷的发展提供了可能。

(3)出口信贷的主要形式

①按时间长短,出口信贷可分为短期信贷、中期信贷和长期信贷。

短期信贷:一般不超过1年,主要用于原材料、消费品及小型机器设备的出口。

中期信贷:通常1～5年,常用于中型机器设备的出口。

长期信贷:通常5～10年,甚至更长时间,用于成套设备、船舶、飞机等的出口。

②按借贷关系,出口信贷可分为卖方信贷和买方信贷。

卖方信贷(Supplier's Credit)是指出口国银行向本国出口厂商(即卖方)提供的融资,使得进口商可以在贸易合同中以采用延期付款的方式,从而达到支持出口的目的。

卖方信贷的一般做法是在一项延期付款的商品买卖合同签订以后，进口厂商先支付合同金额的 5%～15% 作为履约保证金，在分批交货、验收和保证期满时，再分期支付 10%～15% 的贷款，其余的贷款在全部交货后若干时期内分期偿还，并付给延期付款期间的利息。出口厂商把所得的款项与利息按贷款协议的规定偿还给本国的供款银行。在卖方信贷中，买方要在相当长的一段时间后才能付清货款，因而对卖方来说，收款时间长，风险较大。

买方信贷（Buyer's Credit）是指出口国银行向国外进口商（或其银行）提供贷款，使得进口商可以用这笔贷款通过支付现汇的方式从贷款国进口商品。买方信贷的附加条件是贷款必须用于购买债权国的产品。

在采用买方信贷的条件下，当出口方供款银行直接贷款给外国进口商时，进口厂商先用本身的资金，以即期付款的方式将银行提供的贷款付给出口厂商，然后按贷款协议所规定的条件，向供款银行还本付息；当出口方供款银行贷款给进口方银行时，进口方银行也以即期付款的方式代进口厂商向出口厂商支付应付的货款，并按贷款协议规定的条件向供款银行归还贷款和支付利息等。至于进口厂商与本国银行的债务关系，则按双方商定的办法在国内结算清偿。买方信贷不仅使出口厂商可以较快地得到货款并降低风险，而且使进口厂商对货价以外的费用比较清楚，便于它与出口厂商进行讨价还价。因此，这种方式在目前较为流行。

（4）出口信贷的特点

出口信贷具有以下特点：

①出口信贷的利率低于相同条件下国际金融市场贷款利率，其利差由出口国政府给予补贴。

②贷款指定用途必须联系出口项目，即贷款只能用于购买贷款国出口的资本货物和技术以及有关劳务等。例如，有些国家规定，当某些成套设备是由几个国家共同制造时，则只能对本国制造的部分提供出口信贷。

③出口信贷的贷款金额，只能占合同 85% 左右，其余 10%～15% 要由进口商支付现汇。

④出口信贷的发放与信贷保险相结合。一般来说，银行在办理出口信贷以前，都要求出口商向本国出口信贷机构投保，以降低可能发生的进口商不履行合同的风险。

许多国家为了做好出口信贷工作，设立了专门的银行办理此业务。例如美国的进出口银行、日本的输出入银行、法国的对外贸易银行和加拿大出口开发公司等。在 1994 年 7 月,我国成立了中国进出口银行,作为我国提供出口信贷业务的国家政策性银行。

2. 出口信用保险和出口信贷国家担保制

(1)出口信用保险

出口信用保险(Export Credit Insurance System)是由保险机构或保险公司承保出口贸易中,出口商由于境外的商业风险或政治风险而遭受损失的一种特殊保险,是为出口商提供出口风险的保障措施。

出口信用保险诞生于上世纪初,起源于欧洲一些国家的国内信用保险。德国政府于 1926 年制定了出口信用保险计划,并委托一家私营保险机构承担这项任务。后来,其他发达国家相继建立类似的机构,鼓励本国出口。

第二次世界大战以后,随着经济的发展和世界贸易的增长,出口信用保险在发达国家得到了迅速发展。60 年代以后,广大发展中国家也逐渐认识到出口信用保险在促进对外贸易方面所起的重要作用,纷纷建立了出口信用机构。目前,全球贸易额的 12%～15%是在出口信用保险的支持下完成的,有的国家的出口信用保险对贸易支持率非常高,据统计,韩国的支持率为 14%,英国为 45%,日本高达 50%。目前,出口信用保险已经成为一种国际通行的贸易促销工具。

我国出口信用保险起步较晚,但发展较快。2001 年 12 月,中国出口信用保险公司正式运营,它是我国唯一的一家政策性出口信用保险机构。出口信用保险的作用:一是支持企业抓住贸易机会扩大出口规模;二是给企业提供一种融资的便利,缓解企业资金的紧张;三是帮助企业建立一种对应收账款管理的机制;四是保险一般的功能,通过保险的赔偿功能,帮助企业稳健经营,促进企业可持续发展。出口信用保险公司成立以来业务发展很好,至 2005 年底承保额达到430 亿美元,而先前 13 年(1989—2001 年,我国从 1989 年起开展出口信用保险业务)的保险金额只有 160 亿美元,主要是对飞机、汽车、轨道交通、生物制药等高科技行业出口进行支持。

(2)出口信贷国家担保制

出口信贷国家担保制(Export Credit Guarantee System)是指由国家设立专门的机构对本国商业银行向出口商、进口商、进口国银行提供出口借贷资金而出面担保,当贷款人拒绝还贷时,由该担保机构按承保的金额予以补偿,从而支持商业银行向出口商提供贷款,以达到鼓励出口的一种政策措施。

由于大型的成套设备、船舶、飞机等出口贸易金额巨大、风险高,一般的商业银行或非银行的金融机构等,不愿意或无力对出口信贷项下资金偿还提供担保,从而导致出口商难以筹措出口资金。为了缓解这一矛盾,很多国家由政府出面设立专门的信用机构来承担责任，从而使出口商摆脱了担保难的困境。

世界上最早开办出口信贷担保业务的机构是1919年英国成立的第一家官方支持的出口信贷担保机构——英国出口信用担保局，以鼓励英国产品向当时被认为是高风险的东欧地区出口。此后，亚洲许多发展中国家，如印度、印度尼西亚、斯里兰卡、菲律宾等国也相继开办出口信贷担保业务。

（3）出口信用保险与出口信贷国家担保的比较

①出口信用保险与出口信贷国家担保的共同点。

根本目的相同。两种业务都是由官方出口信贷机构提供的用于支持和扩大本国商品尤其是大型设备等的出口，其根本目的都是为了实现国家的整体利益和出口产业政策。

经营理念相同。出口信用保险人通过向被保险人收取保费建立基金以用于保险业务下的赔偿，出口信贷国家担保人则通过向被担保人收取保费建立基金以用于担保业务下的赔偿，两种业务都通过收取一定的费用建立补偿基金来承担并分散风险的，但两者均以政府的支持为后盾，因而收费都比较低。

基本当事人相似。出口信用保险所涉及的基本当事人为债权人（出口商）、债务人（进口商）和保险人，而出口信贷国家担保的基本当事人则为债权人（融资银行）、债务人（借款人）和担保人。

②出口信用保险与出口信贷国家担保的不同点。

出口信用保险保障的是出口商的收汇风险，出口商是保险合同的直接受益人；而出口信贷国家担保保障的是提供出口信贷融资的银行的收款风险，融资银行是担保合同的直接受益人。

出口信用保险合同以出口合同的存在为前提条件，保险人的责任在一定程度上依附于出口合同，所以出口信用保险合同在某种程度上是出口合同的从属合同；而出口信贷国家担保合同则具有独立性，它独立于基础合同，出口信贷担保人不享有基础合同债务人所拥有的抗辩权。

出口信用保险是债权人（出口商）主动投保的，保险费由债权人缴纳；而出口信贷国家担保则是贷款银行要求借款人提供的还款保证，担保费用是直接由债务人承担的，债权人、借款银行没有任何费用支出。

责任不同。出口信用保险人履行赔偿责任是有条件的，出口商必须举出进口商违约并且确已不能履行付款责任的证明，保险人才对出口商实际遭受的承保范围内的损失负责赔偿；而出口信贷国家担保是无条件的，不管出口商是否违反保单的规定，融资银行都可以获利赔偿，并且担保人不能以债务人根据基础合同产生的抗辩来对抗债权人，也不能以债权人未就债务人的财产强制执行为理由而拒绝履行担保义务,所以出口信贷担保人承担的是第一性的付款责任。

出口信用保险人向债权人支付赔款后,需要被保险人签发权益转让书,才能在赔偿金额范围内代位行使被保险人对第三者请求赔偿的权利;而出口信贷担保人承担保证责任后,有权以自己的名义直接向债务人追偿。

由上述比较可知,出口信贷国家担保对融资银行利益的保障比出口信用保险更有利,所以在发达国家的出口信贷业务中,出口信贷担保业务的比重较大,并有逐步增加的趋势。

3. 商品倾销

商品倾销(Dumping)是指以低于国内市场的价格,甚至低于生产成本的价格,在国外市场抛售商品,打击竞争者以占领市场。按照倾销的具体目的或时间的不同,商品倾销又可分为以下几种:

(1)偶然性倾销

这种倾销常常是因为销售旺季已过,或因公司业务转向,在国内市场上无法售出"剩余货物",而以倾销方式在国外市场抛售。这种倾销对进口国的同类产品生产当然会造成不利的影响,但由于时间短暂,进口国家通常较少采用反倾销措施。

(2)间歇性或掠夺性倾销

这种倾销方法是以低于国内价格,甚至低于成本的价格,在某一国外市场上倾销商品,在打垮了全部或大部分竞争对手,垄断了这个市场之后,再提高价格。这种倾销的目的是占领、垄断和掠夺国外市场,最终获取高额利润。这种倾销严重地损害进口国家的利益,因而许多国家都采取征收反倾销税等措施进行抵制。

(3)长期性倾销

这种倾销是长期以低于国内市场的价格,在国外市场出售商品。由于这种倾销具有长期性,其出口价格应至少不低于边际成本,否则长期出口就会面临长期亏损。在产品具有规模经济的时候,厂商可以通过扩大生产来降低成本;此外,一些出口厂商还可通过获取本国政府的出口补贴进行这种倾销。

(4)隐蔽性倾销

这种倾销是出口商按照国际市场上的正常价格出售给进口商,进口商以倾销低价在国内市场上抛售,亏损部分由出口商给予补贴。

从表面上看,商品倾销会使出口商利润减少,蒙受损失。而实际上它们往往采取以下办法得到补偿:维持国内市场的垄断高价,获取高额利润;国家提供出口补贴;在击败竞争者,垄断国外市场后,再提高价格,获取高额利润。

要使倾销达到目的,出口国家应设法不使倾销的商品回流到本国市场,并设法不受到进口国家反倾销等措施的报复。

4. 出口补贴

出口补贴（Export Subsidy）是一国政府为了降低出口商品的价格，提高其产品在国际市场上的竞争能力，而给予出口厂商的现金补贴或财政上的优惠待遇。出口补贴有两种形式。

（1）直接补贴

直接补贴，是指即出口某种商品时，直接付给出口商的现金补贴。直接补贴的办法有：

①价格补贴。如韩国在 20 世纪 60 年代初就制定过非常具体的补贴标准，出口补贴共分四等，特等 25 韩元/美元，一等 20 韩元/美元，二等 15 韩元/美元，三等 10 韩元/美元。另外，政府设立保证价格（支持价格），保证支付出口产品国际市场和国内市场的差价也是一种价格补贴。例如美国和西欧一些国家在第二次世界大战以后，都对农产品的出口实行所谓"支持价格"，在国内价格高于国际价格的时候，就由国家对这种差价予以补贴。

②收入补贴。包括对企业的出口亏损进行补偿等。例如，中国的外贸企业在改革之前都是国营的，出口的亏损由政府承担。

（2）间接补贴

间接补贴，是指即政府对某些商品的出口给予财政上的优惠。这是由于对工业品的直接出口补贴受到有关国际条例的限制，一些国家不得不纷纷寻求变相的补贴形式。最主要的有：

①退还或减免出口商品所缴纳的国内税。企业所负担的国内税有销售税、消费税、增值税、盈利税等，如果免征这些税，可以减少出口企业的经营费用。

②暂时免税进口。如果某些进口货物不是为本国消费，而是经过改制、修理或加工后再出口时，允许其暂时免税进口。通常这种待遇仅仅给予进口原料或半制成品，以降低制成品成本，提高出口商品的竞争能力。

③退还进口税。进口的原料或半制成品，在加工成制成品出口时，退还已缴纳的进口税。例如美国政府规定，进口原料加工后再出口的商品，出口时可退还已缴纳的进口税。

④免征出口税。目前许多国家对出口一般都免税，但对某些商品仍征收出口税。在世界市场商品价格下跌时，往往取消某些商品的出口税，以提高商品在国外市场的竞争实力。

除此之外，一些国家还对出口商品实行延期付款、提供优惠保险、低息贷款、减低运费等措施，以鼓励商品的出口。

5. 外汇倾销

外汇倾销（Exchange Dumping）是利用本国货币对外贬值扩大出口的措施。当一国货币贬值后，出口商品以外国货币表示的价格降低，从而提高了在国际市场上的竞争力，有利于扩大出口。同时，货币贬值后，贬值国家进口的商品用本币表示时价格上涨，这就削弱了外国商品在本国市场上的竞争力，从而起到限制进口的作用。因此，货币贬值能同时起到促进出口和抑制进口的双重作用。

但是，外汇倾销并不能无条件和无限制地进行。它只有具备了以下两个条件才能起到扩大出口和限制进口的作用。

一是货币贬值的程度大于国内物价上涨的程度。货币贬值一般会引起一国国内物价上涨的趋势。如果国内物价上涨程度赶上或超过货币贬值的程度，外汇倾销的效果随即消失。

二是他国不同时实行同等程度的货币贬值或采取其他报复性措施。如果进口国也实行同样幅度的贬值，汇价仍处于贬值前的水平，对外贬值的利益就不可能得到。如果外国采取提高关税等其他限制进口的报复性措施，也会起到类似的抵消作用。

我国外贸出口额的变化情况（见表 7.1）在一定程度上可以证实货币贬值或升值对一国外贸出口的影响。

1994 年我国汇率并轨后，人民币发生了大幅度的贬值，人民币对美元的名义汇率从 5.7955 元/美元贬值到 8.6900 元/美元，人民币贬值率达 33.31%，我国外贸出口也随之出现了惊人的飞跃。1994 年外贸出口额与 1993 年相比增长 31.95%，随后几年外贸出口也呈增长之势。

1997 年 7 月爆发了亚洲金融危机，受危机直接影响的货币对美元都出现了大幅度的贬值。出于政治考虑和经济原因，我国人民币对美元的汇率基本上锁定在一个狭小区域，相对于受危机直接影响的国家，人民币出现了大幅度的升值，我国的出口也就面临较大的压力。1998 年外贸出口几乎与 1997 年持平。1999 年出口虽有增长，但增速也较小。

表 7.1 1990—1999 年我国货物出口额 （单位：亿美元）

1990	1991	1992	1993	1994	1995	1996	1997	1998	1999
621	719	849	917	1210	1488	1511	1828	1837	1949

资料来源：中华人民共和国海关统计。

7.1.2 促进出口的组织措施

(1)成立专门组织,研究和制定出口战略,扩大出口。例如,美国在 1960 年成立了"扩大出口全国委员会"。其任务就是向美国总统和商务部长提供有关改进鼓励出口的各项措施的建议和资料。1978 年又成立了出口委员会和跨部门的出口扩张委员会,附属于总统国际政策委员会。为了进一步加强外贸机构的职能,集中统一领导,1979 年 5 月成立了总统贸易委员会,负责领导美国对外贸易工作。此外,美国还成立了一个贸易政策委员会,专门定期讨论、制定对外贸易政策与措施。欧洲国家和日本为了扩大出口都成立了类似组织。

(2)建立商业情报网,加强商业情报的服务工作。许多国家都设立了官方的商业情报机构,在海外设立商业情报网,负责向出口厂商提供所需的情报,以达到促进出口的目的。例如,英国设立出口情报服务处,情报由英国 220 个驻外商务机构提供,由计算机进行分析,分成近 5000 种商品和 200 个地区或国别市场情况资料,供有关出口厂商使用,以促进商品出口。

(3)组织贸易中心和贸易展览会。贸易中心是永久性的设施,在贸易中心内提供陈列展览场所、办公地点和咨询服务等。贸易展览会是流动性的展出,许多国家都十分重视这项工作。有些国家一年组织 15～20 次国外展出,费用由政府补贴。例如,意大利对外贸易协会对它发起的展出支付 80% 的费用,对参加其他国际贸易展览会的公司也给予其费用 30%～35% 的补贴。

(4)组织贸易代表团出访和接待来访。许多国家为了发展对外贸易,经常组织贸易代表团出访,其出国的费用大部分来自政府津贴。例如,加拿大政府组织的代表团出访,政府支付大部分费用。许多国家设立专门机构接待来访团体,例如,英国海外贸易委员会设有接待处,专门接待他方代表团和协助公司、社会团体接待来访工商界人士,从事贸易活动。

(5)组织出口商的评奖活动。第二次世界大战后,许多国家对出口商给予精神奖励的做法日益盛行。对扩大出口成绩卓著的厂商,国家授予奖章、奖状,并通过授奖活动推广它们扩大出口的经验。例如,美国设立了总统"优良"勋章,得奖厂商可以把奖章样式印在它们公司的文件、包装和广告上。

7.1.3 其他措施

(1)外汇留成。亦称为外汇分红,是指为了鼓励出口商积极出口,国家将部分外汇按一定比例留给出口商或出口企业,以鼓励出口商或出口企业扩大出口的一种制度。例如日本在战后曾实行了"外汇优先"制度,允许出口商在收汇中提取 1‰～2‰的外汇，用以进口或作为国外活动经费。我国在 1987—1993 年期间，也实行外汇留成制度，留成比例根据商品性质而定。1994 年起，我国实行有管理的单一浮动汇率制，取消外汇留成，实行统一的结、售汇制。

(2)复汇率制。政府规定不同的商品进口或出口适用不同的汇率，以促进某些商品的出口，抑制某些商品的进口。利用多种进口汇率、出口汇率，抑制某些高级消费品的进口，鼓励必需品的进口；抑制必需品的出口，鼓励非必需品的出口。

(3)出口奖励证制。政府对出口商出口某种商品以后发给一种奖励证，持有该证可以进口一定数量的外国商品，或将该证在市场上自由转让或出售，从中获利。

(4)进出口连锁制。政府规定进出口商必须履行一定的出口义务方可获得一定的进口权利，或获得一定的进口权利的进出口商必须承担一定的出口义务。通过进出口相联系的办法，达到有进有出、以进带出，或以出许进，从而扩大产品出口。

7.2 促进对外贸易发展的经济特区措施

许多国家或地区为促进本国或本地区经济和对外贸易，特别是出口贸易的发展，采取了兴办经济特区的措施。所谓经济特区是指一个国家或地区在其国境或管辖范围之内、关境之外划出一定区域，实施特殊的经济政策，吸引外商从事贸易和出口加工等活动。设立经济特区的目的是为了促进对外贸易的发展，鼓励转口贸易和出口加工贸易，繁荣本地区和邻近地区的经济，增加财政收入和外汇收入。

各国或各地区兴办的经济特区种类很多，规模不一，主要有以下几种。

7.2.1 自由港或自由贸易区

自由港（Free Port）又称自由口岸，是全部或绝大多数外国商品可以豁免关税自由进口、出口的港口。自由港一般具有优越的地理位置和港口条件，其开发目标和营运功能与港口本身的集散作用密切结合，它必须是港口或港口的一部分。

自由贸易区（Free Trade Zone）是由自由港发展而来的，它是以自由港为依托,将范围扩大到自由港的邻近地区。其主要目的是方便转口和对进口货物进行简单加工,并以转口邻近国家或地区为主要目的。

自由港和自由贸易区都是划在一国关境之外,因此外国商品进港时除了可以免缴进口关税外,还可以在港内进行自由储存、展览、拆卸、改装、重新包装、整理、加工和制造等业务。进口商品只有在越过关境进入所在国的国内市场时才需纳税。

1547 年在热那亚湾的里窝那设立了世界上第一个自由贸易港区。到 17 世纪以后,一些在国际贸易中处于优势地位和航海业发达的欧洲国家,为了扩大对外贸易,陆续把沿海的一些著名港口开辟成自由贸易港区。目前知名度较高的有德国汉堡和不莱梅、荷兰鹿特丹、丹麦哥本哈根、巴拿马科隆、新加坡、中国香港和中国澳门等自由港和自由贸易区。

7.2.2 保税区、保税物流园区、保税港区、保税工厂（集团）

保税制度(Bonded System)是一种国际通行的海关制度。是指经海关批准的境内企业所进口的货物,在海关监管下,在境内指定的场所储存、加工、装配时,暂缓缴纳各种进口税费的一种海关监管业务制度。

我国现行保税制度的主要形式,一是为国际商品贸易服务的保税仓库、保税区、保税物流园区、保税港区、寄售代销和免税品商店;二是为加工制造服务的来料加工、保税工厂、保税集团。下面仅介绍最常见的保税区,以及适应发展需要而最近设置的保税物流园区、保税港区。

1. 保税区

保税区（Bonded Zone）是海关所设置的或经海关批准注册的,受海关监督的特定地区。外国商品存入保税区内,可以暂时不缴纳进口税;如再出口,不缴纳出口税;如要运进所在国的国内市场,则需办理报关手续、缴纳进口税。运入区内的外国商品可进行储存、改装、分类、混合、展览、加工和制造等。此外,有的保税区还允许在区内经营金融、保险、房地产、展销和旅游业务。

我国提出保税区的设想是在 1984 年。进入 20 世纪 90 年代,我国沿海地区逐渐建立起保税区。1990 年我国决定开发上海浦东时,确定在上海外高桥设立中国的第一个保税区。1992 年又批准大连、青岛、宁波、深圳、海口等地设立了保税区,目前共有 15 个保税区。

保税区的功能主要有国际贸易、进出口加工、保税仓储等。就目前发展情况而言,我国的保税区进口贸易功能相对较强,吸引外资和发展出口制造业的功能类似于出口加工区、经济技术开发区。运营状况较好的保税区主要依靠出口加工业和进口仓储分拨,而口岸贸易、转口贸易、出口仓储等功能却没有得到充分的发挥。

2. 保税物流园区

保税区最初的功能定位是仓储、转口和加工,即以发展物流业为主。但现有的大多数保税区都发展成了加工制造型的特殊经济区域,有些保税区内几乎已经没有发展物流服务业的用地,物流服务业的发展空间受到制约。为此在 2003 年 12 月 8 日,国务院正式批复海关总署,同意《上海外高桥保税区港区联动试点方案》。2004 年 7 月 15 日,上海外高桥保税物流园区"区港联动"试点正式封关运作。在 2004 年 8 月 16 日,国务院同意进一步扩大保税区与港区联动试点范围,同意宁波、青岛、大连、张家港、厦门象屿、深圳盐田港、天津保税区与其临近港区开展联动试点,设立保税物流园区(Bonded Logistics Zone)。

保税物流园区(区港联动)是指在保税区与港区之间划出专门的区域,并赋予特殊的功能政策,专门发展仓储和物流产业,达到吸引外资、推动区域经济发展、增强国际竞争力和扩大外贸出口的目的,它是目前中国法律框架下的自由贸易区雏形。

保税物流园区具备四项功能:一是国际中转功能,对进入园区的境外、国内货物进行分拆、集拼后转运至境内外其他目的港;二是国际配送功能,对入区货物进行分拣、分配或进行简单的商业性加工后向国内外配送;三是国际采购功能,对采购的国内货物和境外货物进行综合处理和简单的商业性加工后向国外销售;四是转口贸易功能,构建集交易、展示、出样、订货于一体的转口贸易服务体系,有利于区内企业开展转口贸易。

3. 保税港区

保税港区(Bonded Port Zone)是目前中国开放层次最高、优惠政策最多、运行规则基本与国际接轨的一种新的自由贸易港区模式,它集目前国内保税区、出口加工区、保税物流园区三方面的政策优势于一体,类似于自由港或自由贸易区。保税港区对进出港区的全部或大部分货物免征关税,并且准许在自由港内开展货物自由储存、重新包装、整理、加工和制造等业务活动。除港口功能外,保税港区还将具备国际中转、国际配送、国际采购、国际转口贸易和出口加工区等五大功能。

2005 年 6 月 22 日,经国务院批准,在上海洋山港区正式设立我国第一个保税港区。2006 年 6 月,正式批准在天津港东疆港区设立保税港区。其他的沿海港口天津、大连、青岛、深圳、宁波、厦门、张家港等也想成为保税港区。

4. 保税工厂和保税集团

保税工厂（Bonded Factory）是指经海关批准,用保税进口原材料、辅助材料、零部件、元器件等加工成产品后复出口的工厂。

保税集团（Bonded Group）是指经海关批准,由一个具有进出口经营权的企业牵头,组织关区内同行业若干个加工企业,对进口料件进行多层次、多道工序连续加工,并享受全额保税的企业联合体。

凡经国家批准有进口经营权的生产企业（包括外商投资企业）,均可向企业所在地主管海关申请建立保税工厂（集团）。

保税工厂（集团）进口料件的时候能享受全额免税,待加工成品出口后按实际耗用的进口料件免征进口关税和进口环节税。企业成为"保税工厂"可以大幅降低企业出口产品的成本,增强产品的国际竞争力。

7.2.3 出口加工区

1. 出口加工区的内涵和发展概况

出口加工区（Export Porcessing Zone）是一个国家或地区在其港口或邻近港口、国际机场的地方,划出一定的范围,新建和扩建码头、车站、道路、仓库和厂房等基础设施以及免税等优惠待遇,鼓励外国企业在区内投资设厂,生产以出口为主的制成品的加工区域。

出口加工区是在自由港和自由贸易区的基础上发展起来的。其雏形是1959年爱尔兰的香农机场附近出现的以出口加工为主的自由贸易区。20世纪60年代以来,出口加工区在亚洲的发展中国家或地区获得巨大发展,其中的原因是60年代以来这些发展中国家的对外贸易战略的改变,同时也是承接发达国家产业转移的需要。

出口加工区脱胎于自由港和自由贸易区,采用了自由港或自由贸易区的一些做法。但它们又有所不同:一般地,自由港或自由贸易区是以发展转口贸易,取得商业方面的收益为主,是面向商业的;而出口加工区是以发展出口加工业,取得工业方面的收益为主,是面向工业的。

出口加工区有两种类型:一是综合性出口加工区,即在区内可以经营多种出口加工工业。如菲律宾的巴丹出口加工区所经营的项目包括服装、鞋类、电子或电器产品、食品生产、光学仪器和塑料产品等。目前世界各地的出口加工区大部分是综合性出口加工区。二是专业性出口加工区,即在区内只准经营某种特定的出口加工产品。如印度在孟买的圣克鲁斯飞机场附近建立的电子工业出口加工区,专门发展电子工业的生产和增加这类产品的出口。

2000年4月,中国国务院批准在全国首次设立15个出口加工区,昆山出口加工区因在同年10月便正式封关运作,成为我国第一个出口加工区。之后,国务院又在2002年6月、2003年3月、2005年6月分批增设出口加工区,目前经批准设立的出口加工区达56个,遍及全国,主要用于促进我国加工工业与加工贸易的发展。例如,浙江目前有杭州、宁波、嘉兴、慈溪四个出口加工区。

2. 出口加工区内的优惠规定

为发挥和提高出口加工区的经济效果,吸引外国企业投资设厂,出口加工区对外国企业在区内投资设厂做出了一些优惠规定。主要有:

(1)关税的优惠规定。对在区内投资设厂的企业,从国外进口生产设备、原料、燃料、零件、元件及半制成品一律免征进口税。生产的产品出口时一律免除出口税。

(2)国内税的优惠规定。不少出口加工区为外国投资的企业提供减免所得税、工业生产、货款利息税等优惠待遇。

(3)放宽外国企业投资比率的规定。不少出口加工区放宽了外资企业的投资限制。例如,菲律宾规定,外资企业在区外的投资比率不得超过企业总资本的40%,但在区内的投资比率不受此项法律的限制,投资比率可达100%。

(4)放宽外汇管制的规定。在出口加工区,外国企业的资本、利润、股息可以全部汇回母国。

(5)投资保证规定。许多国家或地区不仅保证各项有关出口加工区的规定长期稳定不变,而且保证对外国投资不予没收或征用。如国家利益或国防需要而征用时,政府给予合理的赔偿。

此外,对于报关手续、土地仓库和厂房等的租金、贷款利息等都给予优惠待遇。

7.2.4 自由边境区和过境区

1. 自由边境区

自由边境区(Free Perimeter)也称自由贸易区域,一般设在本国的一个省或几个省的边境地区。对区内使用的机器、设备、原材料和消费品都可以免税或减税进口。如从区内转运到本国其他地区出售,则需照章纳税。外国商品可在区内进行储存、展览、混合、包装、加工和制造等业务活动。它与出口加工区的区别是:进口商品加工后大多是在区内使用,只有少数用于再出口。故建立自由边境区的目的是开发边区的经济,因此有些国家对优惠待遇规定了期限。当这些边境地区生产力发展后,就逐渐取消某些商品的优惠待遇,直至废除自由边境区。例如,墨西哥设立的一些自由边境区期限已满时,就取消了原有的优惠待遇。

2. 过境区

过境区(Transit Zone)指某些沿海国家为了方便内陆邻国的进出口货运,根据双边协定,开辟某些海港、河港或边境城市作为过境货物的自由中转处,对过境货物简化海关手续,免征关税或只征收小额的过境费。它与自由港的区别是:过境货物在过境区内可短期储存或重新包装,但不得加工制造。例如,泰国的曼谷、印度的加尔各答等,都属此种以中转贸易为主的过境区。

7.2.5 多种经营的经济特区

多种经营的经济特区是指一国在其港口或港口附近等地划出一定的范围,新建或扩建基础设施和提供减免税收等优惠待遇,吸引外国或境外企业在区内从事外贸、加工工业、农畜业、金融保险和旅游业等多种经营活动的区域。1979年以来,我国先后在深圳、珠海、汕头、厦门和海南省设立的经济特区就属于这一种。多种经营的经济特区对毗邻地区以至整个国家的经济发展,都会产生比自由贸易区和出口加工区更加广泛的影响。

以深圳为例,它不仅拥有转口贸易的海港,还有转口中国香港的铁路和公路口岸。深圳同时还是个工业区,2005 年深圳保税区实现工业总产值 821.5 亿元,其中高新技术产品总值达 755 亿元,占工业总产值比重的 92％。2005 年深圳保税区工业总产值和进出口总额分别占全国保税区的 37.9％和 34.5％。除此之外,深圳还建有“世界乐园”等著名旅游景观,每年吸引着数百万游客来此游览观光。深圳还是我国的一个重要金融中心,区内的深圳证券交易所为全国各地的企业筹资,并为全国乃至国际投资者的投资提供了方便。

7.3 出口管制措施

出口管制(Export Control)是指国家通过法令和行政措施对本国的出口贸易所实行的管理与控制。许多国家,特别是发达资本主义国家,为达到一定的政治、军事和经济目的,对某些商品,特别是战略物资与先进技术资料实行限制出口或禁止出口,称为出口管制。它也是一国对外贸易政策措施的重要组成部分。

7.3.1　出口管制的目的

1.政治原因

冷战结束以后,世界政治格局发生了新的变化,为了稳定国际新秩序,促进国际政治环境的稳定,破坏世界安定的战略行为自然要受到世界各国人民的谴责。联合国在国际事务中日益发挥着重要作用,对实行战略侵略的国家实行制裁,禁运就是迫使发动战争的国家停止侵略行为的主要措施。如伊拉克发动了对科威特的侵略战争后,联合国安全理事会便通过了对伊拉克的全面禁运决议。世界各国都必须按照联合国的禁运决议实行对这些国家的出口管制。

西方国家对实行恐怖主义的国家也实行不同形式的禁运。如利比亚造成了洛克比空难事件,美、英、法三国于1992年4月促使联合国通过决议对利比亚实行空中封锁和武器禁运。美国国务院在2003年4月30日发表了2002年度全球恐怖主义报告,古巴、伊朗、伊拉克、利比亚、朝鲜、叙利亚和苏丹等7个国家仍被美方列在支持恐怖主义的国家名单上(目前伊拉克、利比亚已从名单上删除)。

2.军事原因

为了彻底制止核战争的爆发,禁止无核国家发展核武器,国际社会通过了"核不扩散条约",各国都有义务对可能用于核武器制造的技术、装置、原料实行出口管制。

同样,国际社会对化学武器及其原材料的出口也应限制。为了稳定世界局势,对导弹等现代化武器的出口,特别是主要武器的出口国对"敏感地区"的武器出口也应予以限制。

3.经济原因

发达国家为了保护在技术上对其他国家的领先地位,对高技术及相关产品实行出口限制。为了缓和与进口国在贸易上的摩擦,在进口国的压力下,出口国实行"自动"限制出口。为了保护国内的生产秩序和资源,对某些物资的出口加以限制。

4.其他原因

如为了人权目的,禁止劳改产品出口;为了保护地球生态环境和濒危动植物,对一些物资进行全球性贸易禁运;为了国家文化发展,保护历史文物,对一些特殊商品的出口实行限制。

7.3.2　出口管制的商品

出口管制的商品一般包括:

（1）战略物资、尖端技术及其产品。如武器、军事设备、军用飞机、军舰、先进的计算机及有关技术资料、核能矿物、可用于核武器研制的技术设备、可用于生化武器研制的原料及技术设备。大多数国家对上述产品实行特种出口许可制证，严格控制出口甚至禁止出口。

（2）国内生产需要的原材料、半制成品及国内短缺的物资。如英国政府规定对某些化学品、药品、石油、可可等商品实行出口许可证制，以限量出口；日本严格控制矿产品的出口；瑞典则限制废金属、生铁等出口；中国则限制粮食的出口。

（3）某些古董、艺术品、黄金、白银等特殊商品。大多数国家对这类商品实行出口许可证制，控制出口。例如，英国规定古董或艺术品的生产或制作年代比出口期早 100 年以上的，必须领取出口许可证方能出口。

（4）为对某国实行制裁而禁止向其出口的商品。冷战时期，美国控制对苏联的粮食出口；伊拉克入侵科威特时禁止向伊拉克出口商品。

（5）为了缓和与进口国在贸易上的摩擦，在进口国的要求或压力下，"自动"控制出口的商品，如发展中国家根据纺织品"自限协定"自行控制出口。

（6）为了有计划安排生产和统一对外而实行出口许可证制的商品，如我国属于出口许可证项下的某些商品，玉米、原油、人参、轮胎、机床等（目前均已不受限制）。

（7）象牙、犀牛角、虎骨等珍稀动物药材、珍奇动物及其制品。

（8）劳改犯人生产的产品。

7.3.3　出口管制的形式

出口管制的形式主要有以下两种：

1. 单方面的出口管制

这是指一国根据本国的出口管制法案，设立专门机构对本国某些商品的出口进行审批和颁发出口许可证，实行出口管制。例如，美国商务部下设贸易管理局，专门办理出口管制的具体事务，美国绝大部分受管制的商品的出口许可证都在该局办理。

为了加快我国纺织品出口增长方式转变，稳定纺织品出口经营秩序，商务部依据《中华人民共和国对外贸易法》和《中华人民共和国行政许可法》制定了《纺织品出口临时管理办法（暂行）》。规定从 2005 年 7 月起，出口企业在获得商务部分配的出口欧盟 10 个设限类别和出口美国 21 种纺织品配额数量后，根据该《办法》，企业还必须申请领取输欧盟或输美纺织品出口许可证、输欧盟或输美国纺织品产地证和纺织品临时出口许可证。

2. 多边出口管制

多边出口管制是若干个国家政府为了共同的政治和经济目的,通过建立国际性的多边出口管制机构,商讨和编制多边出口管制货单和出口管制的国别,规定出口管制的办法等,以协调相互的出口管制政策的措施。例如,在美国策划下于 1949 年 11 月成立的巴黎统筹委员会就是一个国际性的多边出口管制机构。20 世纪 90 年代以后,由于冷战的结束,这种多边出口管制已不适用了,所以巴黎统筹委员会于 1994 年 4 月解散。

7.3.4　出口管制的机构与措施

一般说来,执行出口管制国家的机构根据出口管制的有关法案,制定管制货单和输往国别分组管制表,然后采用出口许可证,制定具体出口申报手续。现以美国为例。

美国出口管制由总统指令美国商务部执行,商务部设立贸易管理局具体从事出口管制工作。贸易管理局根据有关法案和规定,制定出口管制货单和输入国别分组管制表。在管制货单内列有各种需要管制的商品名称、商品分类号码、商品单位及其所需的出口许可证类别等。

美国出口商出口受管制的商品时,必须向商务部贸易管理局申请出口许可证。美国的出口许可证分为两类:

1. 一般许可证

根据管制货单和输往国别分组管制表,如属于普通许可证项下的商品,即按一般出口许可证的程序出口。这类商品的出口管理很松。为了便于出口,规定出口商出口这类商品,不必向商务部贸易管理局提出申请,只要在出口报关单上填明管制货单上该商品的普通许可证编号。经海关核实,就作为办妥出口手续。

2. 有效许可证

根据管制货单和输往国别分组管制表,如属于有效许可证出口的商品,出口商必须向商务部贸易管理局申请有效许可证。出口商在许可证上按管制货单的项目填写商品名称、数量、商品管制编号,并详细说明输出商品的最终用途。如再出口,须注明再出口国家和输往目的地的说明,此外,还要附上其他有关证件一起送上审批,经批准后方能出口。

我国负责该项事务的政府职能机构部门是中华人民共和国商务部许可证事务局。

➡【本章小结】

　　各国在采取各种贸易壁垒限制商品进口的同时，也采取多种措施来促进本国商品的出口。鼓励出口的措施主要有金融、财政等诸方面，如出口信贷、出口信用保险、出口信贷国家担保制、商品倾销、出口补贴、外汇倾销等。为促进一国对外贸易的发展，特别是为鼓励转口贸易、出口加工贸易的发展，许多国家都设立了自由贸易区、保税区、出口加工区等经济特区。出口管制是出于一定的目的，因而采取措施以限制这些特殊商品的出口，有单边及多边组织管制两种形式。

➡【案例分析】

"广场协议"后的日元升值及其对日本经济的影响

　　日元升值的历史，始于 20 世纪 70 年代初的布雷顿森林体制解体。但对日元升值和日本经济影响深远的则是"广场协议"。

一、"广场协议"与日元大幅度升值

　　1985 年 9 月 22 日，美、日、英、德、法五国财长会议在美国纽约的广场饭店举行。会后发表联合声明，决定五国联合行动，有秩序地使主要货币对美元升值，以矫正美元估值过高的局面。这项联合声明被称作"广场协议"。

　　广场协议后，世界主要货币对美元汇率均有不同程度的上升。就年平均汇率来看，1988 年与 1985 年相比，主要货币的升值幅度分别为：德国马克 70.5%，法国法郎 50.8%，意大利里拉 46.7%，英国英镑 37.2%，加拿大元近 11%。日元升值幅度最大，达 86.1%。

二、日元升值对日本产品在美国市场竞争力的影响

　　"广场协议"前，日本对外收支盈余急剧增加。1982、1983 和 1984 年，日本的经常项目收支盈余分别为 68.5 亿、208.0 亿和 350 亿美元；贸易盈余分别为 69.0 亿、205.3 亿和 336.1 亿美元。日本贸易盈余的绝大部分来自美国，同期，对美国的贸易盈余分别为 121.5 亿、181.8 亿和 330.8 亿美元。美国期待通过日元升值来抑制日本的出口攻势，促进日本扩大进口，纠正两国间的收支不平衡。"广场协议"之后的 10 年间，美元兑日元从 1∶250 跌到 1∶80 左右，日元升值 3 倍，导致日本出口到美国的产品价格上升 3 倍，使得日本产品在美国的竞争优势被大大削弱。例如，日本的汽车工业原来在美国竞争力很强，升值后市场

被美国汽车业又夺了回去,日企状况大不如前。

三、日元升值对日本国际收支的影响

"广场协议"以后,日本对外收支盈余的扩大之势并未减弱。1985、1988 和 1992 年,贸易顺差分别达 461.0 亿、775.6 亿和 1066.3 亿美元;同期,经常收支盈余分别为 491.7 亿、796.3 亿和 1175.5 亿美元。日本的外汇储备由 1984 年的 263.1 亿美元增加到 1990 年的 770.5亿、2000 年的 3616.4 亿美元。到 2003 年 8 月末,日本的外汇储备达 5551 亿美元。究其原因,主要在于日本的贸易结构。

在出口贸易方面,日本出口商品的 96% 以上是工业制成品。石油危机以后,日本加速向知识技术密集型的产业结构转变。在出口商品结构中,技术含量高、加工精细、附加价值高的商品所占比重进一步上升。一些产品在世界市场上具有无可替代的地位。因此,对这类商品的需求不会因日元升值而大幅度减少。

在进口贸易方面,在相当长的一段时间里,原材料占日本进口总额的 70% 以上。随着日本产业结构升级,初级加工品和劳动集约型产品在进口中的比重逐渐上升。但原材料在进口中的比重仍占 50% 左右。石油危机以后,日本的产品结构由"重厚长大"向"轻薄短小"型转变,原材料消耗呈相对减少之势。尽管日元升值使进口变得便宜,但对进口原材料的需求量不会因此而增加。

四、"广场协议"与日元升值的副作用

首先,日元升值全面抬高了日本产品的成本和价格。过去曾以物美价廉驰骋世界市场的日本产品,一下子全都变成了商品世界中的"贵族"。虽说日元升值对那些具有无可替代性的产品出口影响不大,但是,日本的出口产品中,毕竟还有相当一部分是可以替代的。日元升值会抑制国际市场对这类产品的需求,从而对生产这类产品的企业造成打击:这种打击还会通过产业链条波及其他产业,甚至有可能形成对日本经济增长的全面抑制。这就是日本政府所担心的"日元升值萧条"。

第二,日元升值降低了日本的进口价格。这固然可以使资源短缺的日本用较少的支出就可以换取所需要的资源,但是廉价的外国制成品也同时涌入日本,冲击着日本原有的产业结构。受影响最大的是那些技术含量不高、但对维持就业具有重要意义的劳动密集型产业。

第三,日元大幅度升值引起了国际投机资本的兴趣,使日元成为投机资本的炒作对象。此后,日元汇率的大起大落和日本股市的动荡,都

有国际投机资本在兴风作浪。这给日本经济带来了新的不稳定因素。

五、"广场协议"与日元升值的积极作用

首先，日元升值大大提高了日元在国际货币体系中的地位。即使在欧元诞生后，日元仍然是国际上最主要的四大货币之一，成为其他国家外汇储备中的重要币种。

第二，日元升值有助于日本克服资源对经济发展的制约。在战后的经济发展过程中，日本曾多次出现这种情况：经济快速发展→进口资源增多→触及国际收支天花板→采取紧缩政策→降低经济增长率→进口减少→国际收支恢复平衡……这种循环反复出现的根源在于资源的制约。日本是一个自然资源贫乏的岛国，其经济发展建立在进口资源的基础上。日元升值后，日本以较少的费用便可以进口足够的资源，加之产业结构升级，资源已不再是日本经济发展的制约因素。

第三，日元升值使日本的海外纯资产迅速增加。以日元升值为契机，日本的对外投资大幅度增加，在海外购置资产，建立生产基地。日本在海外的纯资产迅速增加，1986 年达 1804 亿美元，超过号称"食利大国"的英国（1465 亿美元），跃居世界第一。此后，除 1990 年外，日本一直保持了世界最大纯债权国的地位。2002 年末，日本的海外纯资产余额达 1753080 亿日元，按当年 12 月的平均汇率折算，约为 14338 亿美元，与"广场协议"前的 1984 年相比，增长了 18 倍以上。

资料来源：http://cn.biz.yahoo.com/050411/16/92q7.html

➡️【思考练习】

1. 什么是出口信贷，可分为哪两种形式？

2. 什么是商品倾销，按照具体的目的与时间，商品倾销可分为哪几种类型？

3. 什么是外汇倾销，简述外汇倾销为何能起到促进出口和限制进口的双重作用？为实现外汇倾销的目的，须具备哪两个条件？

4. 什么是保税制度？我国现行的保税制度有哪些形式？

5. 试述目前我国大陆的保税区、保税物流园区、保税港区、出口加工区在政策、功能上的异同点。

6. 什么是出口加工区，出口加工区通常有哪些优惠规定？

7. 各国为何要进行出口管制？受管制的商品主要有哪些？

8. 谈谈人民币升值对中国外贸发展的有利和不利影响。

第8章

区域经济一体化

$\gg\gg\gg\quad\gg$

区域经济一体化成为第二次世界大战后世界经济发展的主要特征之一。目前,各种形式的区域经济组织遍布世界各地,对世界经济贸易格局产生了多方面、多层次的影响。通过本章的学习,要求掌握区域经济一体化的内涵、发展状况和主要形式,了解区域经济一体化对国际贸易的影响,理解区域经济一体化的有关理论。

8.1 区域经济一体化概述

第二次世界大战之后,特别是 20 世纪 90 年代初以来,区域经济一体化一直呈现蓬勃发展的态势,世界贸易组织(WTO)的成立也未能使这一趋势减缓。根据 WTO 的官方统计,截至 2005 年 7 月,向 WTO 及其前身 GATT 通知备案的自由贸易协定总计达 330 个,其中 206 个是 1995 年 1 月 WTO 成立后备案的。

8.1.1 区域经济一体化的内涵

区域经济一体化(Economic Integration),是指在世界经济一体化过程中,两个或两个以上地理位置邻近的国家,通过让渡自己的部分经济或政治主权,建立起超国家的管理机构,以集团的力量参与国际市场竞争,对内实行贸易、投资自由化和进行经济技术合作,对外构筑种种显性或隐性的贸易壁垒,以追求地区和民族利益的思潮和行为。其结果是形成了各种形式的区域经济集团。

该概念可从制度一体化和功能一体化两个角度来理解。前者是指通过一定的条约和协定,建立起某种超国家的组织。后者是指在现实经贸领域中,由于彼此间经贸活动日益密切而导致市场扩大、各种贸易壁垒的消除所形成的一种客观的融合。它们是当代世界经济中同时发展的两个趋势,互为因果。

区域经济一体化作为世界经济领域的新现象,始终与关贸总协定和世界贸易组织所推行的"世界经济一体化"思潮相伴相生,既矛盾又统一。一方面,"地区经济一体化"使得在世界经济中产生一个个排他性的区域经济集团,是"世界经济一体化"的倒退,是贸易保护主义的一种新的综合表现形式;另一方面,"地区经济一体化"也着眼于开放市场、取消贸易壁垒、提倡自由贸易,特别是由于邻国之间利益共同点比较多,谈判成本较低,行动机制更灵活,从而加速自由贸易进程的步伐。因此,"地区经济一体化"在阻碍世界范围自由贸易发展的同时,通过拓展地区经贸合作,补充和推动了整个世界的自由贸易。

8.1.2 区域经济集团的兴起和发展历程

最早的区域经济集团可追溯到 1241 年成立的普鲁士各城邦间的"汉萨同盟",它是以德意志北部城市为基础形成的商业、政治联盟。1241 年,汉堡和吕贝克基于共同防御的目的缔结了同盟,14 世纪达到兴盛,加盟城市最多达到 160 个。1819 年,普鲁士联合部分小邦成立了北德意志关税同盟。后来,又相继成立中德和南德关税同盟。1834 年,这几个关税同盟联合组成德意志关税同盟。关税同盟内部禁止设立关卡,实行免税贸易,采用统一的货币和度量衡制度,对外作为一个经济整体实行统一税率。1910 年,南非、博茨瓦纳、莱索托、斯威士兰等英国殖民地国家成立了"南部非洲关税同盟"。为应付 20 世纪二三十年代的世界经济危机及随之爆发的"货币战"和"关税战",1922 年比利时和卢森堡建立了"比卢关税同盟"。1932 年 8 月英联邦成员国签订了《渥太华协定》,成立"英联邦特惠关税区"。但区域经济一体化真正风起云涌,成为现代经济发展中的重要现象,则是在第二次世界大战之后。

1. 1944—1979 年的第一次区域经济一体化浪潮

战后区域经济一体化的发展源于西欧,受西欧区域经济集团成立的影响,在亚非拉地区也组建了一些区域经济组织。

(1)欧洲区域成立的区域经济组织

1944 年 9 月,比利时、荷兰、卢森堡三国签订《伦敦关税协定》,并于 1948 年 1 月正式成立了"比荷卢关税同盟"。这是欧洲国家间建立的第一个关税同盟,它推动了第一次区域经济一体化浪潮的兴起。

1949 年 4 月,前苏联、保加利亚、匈牙利、波兰、罗马尼亚、前捷克斯洛伐克等社会主义国家,为打破冷战初期资本主义国家的经济封锁和巴黎统筹委员会对战略贸易的输出控制,在莫斯科成立了"经济互助委员会"(简称经互会),借以大力发展社会主义国家间的经贸关系,后来民主德国、古巴、蒙古和越南等也先后加入。经互会从成立到 1991 年 6 月解散之前,是世界上贸易额仅次于欧共体的区域性经济组织,对经互会各国间的经济交流也起到较大的促进作用。

1951 年 4 月,法国、联邦德国、意大利、比利时、荷兰和卢森堡等六国在巴黎签署《煤钢联营条约》,以防止战火刚刚熄灭的欧洲成员国利用煤钢等战略资源重整军备,从而起到安稳人心,实现地区共同繁荣的作用。1952 年 7 月,"欧洲煤钢共同体"正式成立。为加快原子能等新兴技术和产业的发展,摆脱对美国经济的严重依赖,大力发展区域内贸易自由化和经济技术合作,1957 年 3 月,六国外长云集罗马,签署了《欧洲经济共同体条约》和《欧洲原子能条约》(统称为《罗马条约》)。1958 年 1 月 1 日,"欧洲经济共同体"和"原子能共同体"正式成立。1967 年,六国又在布鲁塞尔将上述三个条约合并,宣布"欧洲共同市场"开始启动。

为了与上述六国相抗衡,落实丘吉尔首相在冷战初期提出的"三环"外交战略构想,英国积极倡导,联合瑞典、挪威、丹麦、瑞士、奥地利与葡萄牙,于 1960 年 1 月成立了由这七国组建的"欧洲自由贸易联盟",形成了西欧"七小国"与上述"六大国"贸易对峙的短期格局,随后又有芬兰、爱尔兰、冰岛等国加入欧洲自由贸易联盟。

(2)亚非拉地区组建的区域经济集团

20 世纪 60 年代后,亚非拉国家在摆脱殖民统治,取得民族独立后,为加强相互间的经贸往来,改变自身在旧有的政治经济格局中的不利地位,大力发展南南合作,先后成立了一些区域经济集团。

在拉丁美洲,从 20 世纪 50 年代初至 70 年代,先后形成了 4 个区域经济集团。一是 1960 年 12 月,由萨尔瓦多、洪都拉斯、危地马拉和尼加拉瓜四国正式签署《中美洲经济一体化总条约》,1962 年 8 月随着哥斯达黎加在危地马拉城正式签字,"中美洲共同市场"正式成立。二是 1960 年 2 月,巴西、墨西哥、阿根廷、智利、秘鲁、巴拉圭和乌拉圭七国签署《蒙得维的亚条约》,组成"拉美自由贸易协会"。之后,哥伦比亚、厄瓜多尔、委内瑞拉和玻利维亚等国陆续加入拉美自由贸易协会。三是 1969 年 5 月,哥伦比亚、智利、厄瓜多尔、秘鲁、玻利维亚五国在卡塔赫纳签署《安第斯区域一体化协定》,安第斯集团正式成立,委内瑞拉于 1973 年加入。四是加勒比共同市场,其前身是 1968 年成立的"加勒比自由贸易协定",1973 年,巴巴多斯、牙买加等四国签署《查瓜拉马斯条约》,改称加勒比共同体,之后又有伯利兹、多米尼加等9个成员先后加入。

在非洲,区域经济集团也如雨后春笋般涌现。一是1949年南非与罗得西亚(今津巴布韦)关税同盟,是发展中国家按《GATT》第24条款登记的第一个区域经济集团。二是1964年喀麦隆、中非、刚果、加蓬、乍得和赤道几内亚等6个法语国家成立"中非关税同盟"。三是1967年,肯尼亚、坦桑尼亚、乌干达三国决定成立"东非经济共同体",之后三国又与苏丹、赞比亚两国成立"东非关税同盟",并与欧洲经济共同体签订《阿鲁沙条约》,成为欧洲共同市场的免税成员国,享受关税特惠待遇。四是1970年5月,象牙海岸(今科特迪瓦)、尼日尔、马里、塞内加尔、毛里塔尼亚等国在巴马科举行首脑会议,成立"西非国家关税同盟"。1973年上述五国和贝宁、布基纳法索等七国建立了"西非经济共同体"(CEAO)。同年,利比亚、塞拉利昂两国成立"马洛河同盟"(MRU)。1975年5月28日,为整合CEAO与MRU两个区域经济集团及接纳尼日利亚、加蓬、赞比亚、加纳、多哥、几内亚比绍等新成员国入盟,西非15国首脑在拉各斯召开会议,签署了《西非国家经济共同体条约》,"西非国家经济共同体"正式成立,成为当时非洲最活跃的区域经济集团。

在中东地区,1964年,阿拉伯国家联盟签订了《建立阿拉伯共同市场协议》,约定在一定程度上和一定范围内逐步开展自由贸易,其成员国有埃及、伊拉克、科威特、约旦和叙利亚。

在东南亚地区,1967年8月,印尼、马来西亚、菲律宾、新加坡和泰国在曼谷举行会议,发表《东南亚国家联盟宣言》(即《曼谷宣言》),宣告东盟(Association of Southeast Asian Nations,ASEAN)正式成立。

在20世纪70年代以后,由于受全球经济危机的影响,区域经济一体化浪潮开始回落。

2. 1980年以来的第二次区域经济一体化浪潮

20世纪80年代以来,以欧共体统一大市场计划为先导,以北美自由贸易协定和亚太经合组织为两翼,以亚非拉众多发展中国家和前苏联中东欧国家构建的中小区域集团为后续,在世界范围内掀起势头更猛、程度更深、范围更大的第二次区域经济一体化浪潮。

(1)欧洲统一大市场的建立和欧元的正式启动

20世纪60年代欧洲共同农业政策、共同财政政策的成功实施使欧共体完成了第一次扩大,1973年随着英国、爱尔兰和丹麦从欧洲自由贸易联盟的"临阵叛逃",欧共体从六国扩充为九国,经济实力实现了"赶美超苏",影响力大为增强。经过多年努力,于1993年正式建成欧洲统一大市场。同时通过第二次、第三次、第四次横向扩大和两德统一,欧共体先后吸收希腊、西班牙、葡萄牙、奥地利、芬兰和瑞典等国家,至1995年,其成员国增至15国。

1991年12月10日,欧共体首脑会议在荷兰小城马斯特里赫特召开,通过了《欧洲联盟条约》,包括《欧洲经济货币联盟条约》和《欧洲政治联盟条约》(统称《马斯特里赫特条约》,简称《马约》),同时决定将欧共体改称为欧洲联盟。

1995年12月,在马德里举行的欧盟首脑会议决定将欧洲单一货币定名为欧元,并于1999年1月正式启动。欧元的正式启动标志着欧洲经济一体化走向最高阶段。

随着冷战结束和欧洲两极对垒格局的崩溃,欧盟趁势提出向中东欧地区扩展的战略意图,准备适时填补苏联解体和经互会解散后所出现的"真空地带",从而实现统一欧洲的梦想,以便与美、日、俄、中等大国相抗衡。从1998年3月起,欧盟启动与塞浦路斯、匈牙利、捷克、爱沙尼亚、拉脱维亚、立陶宛、马耳他、波兰、斯洛伐克和斯洛文尼亚10个中东欧国家的入盟谈判。2002年12月,欧盟首脑会议决定结束与10国的谈判,正式邀请10国于2004年入盟。2004年5月1日,上述10国正式成为欧盟的成员国,此次扩大后的欧盟成员国增至25个,人口增至约4.5亿,整体国内生产总值将增加约5%,经济总量与美国不相上下。2004年12月,欧盟首脑会议在布鲁塞尔决定,罗马尼亚和保加利亚将于2005年4月签订入盟条约并于2007年成为欧盟正式成员国。此外,克罗地亚和马其顿已经正式提出加入欧盟的申请。

(2)从北美洲自由贸易区到美洲自由贸易区

一向推行"多边主义",反对区域经济一体化的美国也一反常态,于1985年迅速同以色列签订首个自由贸易协定,狂热地投身到此次区域经济一体化浪潮中,成为本次浪潮中最为瞩目的角色之一。

1985年3月,美加两国也开始了建立自由贸易区的协商和谈判。1988年1月,两国正式签署了《美加自由贸易协定》,1989年1月"美加自由贸易区"正式启动。1991年6月,美加墨三国开始就建立自由贸易区中市场准入、贸易规范、劳务投资、知识产权等6项关键性议题举行谈判,并于1992年底,三国首脑签署了《北美自由贸易区协议》。经三方议会批准后,1994年1月,"北美自由贸易区"(North American Free Trade Area,NAFTA)宣告成立。北美自由贸易协定开创了发达国家与发展中国家共同组建区域经济集团的先例,也开创了南北合作的一种新途径和新框架。

但是,建立北美自由贸易区仅是美国建立"美洲自由贸易区"(AFTA)战略构想的第一步,其最终目标是建立世界上面积最大、包括34个国家、GDP达14

万亿美元、拥有 8 亿人口的"美洲自由贸易区"。从 19 世纪初《门罗宣言》发表以来，拉美一直被认为是美国人的"后院"。如今拉美是美国产品、劳务及资本输出增长最快的地方，也是美国唯一有贸易顺差的地方，建立美洲自由区必将为美国开辟新的巨大市场，为美国经济持续增长和创造更多就业机会提供良机。为此，从 1990 年以来，美国历任总统都为此付出努力。1998 年 4 月，第二届美洲首脑会议在圣地亚哥召开，宣布关于建立美洲自由贸易区的谈判正式启动。从近些年谈判过程中的矛盾分歧可以看出，建立美洲自由贸易区的道路，将是合作与冲突并存的荆棘之路。

（3）亚太经合组织开创了"开放式地区主义"先河

作为全球最大的区域经济组织，亚太经合组织酝酿的时间也很早。1966 年日本教授小岛清发表《太平洋经济共同体与亚洲发展中国家》一文，意欲借鉴欧共体成功经验，在日、美、加、澳大利亚和新西兰五个太平洋国家间建立自由贸易集团。之后五国民间成立了"太平洋经济理事会"和"太平洋贸易与发展会议"等一系列组织进行研讨，并召开著名的"太平洋经济合作会议"进行半官方交流。1989 年 11 月，在澳大利亚总理霍克的提议下，亚太地区 12 国 27 位外交部长、经济部长在堪培拉举行了首届"亚太经济合作组织部长"会议，标志着亚太经合组织（Asia-Pacific Economic Cooperation，APEC）正式成立。

当前，APEC 面临着来自外部和内部的巨大挑战。从内部看，其公开论坛的特点和首脑会议的非正式性使之不能把自己搞成一个贸易集团，不能用强制性措施和谈判手段来落实战略目标，APEC 一直维持松散的非制度性状态。从外部因素看，地区主义浪潮在全球的再度复兴导致众多跨区域经济集团、次区域经济集团和双边自由贸易区的出现，使各成员降低了 APEC 贸易投资自由化、便利化和经济技术合作的热情。

（4）发展中国家区域经济集团再度复兴

①拉美区域。在拉美，20 世纪 80 年代以来，区域经济集团向纵深方向大力发展。

1980 年 8 月，拉美地区最大的区域集团"拉美自由贸易区"11 个成员国正式签订第二个《蒙得维的亚条约》，将自己更名为"拉美一体化协会"。1995 年 12 月，又确定该协会的基本职能是为次区域经济集团和双边自由贸易协定提供方便，促进区域内安第斯条约组织、南方共同市场、三国集团（G3，由墨西哥、委内瑞拉和哥伦比亚于 1994 年 6 月建立）等次区域经济集团之间的协作，推动美洲地区一体化进程。

中美洲共同市场在 1986 年签订"埃斯基普拉斯协议"后也重新焕发了生机。

为加速地区经济一体化,1990 年通过了《安提瓜声明》和《中美洲经济行动计划》,决定从 1992 年年底起,成员国实行对外统一关税和农业行动计划,建立自由贸易区,并争取尽早建成经济共同体。

加勒比共同体进入 90 年代后,经济合作也渐趋活跃。1994 年 7 月在加勒比共同体基础上成立了加勒比国家联盟,共有 25 个独立成员国和 12 个非独立成员国参加。1997 年,牙买加蒙特哥贝首脑会议又决定从 1999 年起开始在该地区创建统一市场。

拉美国家间双边自由贸易区在进入 20 世纪 90 年代以后也得到了迅速的发展。1991 年 9 月,墨西哥、智利两国签订了自由贸易协定。1994 年起,墨西哥与哥斯达黎加、玻利维亚、尼加拉瓜、萨尔瓦多、危地马拉、洪都拉斯和欧盟分别签订了自由贸易协定。1991 年起,智利则与阿根廷、委内瑞拉、哥伦比亚、玻利维亚、厄瓜多尔、加拿大、秘鲁、韩国分别签订了双边自由贸易协定,并加快与美国、欧盟、日本的双边自由贸易谈判。这种纵横交错的双边自由贸易协定对推动整个拉美地区的贸易自由化以及地区经济合作发挥了重要作用。

②非洲区域。在非洲,"中非关税同盟"6 国和扎伊尔等中部非洲 10 国首脑于 1983 年 10 月在加蓬首都利伯维尔举行会议,成立"中非国家经济共同体",成员国增至 10 国。

1996 年 3 月,东非经济共同体三国成立了"东非合作组织"。2000 年 7 月,三国决定对本地生产和出口的所有产品免除关税,并着手筹建"维多利亚湖经济区"。

1992 年 8 月,南部非洲 11 个国家组成"南部非洲共同体"。1994 年 8 月,南非加入该共同体,为其注入了新的活力。1994 年 12 月,南部非洲共同体的部分成员又和另外一些国家一起组建了东南非共同市场,目前该组织共有 19 个成员国。

1994 年成立的"西非经济货币联盟"(基于西非货币联盟)是西非地区乃至整个非洲大陆最活跃、最具影响力的区域经济组织之一。联盟拥有统一的货币(非洲金融共同体法郎,与欧元直接挂钩),集中使用和管理外汇,并于 2000 年起正式启动关税同盟。现有贝宁、布基纳法索、科特迪瓦等 8 个成员国。

"西非国家经济共同体"在目前仍是非洲最大的区域性经济多边合作组织,现有 16 个成员国。在 2003 年召开的 27 届首脑会议上号召成员国加快自身发展,力争到 2008 年建立西共体关税同盟,并宣布将启动冈比亚等 5 国组成的第二货币区("西非经济货币联盟"是它的次区域经济组织),为 2007 年发行西非地区单一货币做准备。

③亚洲区域。在东南亚,20世纪80年代中期以后,随着地区主义的再度复兴,东盟认为有必要进一步加强内部的经济合作,提高合作的层次和水平,扩大合作的领域。1988年后,随着文莱、越南、柬埔寨、缅甸、老挝先后加入东盟,东盟已发展为一个拥有10个成员国的区域经济组织,预计到2015年,所有成员国将实现贸易自由化。

2001年11月6日,在文莱的斯里巴加湾,中国总理朱镕基与东盟领导人一致同意在10年之内建成中国—东盟自由贸易区。2002年11月4日,中国总理朱镕基与东盟十国领导人共同签署了《中国—东盟经济合作框架协议》,这标志着中国与东盟的经贸合作进入了一个新的阶段。2004年11月29—30日在老挝首都万象召开的中国东盟首脑会议上,中国国务院总理温家宝与东盟十国领导人共同签署了《中国—东盟全面经济合作框架协议货物贸易协议》以及《争端解决机制协议》。自2005年7月20日,按照中国—东盟自贸区《货物贸易协议》规定的时间表,中国与东盟的货物贸易降税计划全面启动。中国—东盟自由贸易区建立后,形成一个具有17亿消费者、近2万亿美元区内生产总值和1.2万亿美元贸易总量的经济区。按现有经济规模计算,它仅次于北美自由贸易区和欧盟,是全球最具潜力的自由贸易区。

在南亚,1985年12月,印度、巴基斯坦等七国成立"南亚区域合作联盟"。1997年5月,南亚联盟会议决定,将在南亚联盟基础上,2001年起启动南亚自由贸易区,并积极筹建印度洋经济圈。

亚洲地区双边自由贸易也得到了一定的发展。目前对外谈判最活跃的国家当属新加坡。1999年9月,在出席APEC奥克兰非正式首脑会议期间,新加坡就与新西兰、墨西哥、美国、加拿大、澳大利亚、智利、印度、日本和韩国积极商谈双边自由贸易谈判事项,并已与新、墨、日三国签订了双边自由贸易协定。韩国、日本则是另外两个行动积极的国家。1998年以来,韩国已选定与日本、智利、墨西哥、加拿大等国开展双边自由贸易谈判,日本则选定韩国、新加坡、美国、墨西哥等开始自由贸易谈判。此外,日韩、中日韩双边自由贸易谈判也在积极酝酿中。

亚洲区域经济一体化近况见表8.1。

表 8.1 亚洲区域经济一体化概况表

日 本	已签署:新加坡、墨西哥 洽签中:泰国、马来西亚、印度、菲律宾 研议中:ASEAN、智利、印尼、文莱、中日韩自由贸易区、韩国、澳大利亚、ASEAN＋中日韩自由贸易区
韩 国	已签署:智利、新加坡、北欧四小国 洽签中:加拿大、ASEAN 研议中:ASEAN、中国、日本、美国、新西兰、ASEAN＋中日韩自由贸易区
新加坡	已签署:日本、新西兰、欧洲自由贸易协会、澳大利亚、美国、约旦、韩国、巴林、吉尔吉斯、智利、文莱、[新西兰、新加坡、智利、文莱]4国自由贸易区 洽签中:加拿大、墨西哥、印度、伊朗、[新加坡、智利、新西兰]3国自由贸易区 研议中:欧盟、中国
新西兰	已签署:澳大利亚、新加坡、[新西兰、新加坡、智利、文莱]4国自由贸易区 洽签中:中国、泰国、澳大利亚—新西兰紧密关系协定、中国香港、[新加坡、智利、新西兰]3国自由贸易区 研议中:韩国、智利
澳大利亚	已签署:新西兰、新加坡、泰国、美国 洽签中:澳大利亚—新西兰紧密关系协定 研议中:日本
中国香港	已签署:《中国大陆与香港关于建立更紧密经贸关系的安排》(CEPA) 洽签中:新西兰 研议中:内地、中国香港、中国澳门自由贸易区
ASEAN	已签署:东盟自由贸易协定(AFTA)、ASEAN＋中国自由贸易区 洽签中:《澳大利亚—新西兰更为紧密的经济关系贸易协定》(CER) 研议中:ASEAN＋日本 、ASEAN＋韩国、ASEAN＋印度、ASEAN＋欧盟、ASEAN＋美国
泰 国	已签署:巴林、澳大利亚 洽签中:智利、墨西哥、秘鲁、印度、日本、新西兰 研议中:美国
中 国	已签署:中国—香港CEPA、中国—澳门CEPA 、上海合作组织、中国＋ASEAN自由贸易区 洽签中:新西兰、智利 研议中:内地、香港、澳门自由贸易区、中日韩自由贸易区、中韩自由贸易区、中国印度自由贸易区、中国巴基斯坦自由贸易区

资料来源:郭建中:《亚太区域经济组织发展与台湾的选择》,其中内容截至2004年6月。

④中东区域。在中东,1981年沙特、阿联酋等六国成立"海湾阿拉伯国家合

作委员会"（简称海合会）。1999 年 11 月,海合会六国就统一进口税率达成协议。根据协议,进口商品将分成三大类:免税商品、基本商品和其他商品。税率分别为 0、5.5％、7.5％。从 2005 年 3 月起,海合会成员将使用统一的海关,彻底消除贸易障碍。2001 年 3 月,摩洛哥、约旦、突尼斯、埃及等国外长签署一项声明,宣布建立一个包括地中海沿岸 10 个阿拉伯国家在内的"阿拉伯自由贸易区",并将在此基础上实现阿拉伯国家联盟在安曼首脑会议上提出的建立"阿拉伯共同市场"的目标。

(5)苏联和中东欧国家的地区主义浪潮开始涌动

1991 年 12 月,苏联解体,独联体正式成立。之后,随着激进私有化改革的推行,各国间原有的经济联系被政治独立强行割断,经济危机进一步加深。为缓解经济衰退,寻求各国在经济上的合作,1993 年 5 月,其中的 9 个成员国签署了《加速经济一体化宣言》。1994 年又有支付同盟和关税同盟等多个一体化协定签订。1996 年通过了近 30 项加强政治、经济一体化的协定。1998 年,独联体关税联盟成员国签署了《关税联盟和统一经济空间条约成员国元首莫斯科声明》,决定实施共同商品、服务、资本和劳动力计划,协调税务、信贷、金融、贸易、关税和外汇政策。

随着独联体一体化进程的加快,次区域经济集团也得到了迅速发展。1992年,阿塞拜疆、哈萨克、乌兹别克、吉尔吉斯、塔吉克、阿富汗等国加入了"中亚和西亚经济合作组织"。1995 年,俄罗斯、白俄罗斯和哈萨克三国组成三方关税同盟,中亚的哈萨克、吉尔吉斯、乌兹别克三国则组成"共同经济区"。1996 年,俄罗斯、白俄罗斯两国签署了《建立国家共同体条约》,俄罗斯、白俄罗斯、哈萨克、吉尔吉斯四国签署了《加深经济和人文领域一体化的条约》。

在中东欧地区,除波兰、捷克、匈牙利等 10 国加入欧盟外,双边自由贸易谈判近年也在如火如荼般展开。1992 年 6 月,希腊、阿尔巴尼亚、罗马尼亚、保加利亚、俄罗斯、乌克兰、摩尔多瓦、亚美尼亚、阿塞拜疆、格鲁吉亚、土耳其等国在伊斯坦布尔成立了"黑海经济合作区"。2001 年 1 月,以色列同罗马签订的自由贸易协定,规定在 2004 年消除一切贸易障碍,建成一个商品劳务和生产要素均能自由流动的自由贸易区。这些必将从另一个角度加快中东欧地区的贸易自由化和经济发展进程。

8.2 区域经济一体化的主要形式

按照经济一体化发展程度的高低,区域经济组织有优惠贸易安排、自由贸易区、关税同盟、共同市场、经济联盟和完全的经济一体化等六种类型。

8.2.1 优惠贸易安排

优惠贸易安排(Preferential Trade Arrangements)是指在成员国之间通过签署优惠贸易协定或其他安排形式,对其全部贸易品或部分贸易品互相提供特别的关税优惠,对非成员国之间的贸易则设置较高的贸易壁垒——一种区域经济安排。这是区域经济一体化组织最松散、最低级的形式。最典型的例子是英国与其自治领成员于 1932 年建立的英联邦特惠制。就中国而言,2004—2005年与巴基斯坦实行《中国—巴基斯坦优惠贸易安排》(2006 年起并入《中国—巴基斯坦自由贸易协定"早期收获"协议》,并继续执行)。不过,由于该种形式一体化程度较低,如今许多区域经济集团大多直接以自由贸易区为起点进行经济一体化。

8.2.2 自由贸易区

自由贸易区(Free Trade Area)是指在两个或两个以上的国家或行政上独立的地区经济体之间通过达成自由贸易协议,相互取消进口关税和非关税壁垒,但对非成员方仍保留独立的贸易保护措施而形成的一种经济一体化组织。其重要特征有二:一是区域集团内部的自由贸易,即经过一定的过渡期后,成员彼此间绝大多数商品的进口关税均应降为零;二是成员经济体之间没有共同对外关税。

当前最典型的自由贸易区是由美国、加拿大、墨西哥在 1994 年成立的北美自由贸易区(NAFTA)。至 2005 年底,我国已达成的自由贸易区有四个:港、澳CEPA、中国东盟和中国智利自贸区。此外,已启动与新西兰、海湾合作委员会、巴基斯坦("早期收获"计划已于 2006 年 1 月 1 日开始实行)、澳大利亚、南部非洲关税同盟这 5 个自由贸易协定谈判。

8.2.3 关税同盟

关税同盟（Customs Union）是指在自由贸易区的基础上，两个或两个以上成员方通过签署协议，彼此之间减免关税，并对非成员方实行统一的进口关税或其他贸易政策措施的一种区域经济一体化组织。其特点是成员国间在相互取消进口关税的基础上，设立共同对外关税。因此，关税同盟对成员经济体的约束力比自由贸易区大，具有一定的超国家性质。

关税同盟的构想最早是由 19 世纪德国经济学家李斯特提出的。在历史上，1834 年建立并逐步发展扩大的德意志关税同盟，是较早出现的关税同盟组织。此外还有 1865 年建立的法国和摩纳哥关税同盟，1924 年瑞士和列支敦士登公国建立的关税同盟，1948 年比利时、荷兰、卢森堡建立的关税同盟，1958 年欧洲经济共同体各国缔结的关税同盟，1960 年建立的欧洲自由贸易联盟，以及中非关税及经济联盟和南部非洲关税同盟等等。

当然，关税同盟也具有某种局限性，它只解决了成员之间边境上的商品流动自由化问题。当某一成员国商品进入另一个成员国境内后，各种国内限制措施仍然构成了自由贸易的障碍。因此，解决这一问题的最好办法是向"共同市场"迈进。

8.2.4 共同市场

共同市场（Common Market）是指在两个或两个以上的成员方之间，不仅完全取消关税和非关税壁垒，建立共同对外关税，实现自由贸易，而且还实现服务、资本和劳动力等生产要素的自由流动。

服务贸易的自由化意味着成员国之间在相互提供通讯、咨询、运输、信息、金融和其他服务方面实现自由，没有人为的限制；资本的自由流动意味着成员国的资金可以在共同体内部自由流出和流入；劳动力的自由流动意味着成员国之间要实施统一的技术标准、统一的间接税制度，并且协调各成员国之间同一产品的课税税率，协调成员方市场管理的法规，以及实现成员国学历的相互承认等。共同市场最典型的例子是 20 世纪 70 年代的欧洲共同市场。

共同市场的建立需要成员国让渡多方面的权利，包括进口关税的制定权、非关税壁垒，特别是技术标准的制定权、国内间接税税率的调整权、干预资本流动权，等等。但由于各成员国经济有差别，统一的干预政策往往难以奏效，超国家的一体化组织的干预能力也很有限，因而成员方之间生产要素自由流动的中介——货币的统一就显得尤为必要。

8.2.5 经济同盟

经济联盟(Economic Union)是指在成员方之间不但废除了贸易壁垒,建立了统一的对外贸易政策进口关税制度,实现了商品、生产要素的自由流动,而且在协调的基础上,各成员方还制定和执行了许多共同的经济政策,并采取某些统一的社会政策和政治纲领,从而将一体化的程度从商品交换扩展到生产、分配乃至整个国民经济的一种区域经济组织。

经济联盟的主要特征是成员方之间在形成共同市场的基础上,进一步协调它们之间的财政政策、货币政策和汇率政策,一些超国家的机构(如议会和中央银行)开始出现并行使相应职能。由于货币往往与财政政策、货币政策和汇率政策等宏观政策密切相关,当这些政策的协调达到一定的程度,以至需要建立统一货币时,此时的经济联盟又称为经济货币联盟。

经济联盟与共同市场最大的区别是各成员方必须把许多经济主权移交给超国家的机构统一管理,这意味着各成员国要让渡使用宏观经济政策干预本国经济运行的权利。不仅要让渡干预内部经济的财政和货币政策,也要让渡干预外部经济的汇率政策。

经济联盟较典型的例子是 1960 年 11 月正式成立的比荷卢经济联盟。目前最著名的是欧洲联盟。

8.2.6 完全的经济一体化

完全的经济一体化(Perfectly Economic Integration)是指成员方在实现了经济联盟的基础上,进一步实现经济制度、政治制度和法律制度等方面的协调、乃至形成统一的经济体的一体化组织形式,它是经济一体化的最终和最高阶段。

完全的经济一体化的特征是:形成一个类似于国家的经济一体化组织。就其过程而言是逐步实现经济及其他方面制度的一体化。从结果上看,完全经济一体化的形式主要有两种:一是邦联制,其特点是各成员方的权利大于超国家的经济一体化组织的权利,如将来的欧盟;二是联邦制,其特点是超国家的经济一体化组织的权利大于各成员方的权利,形成类似于一个联邦制的国家。

优惠贸易安排、自由贸易区、关税同盟、共同市场、经济联盟和完全的经济一体化是处于不同层次上的区域经济一体化形式,但并不意味着由低级形式向高级形式发展的必然性。各成员方应根据自身的具体情况决定经过一段时期的发展是停留在原有的形式上还是向高级组织形式发展,关键是权衡自己的利弊得失。

8.3 区域经济一体化理论

第二次世界大战后,区域经济一体化发展迅猛,引起了许多经济学家对其进行研究探讨,形成了一些理论。其中最具代表性的是关税同盟理论、大市场理论和协议性国际分工。

8.3.1 关税同盟理论

关税同盟是区域经济一体化中比较成熟和稳定的一种形式,它对内实行贸易自由化,对外筑起统一的贸易壁垒,充分显示出贸易集团的内外有别的性质。关税同盟理论是以贸易创造效应和贸易转移效应来说明贸易集团成立后所产生的主要经济影响。对关税同盟进行系统的理论分析的学者主要有美国普林斯顿大学经济学教授范纳(Jacob Viner)和李普西(K. G. Lipsey)。

1. 关税同盟的静态效应

关税同盟的静态效应主要有贸易创造效应、贸易转移效应及贸易扩大效应等。

(1)贸易创造效应(Trade Creating Effect)

贸易创造效应是指缔结关税同盟后,因成员国之间相互减免关税而带来的同盟内部的贸易规模扩大与生产要素重新优化配置所形成的经济福利水平提高的效果。在此,贸易创造表现为由于关税同盟内实行自由贸易后,产品从国内成本较高的企业生产转往成本较低的成员国生产,从而使进口增加,新的贸易得以"创造"。现举例说明(见图 8.1)。

假设某一商品在 A 国、B 国、C 国用同一货币表示时的价格(既可代表生产成本,亦可代表市场销售价格)分别为 35 元、26 元、20 元。由图可知,在 A 国与 B 国/C 国缔结关税同盟前,A 国凭借征收 100% 的高关税有效地阻止了从 B 国/C 国进口该商品,A 国与 B 国/C 国之间的贸易因高关税而阻断。现假设 A 国与 B 国建立关税同盟,相互取消进口关税。A 国便停止该商品的生产改为从 B 国进口来满足国内的需求,把生产该商品的资源用于生产其他商品,这样就提高了本国资源的利用效率;对 B 国而言,由于 A 国市场上所消费的该商品也改由它来生产,则其生产规模扩大、生产成本降低,可获得规模经济收益。

由以上分析可知,贸易创造效果表现在:①形成新的国际分工。由于取消了

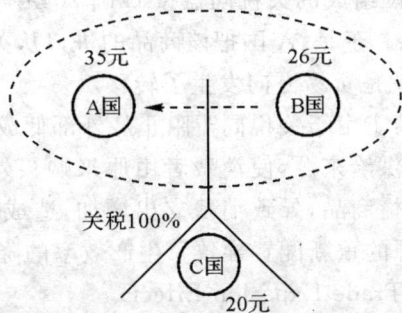

图 8.1 贸易创造效应示意图

关税,每一成员国由原来生产并消费本国的高成本、高价格产品,转向购买其他成员国的低成本、低价格产品,彼此间重新进行分工并形成专业化生产。②提高生产效率,降低生产成本。从每一成员国看,扩大的贸易取代了本国的低效率生产;从同盟整体看,生产从高成本的地方转向低成本的地方,同盟内部的资源得以重新优化配置,提高了要素的利用效率。

(2)贸易转移效应(Trade Diverting Effect)

贸易转移效应是指缔结关税同盟后,由于对内减少贸易壁垒,对外实行保护贸易,导致某成员国从世界上生产效率最高、成本最低的国家进口,转向同盟内生产效率最高、成本最低的国家进口,由此造成整个社会财富浪费和经济福利水平下降的效果。在此,贸易转移表现为由于建立了关税同盟,成员国之间的相互贸易取代了成员国与非成员国之间的贸易,导致从外部非成员国较低成本的进口转向从成员国较高成本的进口,发生“贸易转移”。现举例说明(见图 8.2)。

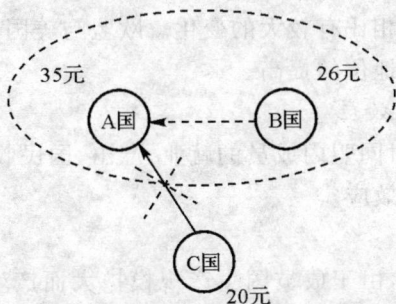

图 8.2 贸易转移效应示意图

由图 8.2 所示,在 A 国与 B 国缔结关税同盟前,如果 A 国自由选择从 B 国、C 国进口,自然而然会从成本和价格最低的 C 国进口。在 A 国与 B 国缔结关税同盟后,假定 A 国和 B 国组成的关税同盟按 C 国 20 元与 B 国 26 元的差距,制订 30％以上的统一关税。于是,A 国把该商品的进口从关税同盟以外的 C 国转移到同盟内的 B 国,这就是贸易方向发生了转移。

贸易转移的效果是:①由于关税同盟阻止从外部低成本进口,而以高成本的供给来源代替低成本的供给来源,使消费者由原来购买外部的较低价格商品转向购买成员国的较高价格商品,导致消费支出增加,造成福利损失;②从全世界的角度看,这种生产资源的重新配置导致了生产效率的降低和生产成本的提高。

(3)贸易扩大效应(Trade Expasion Effect)

成立关税同盟后,A 国该商品的价格在贸易创造和贸易转移的情况下都比成立前要低。这样,当 A 国该商品的需求弹性大于 1 时,则 A 国该商品的需求会增加,并使其进口数量增加,扩大双方贸易。它是从需求方面来分析关税同盟成立后的效应问题,这有别于贸易创造效应和贸易转移效应,它们是从生产角度来分析关税同盟成立后的效应问题。

(4)可减少行政支出

建立关税同盟后,同盟内成员彼此废除关税,可以减少征收关税时的行政支出费用。

(5)可减少走私

关税同盟成立后,商品可在同盟国间自由流动,在同盟内消除了走私产生的来源,也因此可以减少查禁走私的费用支出。

(6)可增强集体谈判力量

关税同盟成立后,集团整体经济实力大大增强,统一对外进行关税减让谈判,有利于同盟成员国地位的提高和贸易条件的改善。如欧共体成立前后,成员国与美国所处谈判地位相比有较大的变化。欧盟与美国围绕农产品贸易而形成的对抗充分反映了欧盟地位的提高。

2. 关税同盟的动态效应

关税同盟成立后,对同盟内成员的就业、产出、国民收入等方面产生的影响,被称为关税同盟的动态效应。

(1)规模经济效应

指关税同盟成立后,由于成员国生产规模扩大而产生的效应。关税同盟成立后,成员国国内市场向统一的大市场转移,自由市场扩大,从而使成员国在适当生产规模条件下获取规模经济效益。

(2)促进竞争效应

指同盟成员国相互取消关税后迫使厂商参与竞争而产生的效应。降低或取消关税并扩大市场,会导致同盟内部竞争加剧,专业化分工加深,从而提高生产效率和经济福利。它们将尽力提高技术,更新设备,加强内部管理,优化公司组织形式,直到联合或合并,以增强竞争力。

(3)刺激投资效应

指关税同盟建立后引起投资增长而产生的效应。关税同盟的成立,将引起自由市场扩大,专业生产企业的生产规模扩大,竞争程度增强以及对技术进步的需要。这些是吸引投资、刺激投资的重要因素。不仅刺激成员国自身企业增加投资,也吸引非成员国的企业进来投资。

(4)促进技术进步

关税同盟成立后,市场扩大、竞争加强、投资增加、生产规模扩大等因素,均可以使厂商增加研发投资,从而导致技术不断进步。

(5)优化资源配置

关税同盟成立后,市场趋于统一,资本、劳动力和技术等生产要素可以在成员国自由流动,在要素价格均等化定律的作用下,技术、劳动力和资本从边际生产率低的地区流向边际生产率高的地区,从而人尽其才、物尽其用。资源的优化配置还能促使企业家精神在关税同盟成员方之间传播和发扬,促进管理创新和制度创新。这些都将使生产要素配置更加合理,实现资源的最佳配置。

8.3.2 大市场理论

大市场理论主要是针对共同市场提出的。其代表人物是西托夫斯基(T. Scitovsky)和德纽(J. F. Deniau)。该理论观点可概括为:

1. 共同市场的组建有助于打破市场割据,获得规模经济效益

在组建区域经济集团之前,各国为了本国的狭隘利益而实行贸易保护政策,把国际市场分割成块,企业面对的是细小且缺乏弹性的市场,无法实现规模经济和大批量生产的利益;而在共同市场组建后,就能把分散、孤立的小市场统一起来,实现大批量生产、专业化分工和技术的广泛运用,进而获得规模经济效益。

2. 共同市场的组建可激发竞争,促使经营观念和制度环境发生转变,获得规模经济

形成共同市场以后,自由贸易和生产要素的流动,将使各成员国厂商面临激烈的竞争,从而促使劳动生产率的提高和生产成本的下降,并刺激新技术的开发和利用,而产品成本和价格的下降又会扩大消费需求,从而出现大市场→竞争激化→大规模生产→大量消费的良性循环。在这样的环境下,规模较小、实力较弱的企业将逐渐被淘汰,只有大企业才能生存下来,并进入规模经济为主导、市场

扩大、竞争加剧的良性循环中。

大市场理论的核心内容主要是规模经济和激化竞争。规模经济是大市场的结果,而要获得这一结果只能通过自由竞争的途径,因而激化竞争才是大市场的目标,并通过规模经济为激化竞争创造条件。

8.3.3　协议性国际分工理论

协议性国际分工理论是由日本学者小岛清提出的。

协议性国际分工是指一国放弃某种商品的生产并把国内市场提供给另一国,而另一国则放弃另一种商品的生产并把国内市场提供给对方,即两国达成互相提供市场的协议,实行协议性分工。协议性分工不能指望通过价格机制自动地实现,而必须通过当事国的某种协议才能实现。如拉美中部共同市场由国家间计划决定分工,制定统一产业政策,是典型的协议性国际分工。

协议性国际分工原理是建立在生产成本长期递减理论基础上的。国与国之间的分工格局并不是因为各自在生产某种产品上具有较低成本,即不是由比较成本的价格竞争原理决定的,而是由于在一体化的范围内,若能互相提供市场,实行分工,就可以实现规模经济,导致分工商品生产成本递减,双方都能买到价格低廉的商品。

达成协议性分工须具备下列条件:

(1)参加协议的国家生产要素禀赋没有太大差别,工业化水平和经济发展水平相近,因而协议性分工的对象商品在哪个国家都能进行生产。

(2)作为协议性分工对象的商品,必须是能够获得规模经济的商品,一般是重工业、化学工业等商品。

(3)每个国家自己实行专业化的产业和让渡给对方的产业之间没有优劣之分,否则不容易达成协议。这种产业优劣主要决定于生产规模扩大后的成本降低率和随着分工而增加的需求量及需求年增长率。

上述三个条件表明,经济一体化必须在同等发展阶段的国家之间建立,而不能在工业国与初级产品生产国这样发展阶段不同的国家之间建立;同时也表明,在发达工业国家之间,可以进行协议性分工的商品范畴较广,因而利益也较大。

8.4 区域经济一体化对国际贸易的影响

区域经济一体化已成为当代世界经济发展的普遍现象和共同趋势,在世界经济体系中起着举足轻重的作用。其影响和作用,总体上看是积极的,特别是对成员国的经济贸易有很大的推动作用,但对非成员国、对发展中国家的经济贸易的发展则会产生不利的影响。

8.4.1 促进了集团内部贸易的迅速增长

区域经济组织成立之后,通过削减甚至免除关税、取消数量限制、消除非关税壁垒,同时生产要素逐步实现自由流动,形成区域性的统一市场。集团内国际分工向纵深发展,经济相互依赖度加深,从而促进集团内成员国间的贸易迅速增长,改变了国际贸易的地区分布,使贸易更多地在区域内部进行。欧洲共同体在建立关税同盟的过渡时期(1958—1969 年),对外贸易总值年平均增长 11.5%,而其中成员国之间的贸易增长率则高达 16.5%。从 50 年代末到 70 年代初,集团内贸易在成员国外贸总额中的比重从 30% 提高到 50% 以上,目前已升至70% 左右。欧洲共同体对美国的贸易占其贸易总额的比重从 1985 年的 11.4%下降到 1987 年的 8.6%,同期对发展中国家的贸易额则从 30.3% 下降到 20.4%。

8.4.2 推动了集团内部国际分工的深化及国际技术合作的发展

区域经济组织的成立导致超越国界的大市场的建立,不仅解决了高度发达的生产力与狭窄的国域之间的矛盾,而且通过各国企业间相互兼并和采取优化组合及更为合理的专业分工,使成员国之间在经济上的互补性越来越大。因此,区域经济一体化的发展必然促使国际分工的发展向着纵深方向发展。这在国际技术合作方面有着突出表现。如欧盟在共同机构的推动和组织下,各成员国在原子能利用、航天技术、超音速运输机、大型电子计算机等方面,进行了广泛的协调合作,并取得成效。

8.4.3 改变了国际贸易的地区分布

多数区域经济一体化组织内部带有明显的排他性。在区域内成员国实行贸易自由的同时，为了维护区域集团的利益，成员国奉行"内外有别"的政策，从而使贸易更多地趋向于集团内部，减少了集团外部的贸易机会。区域经济一体化使完整的世界经济和贸易体系被分割成一个个相对对立的区域，改变了国际贸易的地理分布。

8.4.4 加速了区域经济集团内部资本的集中和垄断

由于贸易自由化和统一市场的形成，加剧了成员国间市场的竞争，一些中小企业被淘汰或兼并。同时，大企业在市场扩大和竞争的压力下，力求扩大生产规模、增强资本实力，趋向于结成或扩大一国的或跨国的垄断组织。在上述两种力量的作用下，加快了资本在欧盟各成员间的流动，而且政府通过制定一些政策措施加速了资本的集中和垄断。这样，一方面使企业实现了规模效益，另一方面也增强了对美国、日本等国资本的竞争力。资本积聚效应在欧共体内部表现十分明显，如 1962—1972 年，年平均发生企业兼并由 173 家增至 612 家，仅 1987 年大公司间的兼并就达 121 家，兼并金额达 1188 亿英镑。

8.4.5 改变了国际直接投资的方式和流向

区域经济一体化促进了区域内的贸易自由化和生产专业化的发展，生产规模扩大，再加上区域内跨国界投资障碍的减弱和消除，投资风险的降低，使得区域内资本首先在区域内寻找投资机会。

对于区域外的资本，由于一体化组织对外实行歧视政策，面对区域内更好的经济前景，为了享受区域内的国民待遇，原来以商品出口的方式进入市场的外国公司改为以直接投资的方式进入区域内部市场，直接进行生产投资。在投资总量一定的情况下，对某一区域内部的投资增加，就意味着对其他地区投资的减少。如美国在欧共体的投资占其对外直接投资的比重由 1957 年的 6.7% 增加到 1991 年的 41.9%；而同期，其对发展中国家的投资份额则从 40.6% 下降到 24.7%。

▷【本章小结】

区域经济一体化是地理位置上比较接近的两个或两个以上的国家组成的经济组织，其形式包括优惠贸易安排、自由贸易区、关税同盟、共同市场、经济联盟和完全经济一体化。

区域经济一体化的经济效应是通过关税同盟理论、大市场理论和协议性国际分工理论来论述的。

区域经济一体化组织发展很快，队伍越来越壮大，对国际贸易、国际投资和世界经济、贸易格局产生了重大影响。

【案例分析】

利用关税优惠待遇，提高出口产品的市场竞争力

2005 年 7 月 20 日起，中国与东盟对原产于对方的 7000 多种商品降低关税，降税的范围几乎囊括所有宁波传统出口产品。如马来西亚对电热水器、电热理发用具、电熨斗、微波炉等进口小家电产品实施的最惠国税率为 32％～35％，7 月 20 日起这些产品的税率就下降到 20％，2007 年将降为 12％，2009 年为 5％，到了 2010 年则是零关税。

此外，凭 FORM-E 证书（中国—东盟自由贸易区原产地证书）可以大大提高入境通关速度。如浙江某外贸企业出口到越南的货物，以前货物在越南海关的通关时间一般需要 7—10 天，自从提供了 FORM-E 证书之后，该批货物只需 2—3 天就完成通关。这样，既使出口货物缩短 50％的通关时间，又降低了成本。

2006 年 1—4 月，宁波地区共有 326 批"宁波制造"的产品凭区域性优惠原产地证书出口，签证金额共计 620 万美元。据统计，这 326 份原产地证书分别是 156 份《中国—东盟自贸区》Form E 原产地证书、169 份《亚太贸易协定》（原为《曼谷协定》）原产地证书和 1 份《中国—巴基斯坦自由贸易协定"早期收获"协议》原产地证书。

案例点评

利用区域优惠协定下进口关税的优惠减免，在相关国家提高出口产品竞争力，打开销路，提高产量，抢占份额，这不失为出口企业迅猛发展的另一条通途。

中国—智利自由贸易协定的谈判与签署

2005 年 1 月 25 日，中国与智利在北京正式启动自由贸易区谈判。这是中国与拉美国家之间进行的首个自由贸易区谈判。经过五轮谈判，双方在一年不到的时间内很快就双边自由贸易区货物贸易协议基本达成一致，并于 2005 年 11 月 18 日正式签署了自由贸易区协定。这是中国签署的第一个完整的自由贸易协定，智利也因此成为第一个与

中国建立自由贸易区的拉美国家。

目前，中国已取代日本，成为智利的第二大贸易伙伴，而智利是中国在拉美国家的第三大贸易伙伴，而智利是中国在拉美国家的第三大贸易伙伴。智利在 2004 年人均 GDP 已超过 4000 美元，被誉为"南美经济之虎"。随着中智自由贸易区的建立，两国的经济关系将变得更加紧密，并获得制度性保障。

中智自由贸易区协定包括原产地规则、法律框架、争议解决机制等所有条件。据估计，中智自由贸易协定生效后，智利 92％出口的产品（铜和纸浆）即可零关税进入中国，7％的产品的降税期为 5 年或 10 年，只有 1％的产品排除在降税清单之外。中国的汽车、重型机械在协定生效后可立即零关税进入智利市场，水泥、外科手套以及部分纺织品、鞋和化工产品的降税期都在 10 年；而中国的小麦、糖、轮胎、服装、家电产品等 152 种产品排除在降税清单之外。

对中智自由贸易协定的签署，智利各产业的利益集团反应积极，尤其是葡萄酒商和水果商对开拓中国市场非常乐观。虽然中智双边贸易主要集中在商品领域，服务和投资的比例不大，但是它为中智经贸关系的深度推介提供了制度性框架。

（资料来源：张二震，马野清.国际贸易学（第四版））

案例点评

自贸区是区域经济合作的一种形式。参与区域经济合作是我国对外开放政策的重要组成部分，它有利于我国在更大范围、更广领域和更高层次上参与国际经济合作和竞争，有利于促进国民经济的平稳较快发展，也有利于实现我国与世界各国的互利共赢和共同发展。

中智建立自贸区，将为两国的经贸关系发展提供制度性保障，从而促进双边贸易和投资合作，推动双边全面合作伙伴关系的深入发展。比如，双方通过削减关税和非关税壁垒，可进一步扩大两国优势产品向对方的出口，从而使出口收入、国内税收和国内生产总值获得进一步增长，带动相关产业的发展，创造新的就业机会。

中智双方的产业结构和进出口商品结构具有很强的互补性。同时，两国建立自贸区还将促进相互投资，智利中小企业在我国将获得更多的投资机会，而我国企业在智利的矿业和电讯等行业也将享受更加宽松的投资环境。中智建立自贸区将给两国带来双赢的结果。中智建立自贸区将为两国发展全面合作伙伴关系提供新契机,对我国与拉美国家的关系也将起到积极的推动作用,智利可能成为我国与拉美国家开展经贸合作的桥梁。

建立自贸区可以给我国带来多方面的好处:第一,有助于扩大出口;第二,有助于实现市场多元化;第三,有助于减少消费者的开支,降低生产者的成本;第四,有助于吸引外资,承接国际产业转移。

⇨【思考练习】

1.区域经济一体化有哪几种形式,它们各自的特点是什么?

2.区域经济一体化形成和发展的原因有哪些?

3.简述"贸易创造效应"、"贸易转移效应"的内容。

4.区域经济一体化对国际贸易有何影响?

5.当前世界上主要的区域经济组织有哪些,各自的发展状况如何?

6.我国参与区域经济一体化的发展近况如何?

7.就我国正积极与东盟、智利、巴基斯坦、新西兰、海湾合作委员会、澳大利亚、南部非洲关税同盟创建自由贸易区或签署自由贸易协定,谈谈你的看法。

8.简述欧盟东扩对我国经贸的影响。

9.从区域经济一体化角度出发,谈谈目前我国所处的贸易投资环境。

第9章

国际服务贸易与国际技术贸易 》 》 》 》

国际服务贸易和国际技术贸易是国际贸易体系的重要组成部分。本章重点介绍国际服务贸易的含义、内容、特点,发展概况以及国际服务贸易壁垒和自由化问题;国际技术贸易的含义、特征、表现形式,知识产权制度和《与贸易有关的知识产权协定》。目的是从总体上把握服务贸易与技术贸易的知识,以进一步巩固对国际贸易体系的认识。

9.1 国际服务贸易

9.1.1 国际服务贸易概述

1. 国际服务贸易的含义及其特征

(1)服务贸易的含义

服务贸易是国际贸易重要的组成部分,随着货物贸易的发展,服务贸易亦日益繁荣,无论是贸易总量还是交易范围,都发生了显著的变化。但关于服务贸易(Trade in Service)的概念,迄今为止各国统计资料和各种经济贸易文献并无统一的、公认的、确切的定义。目前,学术界有以下几种代表性的观点。

①国际收支统计的定义。一般来说,政府进行国际贸易统计的目的在于回答关于国民经济运行及宏观经济政策管理等一系列问题。如政府急于知道和掌握本国的商品和服务出口状况、商品和服务出口所创造的国内就业机会的大小

等。贸易统计的目的还在于揭示该国某一领域的竞争地位并提供相应的信息和数据以供与外国竞争对手进行比较。

因此,从统计学或传统的进出口角度看,以国境为界进行划分,一国劳动力向另一国消费者("居民")提供服务并获得外汇收入的过程,构成服务的出口;相应地,一国消费者("居民")购买他国劳动力提供的各项服务并支付外汇的过程,构成服务的进口。因此各国的服务进出口活动,便构成了国际服务贸易。这里的"居民"是指按所在国法律,基于居住期、居所、总机构或管理机构所在地等负有纳税义务的自然人、法人和其他在税收上视同法人的团体,统计学上一般是指在某国生活 3 个月以上的人(也有的国家认为至少生活一年以上)。"服务"是指任何不直接生产制成品的经济活动;也可定义为一系列产业、职业、行政机关的产出,如空运业、银行业、保险业、旅馆业、餐饮业、理发业、教育、建筑设计与工程设计、娱乐业、旅游业与旅游代理、计算机软件业、信息业、医疗与护理、印刷、广告、租赁、汽车出租服务等。

但是,统计学家关于服务贸易的定义难免有一些"灰色区域"难以界定。例如,设在意大利的一家美国旅游公司为在意大利的德国游客提供服务,从统计学角度看是意大利对德国出口服务。但是,如果这家旅游公司在英国办理发票并在美国纽约拥有法律权力,那么由美国公司在意大利销售的服务也就成为美国和英国对意大利的服务出口。又例如,为什么人们习惯于把对设备或仪器的"修理"当作是"服务",而将这些设备的"组装"视为"制造"。同时你又如何划分一个人到底是"居民"还是"临时访问(观光)者"。一块存有大量信息的磁盘是一件制成品还是服务产品,还是两者兼而有之?

②《美国和加拿大自由贸易协定》(FTA)的定义。服务贸易是指由其他缔约方或其他缔约方的代表,在其境内或进入另一缔约方境内提供所指定的一项服务。这里"指定的一项服务"包括:生产、分销、销售、营销以及传递一项所指定服务及其进行的采购活动,公司、分公司、代理机构、代表处和其他商业经营机构的组织、管理和转让活动,各类财产的接受、使用、保护及转让,以及资金的借贷等等。

③联合国贸易与发展会议(UNCTAD)的定义。联合国贸发会议用过境现象来阐述服务贸易:国际服务贸易是指货物的加工、装配、维修以及货币、人员、信息等生产要素为非本国居民提供服务并取得收入的活动,是一国与他国进行服务交换的行为。也就是说,这里所指的国际服务贸易既包括有形的服务输入和输出,也包括当服务提供者与使用者在没有实体接触的情况下发生的无形的国际服务交换。

④《服务贸易总协定》(GATS)的定义。1994年4月乌拉圭回合谈判签订的《服务贸易总协定》第1条第2款对国际服务贸易的定义从四个方面进行了规定：

第一，从一缔约方境内向任何其他缔约方境内提供服务；

第二，在一缔约方境内向任何其他缔约方的服务消费者提供服务；

第三，一缔约方在其他任何缔约方境内通过提供服务的实体的介入而提供服务；

第四，一缔约方的自然人在其他任何缔约方境内提供服务。

这个定义目前在国际上比较有权威性，被各国普遍接受。

(2)服务贸易的形式

根据上述定义，服务贸易按提供方式分为四种形式：

①过境交付(Cross Border Supply)，指服务提供者在一成员境内向另一个成员境内的消费者提供服务。在这种形式下，服务提供者和被提供者分别在本国境内，并不移动过境，往往要借助于远程通讯手段，或者就是远程通讯服务本身，例如，视听、国际电话通讯服务和国际金融中的清算与支付。

②境外消费(Consumption Abroad)，指服务提供者在一个成员境内向任何其他成员的消费者提供的服务。在这种形式下，服务的被提供者(也就是消费者)跨过国境进入服务提供者所在的国家或地区接受服务，如出国旅游、出国留学。

③商业存在(Commercial Presence)，指一成员的服务提供者在另一成员境内设立商业机构或专业机构，为后者境内的消费者提供服务。这种形式实际上就是外商投资企业，其企业形式可以采取独立的法人形式，也可以仅仅是一个分支机构或代表处。在这里，服务的提供是以直接投资为基础的，涉及资本和专业人士的跨国流动。例如，外资银行提供的服务，跨国公司到中国投资办厂。

④自然人的流动(Movement of Personnel)，指一成员的服务提供者以自然人身份进入另一成员的境内提供服务。这种流动与商业存在不同的是，它不涉及投资行为。例如，我们请一个国外著名会计师事务所的注册会计师前来作财务咨询以及进行讲学，那么这可以被看作自然人的流动。但如果该所来中国开设了一家分支机构，那么这就是商业存在了。

值得注意的是，这四种提供方式的定义并不是服务贸易分部门的划分。事实上，许多服务贸易部门都可能同时具有以上几种提供方式。

(3)服务贸易的特点

与货物贸易相比，服务贸易具有以下特点：

①贸易标的一般具有无形性。服务不像货物那样实实在在看得见摸得着，它没有固定的空间形态，具有不可触摸性，是无形的。

②服务的生产与消费往往是同时进行的。比如餐厅就餐，侍者提供服务的同时顾客也消费了该项服务。因此，服务的生产和出口过程一般来说也就是服务进口和消费过程。这同时也说明服务不具有可储存性，一旦被生产出来，就不能搁置，不及时使用则不会给购买者带来效用，也不会给提供者带来收益。

③国际间的服务交换无论采用何种形式，服务贸易都更多地依赖于生产要素的国际转移和服务机构的跨国设置。比如咨询公司提供咨询服务，国际货物贸易需要运输、保险、银行等行业提供服务才能实现。

④对服务贸易的监管不是通过海关监督和征收海关关税方式进行，而是通过国家立法和制定行政法规来实现，而且监管对象不仅包括服务本身，也包括服务提供者。比如，《中国对外贸易法》中就有对服务贸易的专门规定。

⑤服务贸易的统计数据体现在各国国际收支表中，而不体现在各国海关进出口统计上。由于服务贸易本身的特性，像技术、专利、商标、标准等无形产品在海关上是统计不了或统计不全的。比如中国购买一部美国大片的发行权，只要把钱打过去就行了，这是海关统计不了的。

2. 与国际服务贸易容易混淆的几个概念

由于服务业的复杂性，国际上长期把服务贸易与无形贸易混为一谈，而实践证明国际服务贸易确实与劳务贸易、货物贸易、无形贸易、第三产业、国际交流服务等概念有着密切的联系，但是它们之间的区别也非常明显。

(1)服务贸易与劳务贸易

我国一直以来把服务称作劳务，因此，服务贸易也随之称作劳务贸易。这是概念上的误解，二者有着显著的区别：服务贸易中服务要素包括劳动力、资本和技术知识；而劳务贸易中服务要素仅指劳动力。所以，劳务贸易只是服务贸易中的一部分，是服务贸易中劳动力要素活动的结果。

(2)服务贸易与货物贸易

服务贸易与货物贸易是国际贸易的两大重要组成部分，两者既有联系又有区别。

①联系：国际贸易实践中，服务贸易通常是伴随货物贸易的发生而实现的，是货物贸易的延续，如货运、保险、维修和售后服务等，这些也通常被称为"国际追加服务"。

②区别：服务贸易与货物贸易的区别是多方面的：服务贸易中服务的生产和消费是同时进行的，而货物贸易中商品的生产和消费往往是分离的，如医生给患

者提供服务、教育活动和导游给游客介绍景点等；服务一般不可储存，而商品则可以；服务一般是无形的，而货物一般是有形的；国际货物贸易的实现一般要跨越国境，而服务不用跨越国境也可以实现交易等等。

(3)服务贸易和无形贸易

根据交易实体的形态，国际贸易可分为有形贸易和无形贸易，其中无形贸易与服务贸易大致可以等同，但从严格意义上而言，无形贸易比服务贸易的范围更广泛，除服务贸易的所有项目外，还包括国际直接投资、捐赠及赔款等活动，而后面这些是不属于服务贸易的。

(4)服务贸易与第三产业

国内外学者习惯把产业分为三类：第一产业（农业）、第二产业（工业）、第三产业（服务业）。第三产业根据服务对象的不同可分为四类：①消费者私人服务业，如旅馆、饮食；②社会服务业，如文教、保健和福利等，这些服务往往由国家和事业公共团体资助或免费提供；③生产者服务业，也称中间服务业，如咨询、电信和金融等，这类服务常常包含于最终产品和服务的生产过程中；④分销服务业，如交通运输、批发零售业等。

对于上述四种类型的服务业，社会服务业多数是由国内提供，较少涉及贸易，其余三种多数与国际贸易有关。由此可见，第三产业的概念比服务贸易中的服务业的概念要广，凡提供国际服务贸易的产业部门皆属于第三产业。

(5)服务贸易与国际服务交流

国际服务人员的流动大致可以分为三类：①各国政府为了政治、经济或文化交流需要，互派人员，提供各种免费服务（教育培训、合作医疗和联合科研等）。这种交流不产生商业性的收益。②一个国家（地区）的服务人员到另一国家（地区）谋取工作，被境外雇主雇佣，为其工作，并获得工资。这种收入在当地消费，没有发生交付的流动。③一国或地区的企业或个人，对外提供服务，并获得相应的服务收入。这里企业所提供的服务是指以法人名义有组织外派人员提供商业性服务；个人到境外提供服务则是把收入部分汇回境内。

而服务贸易要求必须是有偿的商业存在，也就是发生贸易的双方必须是建立在有偿支付的基础上，而且这种支付形式是必须发生流动的，否则不构成服务贸易。所以，国际服务人员的流动中前两类被称为国际服务交流，不属于服务贸易；后一类称为国际服务贸易（只属于一部分）。

从上述概念的比较中，不难看出国际服务贸易是相当复杂的，所以迄今为止学术界没有给出一个统一的定义也在情理之中。

3. 国际服务贸易的分类

由于服务贸易内容的广泛性以及国际服务贸易的多样性和复杂性,目前国际上尚未形成一个精确而完整的分类体系。下面主要介绍 GATS 对服务贸易的分类。

根据关贸总协定乌拉圭回合关于服务贸易谈判时总协定秘书处开列的提交各缔约方参考的服务贸易项目清单上所列,服务贸易涉及 150 多个项目。另根据《服务贸易总协议》的四条标准归类划分,大致有以下 20 个领域:

(1)国际运输,包括卫星发射服务;

(2)跨国银行和国际性融资投资机构的服务及其他金融服务;

(3)国际保险与再保险;

(4)国际信息处理和传递;

(5)国际咨询服务;

(6)海外工程承包和劳务输出输入;

(7)国际电讯服务;

(8)跨国广告和设计;

(9)国际租赁;

(10)售后维修、保养和技术指导等服务;

(11)国际视听服务;

(12)国际间会计师、律师的法律服务;

(13)文教卫生的国际交往服务;

(14)国际旅游;

(15)跨国商业批发和零售服务;

(16)专门技术和技能的跨国培训;

(17)长期和临时性国际展览与国际会议会务服务;

(18)国际仓储和包装服务;

(19)跨国房地产建筑销售和物业管理服务;

(20)其他官方或民间提供的服务,如新闻、广播和影视等。

9.1.2　国际服务贸易的产生与发展

国际服务贸易是随着商品经济的出现而产生,通过服务业的国际化和国际分工的发展而发展起来的,它是各国政治、经济、社会发展不平衡的必然产物。根据服务贸易的发展历程,这里大致把服务贸易分为三个阶段:早期的国际服务贸易、两次世界大战期间的国际服务贸易和现代国际服务贸易。

1. 早期的国际服务贸易（第一次世界大战之前）

在相当长的一段时间内，由于服务贸易实体的特殊性，服务贸易的发展速度很慢，贸易额在世界贸易总额中所占的比重也很小。

初期的服务贸易起源于原始社会末期、奴隶社会早期，而真正称得上国际服务贸易的，是从中世纪开始的。具有一定规模的国际服务交换始于 15 世纪世界航运事业的兴起和新大陆的发展，当时的服务输出主要是以移民形式出现，具有强烈的殖民主义色彩。到 19 世纪后半叶，随着垄断资本主义的形成和发展，移民日益扩大，该期间欧洲移民人口每年平均有 30 万人之多。到第一次世界大战之前，每年平均输出移民高达 150 余万。

这一阶段的国际服务贸易具有两个明显的特征：(1)当时的工业资本主义国家向"新大陆"及落后的殖民地国家输出劳务；(2)服务人员的主动性和自发性移动。

2. 两次世界大战期间的国际服务贸易（1914—1945）

在这一阶段，战争服务成为早期服务贸易向现代服务贸易的转折。战争服务使得人员流动到异国从事公路、桥梁及工事的建筑，进行军需生产和运输等服务。以往那种分散的、以农业种植业为主的移民服务，过渡到有组织的、以建筑业为主的多行业的临时服务流动。据统计，两次世界大战期间，各国服务型人员流动达百万之多。

由于当时社会经济条件的约束，有形商品的贸易一直占据国际贸易的主导地位，国际服务贸易由于份额太小而未引起世人的关注。

3. 现代国际服务贸易（1945 年至今）

第二次世界大战之后，世界服务市场逐渐从世界商品市场与金融市场中分离出来，世界经济也开始从萧条中走出，开始出现复苏和振兴的迹象。特别是 20 世纪 60 年代以来，随着高科技迅猛发展和国际经济联系的加强，国际服务贸易在国际经济领域中越来越占据令人瞩目的地位。这主要表现为它在国民收入中所占比重越来越大，服务业中就业的人数超过农业和工业，教育、通讯、信息和运输向具有统一的服务基础设施方向发展。

表 9.1 世界货物及服务贸易增长统计(1970—1983 年)

年 份	1970	1975	1980	1983	年均增长率(%)
国际贸易总额(亿美元)	3754	10235	23985	20349	13.9
1.货物贸易	2826	7982	18557	15084	13.7
2.无形贸易	928	2253	5452	5256	14.3

续表

年　份	1970	1975	1980	1983	年均增长率(%)
运输	259	595	1294	1145	12.4
旅游	207	423	990	890	11.9
投资	266	695	1895	1940	16.5
其他	196	540	1248	1290	15.6
3.无形贸易/贸易总额(%)	24.7	22.0	22.6	25.9	/
4.服务贸易/贸易总额(%)	17.6	15.2	14.7	16.3	/

资料来源:戴超平编著:《国际服务贸易概论》,中国金融出版社,1997 年版,第 16 页。

　　进入 20 世纪 90 年代,信息高速公路(Information Highway)、电子商务(Electronic Business)和多媒体技术(Multi-Media)出现在信息服务领域,使得信息处理和长距离的电信服务成本大幅度降低,从而带来了服务业的革命,极大地促进了服务贸易的发展。例如,1994 年在美国举行的一个声像皆全的异地电话会议,一小时成本只相当于 1915 年仅有声音的异地电话 4 分钟的花费。随着多边框架体系《服务贸易总协定》的签署,国际服务贸易进入了一个在规范中向自由化方向发展的新时期,并出现了服务贸易略高于货物贸易增长速度的局面。这种以信息为基础的"后工业经济"或"信息经济",使得服务业与服务贸易成为国际经济活动中最具活力的领域。

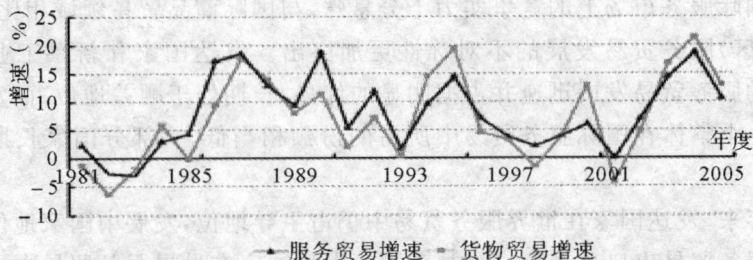

图 9.1　1981—2005 年世界服务贸易出口与货物贸易出口增速对比

资料来源:商务部服务贸易司司长胡景岩:《世界服务贸易呈现六大趋势》,经济日报,2006 年。

　4.第二次世界大战后国际服务贸易发展的特点

(1)国际服务贸易增长迅速

20 世纪 60 年代以来,随着现代科技革命的迅猛发展,国际分工日益深化,产业结构不断调整以及跨国公司的崛起,世界服务贸易经历了长足发展。1980年至2005年间,世界服务贸易出口额从3650亿美元扩大到24147亿美元,25年间增长了5.7倍,占世界贸易出口的比重从1/7增长到近1/5。服务贸易已成为国际贸易中一股不可或缺的强大势力,它也是增加国民收入、改善国际收支平衡的重要途径,与货物贸易一样重要。

表9.2 世界服务贸易出口各部门金额及其所占比重的变化

金额单位:亿美元;占比单位:%

	1980年		1990年		2000年		2005年	
	金额	占比	金额	占比	金额	占比	金额	占比
运输	1344	36.8	2233	28.6	3485	23.4	5632	23.8
旅游	1035	28.4	2648	33.9	4778	32.0	6977	28.9
其他	1271	34.8	2924	37.5	6659	44.6	11538	47.8
合计	3650	100.0	7805	100.0	14922	100.0	24147	100.0

资料来源:商务部服务贸易司司长胡景岩:《世界服务贸易呈现六大趋势》,经济日报,2006年。

(2)国际服务贸易地理分布不平衡,发达国家与发展中国家的服务贸易结构存在较大差异

由于当代世界各国经济和服务业发展严重不平衡,各国的对外服务贸易水平及在国际服务市场上的竞争实力十分悬殊,与国际商品贸易领域相比较,全球各国(地区)服务贸易发展的不对称性更加突出。发达国家和新兴工业化国家(地区)的服务贸易发展迅速并占据明显的优势,长期处于顺差地位;而发展中国家作为一个整体在国际服务贸易中所占的份额相当低,大部分国家长期处于逆差情况。

近年来,发达国家在世界服务贸易中仍占主导地位,发展中国家地位趋于上升。从服务贸易出口总量看,美国、英国等发达国家在世界服务贸易中占据主导地位。1980年以来,美国、英国、德国、法国和日本一直居服务贸易出口前5名。2005年,这五个国家服务贸易出口额合计占全球服务贸易出口总额的37.2%,服务贸易出口前十位国家中仅有中国、印度两个发展中国家。

在贸易结构上,发展中国家在普通劳动力输出、建筑工程承包、部分旅游服务业等领域占有较大的优势,主要依靠旅游运输等传统服务业。尽管在新型服务业"其他民间服务"(主要包括银行、保险、通讯、数据处理、技术服务、咨询、广

告等服务中与现代科技和物质生产结合最紧密的部分,它们是国际服务市场上有广阔发展前景的行业)方面有所上升,并且一些技术、经济实力较强的发展中国家也开始发展技术层次较高的服务贸易。然而,与工业发达国家相比,发展中国家的服务业和服务贸易的规模仍较小,大部分发展中国家和地区服务业不发达,尤其是现代服务项目不具有竞争优势,对"其他民间服务"进口的依赖程度依然很大。

表 9.3 2004—2005 年世界服务贸易主要进出口国家排名

金额单位:亿美元;占比单位:%

服务贸易出口						服务贸易进口					
2005 排名	2004 排名	国家	金额	比重	增长	2005 排名	2004 排名	国家	金额	比重	增长
1	1	美国	3533	14.6	10	1	1	美国	2887	12.2	10
2	2	英国	1834	7.6	-1	2	2	德国	1986	8.4	4
3	3	德国	1429	5.9	7	3	3	英国	1501	6.4	4
4	4	法国	1137	4.7	4	4	4	日本	1359	5.8	1
5	5	日本	1066	4.4	12	5	5	法国	1029	4.4	7
6	7	意大利	934	3.9	13	6	6	意大利	923	3.9	15
7	6	西班牙	912	3.8	8	7	8	中国	853	3.6	19
8	9	中国	812	3.4	30	8	7	荷兰	692	2.9	1
9	8	荷兰	750	3.1	4	9	9	爱尔兰	675	2.9	5
10	16	印度	676	2.8	…	10	15	印度	674	2.9	…
		世界	24150	100.0	11			世界	23600	100.0	11

资料来源:商务部服务贸易司司长胡景岩:《世界服务贸易呈现六大趋势》,经济日报,2006 年。

(3)国际贸易领域不断扩大,技术、知识密集型服务发展迅猛

20 世纪 80 年代以来,世界服务贸易的结构发生了很大变化,逐渐向新兴服务贸易部门倾斜,旅游、运输等传统服务贸易部门保持稳定增长。随着以信息技术为代表的新科技革命兴起,信息服务业迅速崛起,由此带来资金技术密集型新兴服务贸易的蓬勃发展。金融、保险、证券、信息、法律、会计等服务行业伴随着全球对外投资的扩张而增长,快速进入全球贸易领域。

未来国际服务贸易竞争的重点将集中于新兴服务行业。服务贸易结构日益向知识技术密集型方向转变。运输服务和旅游服务在世界服务贸易中的比重呈下降趋势，以电子信息技术为主和以高科技为先导的一系列新兴服务将成为未来各国国民经济发展的主要支柱和强大动力。

（4）服务贸易呈现自由化趋势

随着世界新一轮产业结构的调整和贸易自由化进程的继续推进，服务业和服务贸易在各国经济中的地位还将不断上升，服务贸易发展整体趋于活跃。世界各国纷纷制定加快发展服务贸易的经济战略，以美国为首的发达国家在服务贸易中占优势地位，服务业产值占 GDP 的比重以及服务业就业人数占总就业人数的比重均已超过 65％，服务贸易在国际收支中也占有极其重要的地位，因此欧美等经济发达国家和地区利用其服务贸易的发展水平领先的优势，通过各种多双边的谈判要求世界各国开放服务贸易市场，以此来扩大服务贸易的出口，世界 WTO 新一轮谈判以及区域性经济合作的谈判服务贸易都成为主要议题。世界服务贸易领域的利益格局将在各方博弈中重新形成。各国为顺应这一趋势不断调整国内经济政策，积极推动服务贸易的自由化，率先削减本国服务贸易壁垒；与此同时，国际服务贸易的保护程度实际上也在变相提高。但自由化是大趋势，《服务贸易总协定》的签署以及随后通过的《基础电信协议》、《金融服务协议》和《信息技术协议》三个服务贸易方面的协议，其目的就在于进一步推动服务贸易的自由化。

9.1.3 国际服务贸易壁垒与自由化

1. 国际服务贸易壁垒

（1）国际服务贸易壁垒的含义

20 世纪 60 年代，随着世界各国"战争创伤医治结束"，经济迅速发展，各国普遍意识到服务的外汇收入是一项不可忽视的外汇来源。同时，基于国家安全、领土完整、民族文化、社会稳定等政治、文化及军事目标，各国对服务的输出与输入制定了各种政策和措施，虽然其中有鼓励性的，但多数是限制性的，加上传统上形成的限制性经营惯例，人为地限制了国际服务贸易的发展。因此，国际服务贸易壁垒逐渐形成。

所谓"国际服务贸易壁垒"，是指一国政府制定并采取的阻碍国际服务贸易进行的措施，既包括政策措施，也包括法律措施。由于服务贸易在跨国界移动时是以人员、资本、服务产品、信息等的流动表现出来的，一般不进行海关登记，故利用关税和配额等边境措施保护本国的服务业不受外来冲击未必有效。相反，限制外国服务者的法律、法规和行政措施，变成了主要的保护手段，并成为国际服务贸易发展的障碍。

（2）国际服务贸易壁垒的特征

①以国内政策为主。由于服务贸易自身的特性使得服务贸易在海关统计中很难准切地反映出来，这也决定了服务贸易保护政策更多表现为国内立法和规则等非关税壁垒的形式。

②较多对"人"（自然人、法人及其他经济组织）的资格与活动的限制。

③由国内各个不同部门掌握制定，庞杂繁复，缺乏统一协调。

④灵活隐蔽，选择性强，保护力强。服务贸易壁垒难以体现为数字形式，通常规定在各国对国际服务贸易的管理性法规中，经常以对服务业的合法管理名义出现，因此隐蔽性很强。同时，与货物只要经过一国海关或商检相比，国际服务贸易壁垒对一国市场的保护作用或对外来服务在该国销售的阻碍作用要强得多，即使进入本国市场在服务销售的全过程中仍会遇到重重壁垒。

⑤除了商业贸易的利益外，还强调国家的安全与主权利益等作为政策目标。

（3）国际服务贸易壁垒的表现形式

由于国际服务贸易壁垒种类繁多，形式各异，很难作精确的分类，故通常从阻碍服务贸易的要素，即人员、资本、服务产品、信息在国际市场上流动的角度对其进行划分。

①资本移动的壁垒。主要涉及的是商业存在问题，即东道国是否允许外国企业在本国设立机构并开展业务。

②人员移动的壁垒。主要涉及各国移民限制的法律。由于各国移民法及工作许可、专业许可的规定不同，限制的内容和方式也不同。

③服务产品移动的壁垒。涉及市场准入的限制，即东道国允许外国服务者进入本国市场的程序。这类限制常规定服务供给的最高限度，当外国服务者提供的服务超过限度时，完全阻止外国服务产品进入国内市场，只使用本国服务。

④信息移动的壁垒。由于信息传递模式涉及国家主权、垄断经营和国家公用电信网、私人秘密等敏感性问题，因此各国普遍存在各种限制，如技术标准、网络进入、价格与设备的供应、数据处理及复制、储存、使用和传送、补贴、税收与外汇控制和政府产业控制政策等限制或歧视性措施。而这些措施还不只阻碍信息服务贸易的发展，因信息流动又是金融、旅游、运输、仓储、建筑、会计、审计、法律等服务者提供服务的先决条件，故其同时制约着其他服务贸易的进行。

⑤经营的限制。这是通过对外国服务实体在本国的活动权限进行规定，以限制其经营范围、经营方式等，甚至干预其具体的经营决策。值得注意的是，随

着服务贸易自由化的逐步推进,以开业权限制等为表现形式的绝对的进入壁垒正面临越来越大的国际压力,而对具体经营权限的限制则既体现了适度的对外开放,又往往能有的放矢地削弱外国服务经营者在本国的竞争力和获利能力。因此,这将成为国际服务贸易的一种十分重要的壁垒形式。并且,这还是一种"可调性"较强的壁垒,各种经营限制的内容及限制的程度、方式等均可依本国社会经济及产业发展的要求和国际服务贸易自由化推进的要求而不断作出相应的变化和调整。

表 9.4 世界主要服务业贸易壁垒内容概要

航空业	航空业主要涉及国家垄断和补贴问题。一般来说,世界各国政府都给本国航空公司提供优惠待遇,如把空运的货源和航线保留给国内航空公司;要求国内客户接受本国航空公司的服务;对国内航空公司给予税收优惠。目前,国际上的航空服务贸易都是通过对等原则的双边协议进行的。
广告业	对外来广告企业要求本国参股权及政府在广告业的竞争中偏袒本国企业是普遍现象。例如,外国广告企业在设立电视台经营电视广告是受到严格限制的。另外,即使这种限制对国外企业一视同仁,但限制的目的也不是保护制造业,而是排斥外国电视广播。
银行与保险	主要问题是开业权和国民待遇问题。对于开业权,许多国家禁止外国银行在本国设立任何形式的机构,有些国家虽允许设立分支机构,但主要的分支机构必须与母行中断业务上的直接联系。对外国银行的非国民待遇还表现在仅提供低储蓄地区(开业)、高税率和限制财产经营范围。对于外国保险公司,一般还要求对数控股权,以及禁止经营某些保险业务。
工程建筑	主要解决开业权、移民限制和国民待遇问题。工程建筑服务业是发展中国家的优势部门。对此,一些发达国家都不愿提供开业权。美国在开业权上就有较多的限制,日、美、西欧都坚持不放宽移民限制。几乎所有的国家都禁止外国公司承建某项工程,而且在工程招标中偏袒本国公司。
咨询服务业	许多国家对于开设在本国的外国咨询机构都要求参与权。如印度要求外国咨询公司必须与本国相应的机构合作经营业务。而且,咨询程序上的不透明也阻碍了外国机构的活动。
教育服务	教育服务与思想意识的传播关系密切,移民限制和歧视外国文凭是国际交流教育服务的主要障碍。
医疗服务	主要问题是歧视外国医生的开业资格和对外国医疗设备的进口设立技术障碍。
电信和信息服务	在该方面,国家垄断和控制是普遍现象。另外还有知识产权、"幼稚工业"保护、技术标准和不公平税收等。
影视服务业	许多国家对本国影视直接拨款或通过税收优惠进行补贴,而对外国影视业则要求通过参与权、版权保护、进口上国家垄断、限制播放等加以抵制。

	续表
零售商业	在该行业讨论的是各国国内零售规则的透明度不够,不动产所有权、外国雇员的移民限制、利润汇返等。
旅游服务业	旅游服务业与航空客运关系密切,有关诸如出入境限制、外汇管制、旅游设施所有权、开办旅行社和旅游购物等,都存在贸易壁垒问题。
海运业	主要涉及国家特许经营与垄断、为本国海运公司保留货源、倾销性运价等问题。

资料来源:江林、王玉平著:《关贸总协定法律体系运用指南》,华东师范大学出版社 1993 年版,第 328—329 页。

2. 国际服务贸易自由化

(1)国际服务贸易自由化的含义

正如前面所述,自由化是服务贸易的发展趋势,这也是 WTO 所倡导的原则和方向。国际服务贸易自由化则是指一国政府在对外贸易中,通过立法和国际协议,对服务和与服务有关的人、资本、货物、信息等在国家间的流动,逐渐减少政府的行政干预,放松对外贸易管制的过程。国际服务贸易自由化,与国际货物贸易自由化一样,也是以生产社会化程度的提高及社会分工的深入和扩大为前提,以实现资源合理、优化配置和获得最佳经济效益为目的,以政府对贸易的干预弱化为标志的发展过程。

(2)国际服务贸易自由化的发展历程

国际服务贸易自由化与国际货物贸易自由化一样,也经历了一个循序渐进的发展过程。最早的服务贸易公约或协定,多半属于技术性规范,且集中在国际运输部门,如 1929 年在华沙订立的《统一国际航空运输某些规则的公约》、1951年在日内瓦订立的《国际公路货物运输合同公约》等,为服务贸易自由化的发展奠定了基础。

1950 年,欧洲经济合作组织(OEEC)成员国之间缔结了一个多边结算协议《欧洲支付协定》,同时,接受了成员国提出的《无形贸易自由化法案》(Code of Liberalization of Invisible Transactions)。1960 年,经济合作与发展组织(OECD)接受了欧洲经济合作组织的《无形贸易自由化法案》,将服务贸易自由化扩展到欧洲以外的世界更多的地方。

第二次世界大战以来,世界经济贸易中区域一体化和贸易集团化趋势加强,一些服务贸易方面的区域集团协议相继达成,如 1957 年《关于建立欧洲经济共同体条约》、1992 年《北美自由贸易协定》(NAFTA)等使区域性服务贸易一体化取得了突破性进展。但是随着 20 世纪 60 年代以来服务业在世界经济中的地位日益凸显,世界各国进一步认识到了服务贸易的重要性,在美国、欧共体等发达国家和地区的积极推动和倡导下,1986 年 9 月,在关贸总协定新一轮多边贸易谈判中,服务贸易被正式纳入谈判议题之中。经过长达数年的艰苦谈判,最终达成了协议。

1995 年 1 月正式生效的《服务贸易总协定》是乌拉圭回合谈判最重要的协定之一。它首次确立了有关服务贸易规则和原则的多边框架,以便在透明和逐步自由化的条件下扩大服务贸易,并促进所有贸易伙伴的经济增长和发展中国家的发展。《GATS》在序言中特别指出:"希望通过增强其国内服务业的能力、效率和竞争性来促进发展中国家在国际服务贸易中更多的参与和服务出口的不断增长","对最不发达国家在经济、发展、贸易和财政需求各方面的特殊困难予以充分考虑"。这对于像中国这样的发展中国家服务水平的提高和服务经济的发展具有十分重要的意义。

(3)国际服务贸易自由化发展的原因

①国际贸易的迅速发展是服务贸易自由化的物质基础。第二次世界大战之后,国际服务贸易流量迅猛增加。以世界货物贸易出口总值为例:1950 年总计为 611 亿美元,2005 年为 211462 亿美元,增长了 300 多倍。在货物贸易高速增长的带动下,同货物进出口直接关联的传统服务贸易项目,如货物运输、保险、国际结算等,不但在规模上扩大,而且在数量上成倍地增加。同时,国际直接投资的快速增长也带动了国际间接投资和国际贸易(货物和服务)额的增长。2005年,世界货物出口、进口值均首次突破 10 万亿美元,其中出口总值为 103931 亿美元、进口总值 107531 亿美元,均增长 13%;服务贸易出口总值 24150 亿美元,进口总值 23600 亿美元,均增长 11%。

②经济全球化和新科技革命有力推动了贸易自由化。当前国与国之间彼此相互开放,取消歧视,形成一个相互联系、相互依赖的有机整体,世界经济的发展也是你中有我、我中有你,形成一个完整的经济体。经济全球化是自由化带来的结果,全球化也进一步推动自由化的加快。此外,随着经济一体化进程的推进,与跨国投资和经营活动有关的服务贸易也将得到充分的发展。服务贸易作为国际贸易重要组成部分,将不可避免地融入经济一体化的进程中,服务贸易自由化也是必然的发展趋势。

而且,新技术革命,特别是 20 世纪 60 年代兴起的信息技术革命,有力地推动了国际服务贸易的迅猛发展。高新技术的发展广泛应用到了服务产业,信息技术和通讯技术的发展,还促使银行、保险、商品零售得以在全球范围内开展业务,为跨国界服务带来了机遇。科技技术革命加快了劳动力和科技人员的国际流动,特别是促进了专业科技人员和高级管理人员的国际流动,推动国际服务贸易流量的扩大。随着科技的进步,发达国家的产业结构逐渐向技术密集和资本密集的高科技产业转移,把劳动密集产业转移到新兴工业化国家和部分发展中国家,使这些国家和地区能够利用本地区丰富廉价的劳动力资源,赚取外汇服务收入,形成大规模的境内服务输出。

③发达国家的积极推动。发达国家由于服务业发达,服务企业的国际竞争力较强,一般都倾向于采取积极的自由贸易政策。而发展中国家服务业落后,国际竞争力低,所以往往倾向于采取保护贸易的政策,对服务贸易自由化持非常谨慎的态度。因此,服务贸易自由化在很大程度上是由于发达国家,特别是美国的积极推动的结果。

④多边贸易体制的推动。GATT 是第一个在多边范围内对其成员服务贸易政策进行国际协调的组织。为了推动服务贸易自由化,GATT 专门设立了服务贸易理事会。该理事会积极推进 1994 年乌拉圭回合中各成员承诺的服务市场准入的实施,并在一些服务部门(基础电讯服务、海运服务、金融服务和自然人流动等),进行自由化的后续谈判,取得了实质性的成果,达成了《服务贸易总协定》(GATS)。

在 GATT 的主持下,1995 年 7 月达成了"自然人流动协议"。1997 年 2 月,69 个成员达成"全球基础电信协议",同年 3 月达成了"信息技术协议",特别是同年 12 月"金融服务协议"最终达成,总计有 102 个成员在一些领域承诺逐步自由化。这一切都大大推进了全球服务贸易自由化的进程,为进行服务贸易的深入谈判扫除了障碍。

9.2 国际技术贸易

科学技术对经济和社会发展的作用是巨大的,"科学技术是第一生产力"、"科教兴国",从这些口号中可以看出当前国与国之间的竞争在一定程度上取决于科技的竞争,科技强则国强,科技弱则国弱。然而事情总是动态发展的。如今,不从事高技术开发的国家也可以拥有这些高端技术。为什么会出现这种现象?因为随着国际贸易的发展,国与国之间的联系日益紧密,各国越发看到科学技术所蕴涵的巨大经济利益,由此也带动了国与国之间技术贸易的发展,而且技术贸易占国际贸易总额的比重亦在日益增加。

9.2.1 国际技术贸易概述

1. 国际技术贸易的含义及其特点

(1)技术、技术转让和技术引进

"贸易"涉及当事人双方，交易对象以及交易对象的所有权转让等问题。所以在了解国际技术贸易的含义之前，我们有必要先了解与技术贸易密切相关的三个概念：技术、技术转让和技术引进。

①技术。技术贸易的对象是技术。什么是技术呢？国际工业产权组织认为："技术是指制造一种产品或提供一项服务的系统的知识。"它具备三个特征：第一，无形性。技术是一种看不见摸不着的知识性的东西；它只能靠理解去把握。有些技术可用语言来表达，而有些技术只存在于"能人"的经验中。第二，系统性。零星的技术知识不能称之为技术。只有关于产品的生产原理、设计，生产操作，设备安装调试，管理、销售等各个环节的知识、经验和技艺的综合，才能称之为技术。第三，商品属性。技术是无形的特殊商品。正因为技术不仅有使用价值，而且也有交换价值，所以它才能充当技术贸易的交易标的。

②技术转让。技术转让是指拥有技术的一方通过某种方式将其技术出让给另一方使用的行为。它与物品转让有本质的不同：物品转让是所有权的转让，技术转让一般只是技术使用权的转让。一件物品只能完整地转让给一个对方，原物主也将因转让而丧失对该物的所有权。而一项技术可同时完整地转让给多个对方，且原有技术的持有者并不因转让而失去对该技术的所有权。

技术转让与技术转移也是不同的。技术转让是技术转移的一种特殊形式。技术转移是指技术从一领域传向另一领域或从一地区传向另一地区的过程。技术转让则是其中有特定双方的，以援助、赠与或出售为方式的一类技术转移形式。

③技术引进。使国外的技术转让到国内，就是技术引进。具体地说，技术引进是指一个国家或企业引入国外的技术知识和经验，以及所必需附带的设备、仪器和器材，用以发展本国经济和推动科技进步的做法。技术引进是一个特定的概念。

· 技术引进是一种跨国行为。

· 技术引进与设备进口有着本质区别。技术又分为软件技术和硬件技术。软件技术就是前面提到的技术知识、经验和技艺，属纯技术；硬件技术是指机器设备之类的物化技术。只从国外购入机器设备而不买入软件技术，一般称为设备进口。若只从国外购入软件技术或与此同时又附带购进一些设备，这种行为才能称为技术引进。

• 技术引进的目的是为提高引进国或企业的制造能力、技术水平和管理水平。要达到这个目的,只有引进软件技术,通过自我消化吸收,才能做到。

(2)国际技术贸易的含义和特点

国际技术贸易是指不同国家的企业、经济组织或个人之间,按照一般商业条件,向对方出售或从对方购买软件技术使用权的一种国际贸易行为。它由技术出口和技术引进这两方面组成。简言之,国际技术贸易是一种国家之间的以纯技术的使用权为主要交易标的的商业行为。

(3)国际技术贸易与货物贸易的区别

①交易标的性质不同。货物贸易的标的是有形的物质商品,易计量、论质和定价;而技术贸易的标的是无形的知识,其计量、论质和定价的标准都是很复杂的。

②交易双方当事人不同。一方面,货物贸易双方当事人一般不是同行,而技术贸易双方当事人则一般都是同行。因为只有双方是同行,引进方才会对转让方的技术感兴趣,引进方才有能力使用这种技术。另一方面,货物贸易中的卖方始终是以销售为目的,但技术贸易中的卖方(转让方)一般不是为了转让而是为了自己使用才去开发技术的,只是在某些特定情况下才转让技术。

③交货过程不同。货物贸易的交货是实物移交,其过程较简单;技术贸易的"交货"则是传授技术知识、经验和技艺的复杂而又漫长的过程。

④所涉及的问题和法律不同。技术贸易涉及的问题多、复杂而特殊。如技术贸易涉及工业产权保护、技术风险、技术定价、限制与反限制、保密、权利和技术保证、支持办法等问题。技术贸易中涉及的国内法律和国际法律、公约也比货物贸易多。因而,从事技术贸易远比从事货物贸易难度大。

⑤政府干预程度不同。政府对技术贸易的干预程度大于对货物贸易的干预程度。由于技术出口实际上是一种技术水平、制造能力和发展能力的出口,所以为了国家的安全和出于经济利益上的考虑,国家对技术出口审查较严。由于在技术贸易中,技术转让方往往在技术上占优势,为了防止其凭借这种优势迫使引进方接受不合理的交易条件,也出于国内经济、社会和科技发展政策上的考虑,国家对技术引进也予以严格的管理。

2. 国际技术贸易的形式

(1)许可证贸易(Licensing)

许可贸易是专利权所有人或商标所有人或专有技术所有人作为许可方(Licensor)向被许可方(Licensee)授予某项权利,允许其按许可方拥有的技术实施、制造、销售该技术项下的产品，并由被许可方支付一定数额的报酬。

许可贸易有三种基本类型：专利许可、商标许可和专有技术转让（许可）。在技术贸易中，三种方式有时单独出现，如单纯的专利许可或单纯的商标许可或单纯的专有技术转让，但多数情况下是以某两种或三种类型的混合方式出现。

（2）特许经营（Franchising）

特许经营是最近二三十年迅速发展起来的一种新型商业技术转让合同。特许经营是指由一家已经取得成功经验的企业，将其商标、商号名称、服务标志、专利、专有技术以及经营管理的方法或经验转让给另一家企业的一项技术转让合同，后者有权使用前者的商标、商号名称、专利、服务标志、专有技术及经营管理经验，但须向前者支付一定金额的特许费（Franchise Fee）。

特许经营的一个重要特点是，各个使用同一商号名称的特许经营企业并不是由一个企业主经营的，被授权人的企业不是授权人的分支机构或子公司，也不是各个独立企业的自由联合。它们都是独立经营、自负盈亏的企业。授予人不保证被授人企业一定能获得利润，对其企业的盈亏不负责任。

特许经营合同是一种长期合同，它可以适用于商业和服务行业，也可以适用于工业。

（3）咨询服务（Consulting）

顾问咨询是雇主与工程咨询公司签订合同，由咨询公司负责对雇主所提出的技术性课题提供建议或解决方案。服务的内容很广，如项目的可行性研究、技术方案的设计和审核、招标任务书的拟定、生产工艺或产品的改进、设备的购买、工程项目的监督指导等。特别是发展中国家，往往技术力量不足，或对解决某些技术课题缺少经验，聘请外国工程咨询公司提供咨询服务，可以避免走弯路或浪费资金。因咨询公司掌握有丰富的科学知识和技术情报，可以协助雇主选择先进适用的技术，找到较为可靠的技术供方，以较合理的价格获得质量较好的机器设备。雇主虽然要支付一笔咨询费，但所得到的资金节约远远超过支付的咨询费，总算下来，对雇主仍是有利的。

咨询费一般可以按工作量计算，也可采用技术课题包干定价。一般所付的咨询费相当于项目总投资的 5% 左右。

（4）技术服务与协助（Technology Service）

技术转让不仅包括转让公开的技术知识，而且包括转让秘密的技术知识和经验，对技术受方引进项目的成败往往起关键作用。因为，这些技术知识和经验很难用书面资料表达出来，而必须通过言传、示范等传授方式来实现。所以，技术服务与协助是技术转让交易中必不可少的环节。它可以包括在技术转让协议中,也可以作为特定项目,签订单独的合同。提供技术服务与协助的方式有两种:由受方派出自己的技术人员和工人,到技术供方的工厂或使用其技术的工厂培训实习;由供方派遣专家或技术人员到受方工厂调试设备,指导生产,传授技术。

(5)承包工程(Contracting)

工程承包或称"交钥匙"项目,是委托工程承包人(Contractor)按规定条件包干完成某项工程任务,亦即负责工程设计、土建施工、提供机器设备,施工安装、原材料供应、提供技术、培训人员、投产试车、质量管理等全部过程的设备和技术。工程承包是一种综合性的国际经济合作方式,也是国际劳务合作的一种方式,其中包括大量的技术转让内容,因此又可称为国际技术贸易的一种方式。

9.2.2　知识产权制度及其国际保护

知识产权是无形财产的私有权,与技术贸易关系十分密切,技术交易的对象很多属于知识产权的保护范围。

1. 知识产权的含义与特点

知识产权是指自然人或法人对其在科学、技术、文化及艺术等领域的发明成果和作品依法享有的专有权,即人们对自己通过脑力活动创造出来的智力成果所依法享有的权利。

世界贸易组织《与贸易有关的知识产权协议》这样界定知识产权的范围:著作权(版权)及其相关权利;商标;原产地标记;外观设计;专利技术;集成电路布图设计;对未公开信息的保护;对技术贸易许可合同中反竞争行为的控制。

知识产权具有专有性、地域性和时间性的特点。专有性是指知识产权为专利人所有,未经专利人同意,任何人不得占有、使用和处分,否则属于违法行为。地域性是指一个国家所授予的知识产权仅在该国范围内受法律保护,任何国家都不承认根据别国法律取得的知识产权,比如说在中国的取得商标权,如果同样的商标要在美国使用,必须根据美国法律进行商标取得权利。时间性是指知识产权的法律保护是有期限的,只有在法定的保护期限内,权利人才享有独占权,一旦有效期届满,权利自动终止,除非权利人根据法律规定可以延展该保护期限。知识产权涵盖的内容十分广泛,本文主要介绍专利制度、商标制度和版权制度。

2. 专利制度

(1)专利的含义

对什么是专利,目前众说纷纭。世界知识产权组织给"专利"下的定义是:专利是"由政府机构或代表几个国家的地区机构根据申请而发给的一种文件,文件中说明一项发明并给予它一种法律上的地位,即此项得到专利的发明,通常只能在专利持有人的授权下,才能予以利用(制造、使用、出售和进口等)"。在这里,"专利"被理解为三层意思:①指专利证书这种专利文件;②指专利机关给发明本身授予的特定法律地位,技术发明获得了这种法律地位就成了专利发明或专利技术;③指专利权,即获得法律地位的发明的发明人所获得的使用专利发明的独占权利,它包括专有权(所有权)、实施权(包括制造权和使用权)、许可使用权、销售进口权和放弃权。简言之,专利权就是专利持有人(或专利权人)对专利发明的支配权。

专利分为发明专利、实用新型和外观设计专利。

①发明专利。发明是指对产品、方法或者其改进提出的新的技术方案。发明又包括产品发明和方法发明。比如爱迪生发明电灯,贝尔发明电话。

②实用新型。实用新型是指对产品的形状、构造或其组合提出的适合于实用的技术方案。实际上,实用新型也属于一种发明。它与上述发明专利不同之处在于,实用新型是一种仅适于产品的、创造性水平较低,能够直接应用的发明(有人称之为"小发明"或者"小专利")。实用新型专利条件低,审批程序简单,收费也少。比如,我们常说的"生活小窍门"就属于此类。

③外观设计专利。外观设计是指对产品的形状、图案、色彩或其结合所作出的富有美感并适于工业上应用的新设计。它与实用新型不同,外观设计对产品形状的设计主要是为了好看,而实用新型对产品形状的设计主要是及于增加产品的使用价值,使其具有新功能,主要是图好用。

(2)专利保护的期限

各国专利法对专利权的保护均规定有一定的期限,但期限的长短和计算期限的方法有所不同。我国《专利法》规定,发明的专利权期限为20年,实用新型和外观设计专利权的期限为10年,均自申请之日起算。

3. 商标制度

(1)商标

商标是一企业的商品和服务,与其他企业的商品或服务区分开的标记或标记组合。这些标记包括人名、字母、数字、图案及颜色的组合。常见的商标是文字商标和图形商标。国外有立体商标,如"可口可乐"饮料瓶子的特殊形状。还有音响商标、气味商标等形式。商标大体上可分为三类:制造商标、商业商标和服务商标。商标与品牌的区别是:商标是经过合法注册的名称、标志和符号,即合法注册的品牌,品牌是一个商业名称,而商标是一个法律名称,它们共同构成一种商品区别另一种商品的特殊标志。

商标的作用主要体现在三个方面：表示商品来源；表明商品质量；有利于广告宣传。在消费者看来，不同的商标代表不同产品的来源、质量、信誉和售后服务，所以为什么一款 LV 的包包能卖到几万元的价格，这就是商标所带来的无形效益。

(2)商标权

①商标权的含义和内容。商标权是商标所有人对其注册商标所享有的并受国家法律保护的权利。除该商标所有人外，任何人都不得使用这个商标，也不得使用与其相类似的、以致会在公众中造成混淆的商标。

商标权主要包括：

• 独占使用权。即除商标所有人之外，其他任何人都不得使用该商标。

• 禁止权。即商标所有人有依法禁止他人未经许可在同类商品上使用与其所有商标相同或近似商标的权利。

• 转让权。即商标所有人将其所拥有的商标及其权利转让给他人，包括所有权、禁止权和使用权等一切权利。

• 许可权。即商标所有人通过签订使用许可合同，许可他人使用其商标的权利。被许可人享有使用权，但商标的所有权仍属于许可人。

②取得商标权的原则。当前各国对取得商标权的方式大致有三种原则：

• 使用在先原则(First to Use)。指谁首先使用商标，谁就获得该商标的商标权，而不管他是否办理了该商标的注册。这也意味着商标首先使用者有权对他人已注册的商标提出异议和要求撤销注册。

• 注册在先原则(First to File)。指谁注册了商标，谁就能获得该商标的商标权，而不管谁先使用与否。也就是说，即使某企业早已使用某一商标而它没有进行注册，它就不能享有该商标的商标权，不能受到法律的保护。我国就是采用这个原则。但同时我国《商标法》也规定了两个例外：一是驰名或著名商标能得到自动保护，比如百年老字号"同仁堂"；二是如果商标注册人在连续三年内没有把该商标投入商业运作，商标权将会被收回。这在一定程度上遏制了商标的恶意抢注。但在信息高度发达的今天，网上商标恶意抢注的案例时有发生，这应当引起所有商标所有人的注意。

• 混合原则。这是上述两种原则的折中。商标权原则上属于商标的首先注册人，但该商标的首先使用人有权在法定期限内对该商标注册提出异议。如果异议成立，便可注销该商标已取得的注册；如果超过法定期限无人提出异议，则商标权属于该商标的首先注册人。

4. 版权制度

（1）版权的含义和内容

版权也称著作权，是赋予原创作品（文字、艺术和科学作品）拥有人的权利，可以存在于文学作品（如书籍及电脑软件）、音乐作品（如创作乐曲）、戏剧作品（如舞台剧）、艺术作品（如绘画、雕塑品）、声音纪录、影片、广播、有线传播节目和文学、戏剧及音乐作品已发表版本的排印编排，以及表演者的演出等。互联网传送的版权作品也受保护。狭义的版权包括著作人身权、著作财产权和著作邻接权。邻接权是指与版权相邻近的权利，即传播版权作品的媒介对其投入的劳动所享有的权利。

版权包括精神权利和经济权利。精神权利是作者对其创造的作品所享有的与作者本身密不可分的各项权利，包括署名权、发表权、修改权和保护作品完整权。经济权利是作者使用或允许他人使用其创造的作品而获得报酬的权利，包括复制权、表演权、录制权、演绎权、播放权、发行权、电影权以及展览权。

（2）版权的国际保护

①《伯尔尼公约》。《保护文学艺术作品伯尔尼公约》简称《伯尔尼公约》，于1886年9月在瑞士首都伯尔尼缔结。后经修改和增补，最后一次修订形成的文本是1971年的巴黎文本。《伯尔尼公约》的主要原则有：国民待遇原则、自动保护原则和版权独立性原则。到2001年7月15日，这个公约的成员国有148个。我国于1992年10月15日加入这个公约。

②《世界版权公约》。《世界版权公约》是由联合国教科文组织筹备和主持制定的国际版权公约，于1952年9月6日在瑞士日内瓦缔结。《世界版权公约》的日常事务由联合国教科文组织管理。《世界版权公约》的主要原则有：国民待遇原则、非自动保护原则、版权最低保护标准原则和独立保护原则。到2001年有98个成员国。我国于1992年10月31日加入这个公约。

《世界版权公约》与《伯尔尼公约》的最大区别在于它对作品的保护采取"非自动保护"原则。也就是说，根据《伯尔尼公约》的规定，作品一旦创作完成就自动享有版权，不用履行任何手续。而《世界版权公约》则要求在每份复制品上都标有"版权标记"——英文字母C外加一个圆圈，以及版权人的名称和出版年份等内容。现在大家会在很多图书上看到这样的标志。

③《日内瓦公约》。《保护录音制品制作者防止未经许可复制其录音制品公约》简称《日内瓦公约》或《录音制品公约》。1971年在修订《伯尔尼公约》和《世界版权公约》的同时，在日内瓦缔结了这个公约。该公约是一个"邻接权公约"，由世界知识产权组织负责管理。与《世界版权公约》一样，《日内瓦公约》采用的

也是非自动保护原则,它的版权标记包括英文字母 P 外加一个圆圈,首次发表年份,录制者或其合法继承人或其独占被许可人的姓名或名称三部分。我国于1993 年 4 月 30 日加入这个公约。

④版权的最低保护标准。最低保护标准原则要求各成员国不论其国内立法对版权的保护水平如何,必须达到以下最低保护水平:

• 对于作品的保护必须包括文学、科学和艺术领域的一切成果,而无论其表现形式或表现方式如何。

• 对各国版权法中的权利限定在一定范围内。具体规定为提供信息目的、不经作者许可将讲课、讲演等公开发表的口头作品以印刷、广播等方式复制并传播。但是,这类口头作品的"汇编权"仍旧属于作者。

• 只有在一定条件下才能实行权利限制。

• 关于作品的保护期规定,一般原则是对一般作品保护期不少于作者有生之年加死后 50 年。

9.2.3 《与贸易有关的知识产权协定》(Agreement on Trade-Related Aspects of Intellectual Property Rights, TRIPS)

1. TRIPS 的宗旨和主要内容

TRIPS 是以美国为首的发达国家所极力主张的,在乌拉圭回合多边贸易谈判中,经过与发展中国家艰苦谈判而达成的与知识产权问题有关的协议,它也是乌拉圭回合谈判最后文件的一部分,于 1995 年 7 月 1 日正式生效。

TRIPS 共有 7 个部分 73 条。第一部分:总条款与基本原则;第二部分:有关知识产权的效力、范围及标准;第三部分:知识产权执法;第四部分:知识产权的获得与维持有关程序;第五部分:争端的防止与解决;第六部分:过渡协议;第七部分:机构安排最后条款。

TRIPS 的宗旨包括:

(1)需要加强对知识产权实行有效和充分的保护,并确保实施知识产权的措施和程序不会成为贸易障碍;

(2)建立多边框架和规则,处理国际假冒产品贸易问题;

(3)知识产权是私有权利,未经权利人许可的使用,一般均构成侵权;

(4)承认各国保护知识产权的公共政策的目标,包括发展目标和技术目标;

(5)对最不发达国家成员的国内实施法律和规章方面特别需要最大的灵活性;

(6)通过多边程序解决与贸易有关的知识产权争端。

2. TRIPS 的基本原则

(1)国民待遇原则。TRIPS 第 1 部分第 3 条规定:①在知识产权保护方面,在遵守《巴黎公约》(1967)、《伯尔尼公约》(1971)、《罗马公约》或《关于集成电路的知识产权条约》中各自规定的例外的前提下,每一成员给予其他成员国民的待遇不得低于给予本国国民的待遇。就表演者、录音制品制作者和广播组织而言,此义务仅适用于本协定规定的权利。任何利用《伯尔尼公约》第 6 条或《罗马公约》第 16 条第 1 款(b)项规定的可能性的成员,均应按这些条款中所预想的那样,向 TRIPS 理事会做出通知。②各成员可利用第 1 款下允许的在司法和行政程序方面的例外,包括在一成员管辖范围内指定送达地址或委派代理人,但是这些例外应为保证遵守与本协定规定发生不相抵触的法律和法规所必需,且这种做法的实施下会对贸易构成变相限制。

(2)最惠国待遇原则。TRIPS 第 1 部分第 4 条规定:对于知识产权保护,一成员对任何其他国家国民给予的任何利益、优惠、特权或豁免,应立即无条件地给予所有其他成员的国民。一成员给予的属下列情况的任何利益、优惠、特权或豁免,免除此义务:

①自一般性的、并非专门限于知识产权保护的关于司法协助或法律实施的国际协定所派生;

②依照《伯尔尼公约》(1971)或《罗马公约》的规定所给予,此类规定允许所给予的待遇不属国民待遇性质而属在另一国中给予待遇的性质;

③关于本协定项下未作规定的有关表演者、录音制品制作者以及广播组织的权利;

④自《WTO 协定》生效之前已生效的有关知识产权保护的国际协定所派生,只要此类协定向 TRIPS 理事会做出通知,并对其他成员的国民不构成任意的或不合理的歧视。

(3)权利用尽原则。就本协定项下的争端解决而言,在遵守第 2 条和第 4 条规定的前提下,本协定的任何规定不得用于处理知识产权的权利用尽问题。关于只是产权的权利"用尽"问题是争议较多的知识产权尚需进一步探讨的问题之一。

3. TRIPS 中关于知识产权保护的实施

TRIPS 详细规定了各成员应向知识产权权利人提供法律程序和救济措施,以便知识产权权利人能够有效地行使权利。

(1)一般义务。各成员方应保证国内法中提供关于 TRIPS 所规定的各种执行程序以便对任何违反 TRIPS 所涉及的知识产权行为采取有效的措施。

（2）民事和行政程序。各成员应向权利人提供相关的民事司法程序，以使其可以有效实施 TRIPS 所保护的任何知识产权。

（3）对边境措施的特别要求。各成员方应在如何协定规定的前提下，采用有关程序，以使有合法理由怀疑假冒商标的商品和盗版商品的进口可能发生的权利人，能够向主管的司法或行政当局提交书面申请，要求海关终止该商品进入自由流通。

（4）刑事程序。各成员法律应对故意的具有商业规模的商标侵权或盗版侵权规定刑事程序和刑事惩罚，包括监禁或罚金，或二者并处，以及对侵权商品及制造该商品的材料和装置进行扣押、没收和销毁。

（5）临时措施。为制止任何侵犯知识产权行为的发生，尤其是制止包括有海关放行的进口商品在内的侵权商品进入其管辖下的商业渠道，司法当局有权下令采取任何有效的临时措施。

4. 过渡安排

所有缔约成员可暂缓 1 年执行协议。除国民待遇、最惠国待遇外，发展中国家可以推迟 4 年执行协议。发展中国家将产品专利扩大到不受保护的技术领域，则可再延迟 5 年。最不发达国家有 10 年过渡期。发达国家应鼓励其企业对最不发达国家进行技术转让。

TRIPS 是到目前为止世界上对知识产权保护最严格的国际公约。从长远看，它是当今世界上一部重要的公平竞争法，对人类社会物质文明和公共道德的进步有十分重要的意义。

⇨【本章小结】

国际服务贸易是随着商品经济的出现而产生的，是国际贸易的重要组成部分，对世界经济的发展有着十分重要的作用。由于服务的特殊性和服务贸易的复杂性，当前学术界对国际服务贸易尚无统一的定义，关贸总协定通过的《服务贸易总协定》从过境交付、境外消费、商业存在和自然人流动四个方面来界定国际服务贸易，这也是当今比较权威的定义。

国际服务贸易的发展经历了早期、两次世界大战和现代三个阶段。从不被重视的地位到逐渐与货物贸易发展速度匹敌，甚至在第二次世界大战之后出现服务贸易的发展速度超过货物贸易的发展。无论是总量、规模、结构和地区分布，国际服务贸易发生了显著的变化，不过当前服务贸易的发展依然是发达国家占主导地位。

随着经济全球化的深入发展，国际服务贸易也朝着自由化方向发展，这是各种力量推动的结果,比如国际贸易自由化的发展、新技术革命的兴起和发达国家的推动等等。但在自由化发展的过程中,各国从本国利益出发,难免会出现保护倾向,而且在信息高度发达的今天,保护程度实际上也在变相提高。由于国际服务贸易壁垒种类繁多,形式各异,很难作准确的分类,故通常从阻碍服务贸易的要素出发,把国际服务贸易壁垒分为:资本移动的壁垒、人员移动的壁垒、服务产品移动的壁垒、信息移动的壁垒和经营的限制。虽然国际服务贸易在发展过程中会遇到这样那样的壁垒阻碍,但自由化是趋势,这也是世贸组织所倡导的精神。

国际贸易的发展也离不开国际技术贸易的贡献。科学技术对经济和社会发展的作用是巨大的,科学技术是第一生产力。随着国际贸易的发展,国与国之间的联系日益紧密,各国越发看到科学技术所蕴涵的巨大经济利益,由此也带动了国与国之间技术贸易的发展,而且技术贸易占国际贸易总额的比重亦在日益增加。

国际技术贸易是指不同国家的企业、经济组织或个人之间,按照一般商业条件,向对方出售或从对方购买软件技术使用权的一种国际贸易行为。它由技术出口和技术引进两方面构成。它具体可表现为许可证贸易、特许经营、咨询服务、技术服务与协助以及承包工程等五种形式。

知识产权是无形财产的私有权,与技术贸易关系十分密切,技术交易的对象很多属于知识产权的保护范围。知识产权是指自然人或法人对其在科学、技术、文化及艺术等领域的发明成果和作品依法享有的专有权,即人们对自己通过脑力活动创造出来的智力成果所依法享有的权利。世界贸易组织《与贸易有关的知识产权协议》这样界定知识产权的范围:著作权(版权)及其相关权利;商标;原产地标记;外观设计;专利技术;集成电路布图设计;对未公开信息的保护;对技术贸易许可合同中反竞争行为的控制。而对知识产权保护的国际公约也非常之多:《巴黎公约》、《伯尔尼公约》、《罗马公约》、《关于集成电路的知识产权条约》等等。而其中最具权威的就是《与贸易有关的知识产权协定》,它从 7 个部分 73 个条款对知识产权效力、范围、标准、执法、保护以及争端的防止与解决等方面作出了详细规定,从而更好地保护人类的智力成果。TRIPS 是到目前为止世界上对知识产权保护最严格的国际公约。从长远看,它是当今世界上一部重要的公平竞争法,对人类社会物质文明和公共道德的进步有十分重要的意义。

↪【案例分析】

"瑞蚨祥"商标被侵权获赔 4 万

2005 年 6 月 17 日,在北京市第一中级人民法院法官的主持调解下,百年老店"瑞蚨祥"商标侵权官司的双方当事人达成协议,被告北京市江南绣锦商贸有限公司承认其行为对原告北京瑞蚨祥绸布店有限责任公司享有的"瑞蚨祥"和"瑞蚨祥鸿记"造成了侵害,并当场给付了 4 万元的经济补偿款。

原告北京瑞蚨祥绸布店有限责任公司诉称,原告是"瑞蚨祥"和"瑞蚨祥鸿记"注册商标以及"瑞蚨祥"字号的知识产权所有者。被告北京市江南绣锦商贸有限公司自 2004 年 9 月进驻大栅栏后,即自称其是"瑞蚨祥"老店,对外以"瑞蚨祥"的名义进行宣传及经营,使顾客误解为被告即是原告,给原告造成极大损失。原告认为,被告的行为严重侵犯了原告的商标权,也构成了对原告的不正当竞争,违反了我国法律规定,请求法院判令被告立即停止侵权行为,消除影响,赔偿经济损失 50 万元。

被告北京市江南绣锦商贸有限公司认为其在带有历史古迹的场所中经营属合法行为,自己并没有侵犯瑞蚨祥绸布店的权利,不应承担任何法律责任。被告称,其自 2004 年 9 月 10 日开业以来,被告没有以"瑞蚨祥"的名义从事经营及其他活动,而在店铺门口醒目位置悬挂了刻有自己企业名称的牌匾,被告无论在主观上还是客观上都不存在误导消费者的意愿。自开业以来,被告亦从未接到消费者因消费产生误解、歧义方面的投诉。被告店铺内所经销的近千余种商品,均明确标注了原产地或原厂商的商标,没有一件标有"瑞蚨祥"的字样。被告认为,其无论在经营方式还是经营内容上,均不存在对瑞蚨祥商标构成侵权的事实,请求法院驳回原告的诉讼请求。

另外,被告认为,被告所经营的场所门口上方题刻的"瑞蚨祥鸿记"固定牌匾是历史遗迹,被告不应承担"瑞蚨祥鸿记"牌匾的任何法律责任。"瑞蚨祥鸿记"牌匾由来已久,是历史遗产,其建造和刻制的时间远远早于被告的开业时间,被告不应对历史遗产的建造承担法律责任。

一中院审理查明,原告瑞蚨祥绸布店于 1997 年 9 月先后分别取得"瑞蚨祥"、"瑞蚨祥鸿记"等 11 项注册商标专用权。被告江南绣锦公司于 2004 年 9 月所承租的经营场所位于北京市宣武区大栅栏街 33 号,该处物业门脸上方因历史原因留存有"瑞蚨祥鸿记"石刻招牌。被告于2005 年 3 月 22 日在其经营场所营业过程中使用了标有"西瑞蚨祥鸿记"字样的销售小票以及标有"瑞蚨祥鸿记"字样的购物袋。

经法院主持，双方当事人自愿达成调解协议，被告承认在其经场所使用标有"西瑞蚨祥鸿记"字样的销售小票以及标有"瑞蚨祥鸿记"字样的购物袋的行为对原告享有的"瑞蚨祥"和"瑞蚨祥鸿记"知识产权造成了侵害，被告不再实施侵害原告知识产权的行为，并给付原告经济补偿款 4 万元。

资料来源：郭京霞：中国法院网，2005 年 6 月。

案例点评

知识产权作为世界贸易组织三大支柱之一，已经日益全球化了，任何企业或个人仿冒商品和技术越来越困难，知识产权制度本身具备的特权属性，在国际贸易环境下正在成为一种私权，且最终演化为披着私权外衣的西方发达国家的特权。特别是西方国家大企业善于利用知识产权制度维护自身权益，在国际市场竞争中处于优势地位，在国际贸易中占得先机。我国企业要勇敢地迎接挑战，积极参与国际贸易和国际竞争，才能在知识产权制度保护下的市场竞争中不断发展壮大。

有效利用知识产权保护制度，妥善解决和处理知识产权纠纷，积极维护企业自身正当的商业权益等行之有效的活动，在企业实施经营战略工作中处于重要的不可或缺的重要环节。因此中国企业要走出国门，只有以知识产权为武器，迎接国际贸易挑战，在挑战中不断调整自身，才能够在未来的竞争中生存和发展。

【思考练习】

1. 服务贸易（GATS）的含义和特征是什么？
2. 简述第二次世界大战后国际服务贸易的特征。
3. 国际服务贸易的壁垒及其表现形式。
4. 国际服务贸易自由化的成因分析。
5. 知识产权的含义和特点是什么？
6. 简述专利制度、商标制度和版权制度的主要内容。

第 10 章

世界贸易组织(WTO)   > > >   >

本章介绍了世界贸易组织的发展历程、宗旨、职能、组织结构、运行机制、法律文件体系以及基本原则,并介绍了中国与世界贸易组织的关系。

10.1   WTO 的发展历程

10.1.1   关贸总协定(GATT)的产生

众所周知,在世界贸易组织(WTO)成立之前,国际贸易是由关税与贸易总协定(GATT)管理的。要了解世界贸易组织,当然有必要了解关贸总协定。

关贸总协定是关税与贸易总协定的简称(General Agreements on Tariff And Trade,GATT),它是一个关于关税与贸易政策的多边国际协定,同时也是缔约方之间规定国际贸易准则的一项多边条约,是进行多边贸易谈判和解决国际争端的场所。关贸总协定是在美国倡导下由 23 个国家于 1947 年 10 月 30 日在日内瓦签订,并于 1948 年正式生效的。它对协调世界各国的贸易关系、促进世界各国贸易的发展起过重要的作用。

1. GATT 产生的时代背景

关贸总协定产生于第二次世界大战之后,它与当时的世界政治、经济形势密切相关,可以说它是在特定的历史条件下,符合世界经济发展集团化、国际化潮流的产物。

第一次世界大战打击了各主要资本主义国家的经济基础，经济发展越发不平衡。此外，20 世纪初期，由于出现了生产的相对过剩，各国纷纷奉行高关税的贸易保护主义政策，严重阻碍了国际贸易的发展。1923—1933 年，西方主要资本主义国家遭受了空前的经济大萧条，物价飞涨，工人失业，工厂倒闭，银行破产。这次经济危机使大部分资本主义国家的生产力倒退到了第一次世界大战前的水平。

在第一次世界大战和全球性经济危机的严重影响下，西方各国为了保护本国经济的正常运行，保证国内的就业机会，纷纷放弃自由贸易政策，转而实施保护性的贸易政策。采取紧缩银根、减少政府开支、削减财政赤字等措施，企图增加就业、摆脱危机。国际贸易领域的正常秩序也被打乱，贸易纠纷不断出现，所采取的高关税等政策对各国糟糕的经济状况无异于雪上加霜。大危机过后，各国经济无法马上恢复，资本主义市场进一步萎缩，致使各国对国内国际市场的争夺更加激烈，贸易战不可避免地产生了。这是世界性贸易组织产生的一个重要的历史背景。

紧随大危机之后的第二次世界大战更使世界各国的经济实力元气大伤。第一次世界大战结束后，西方除美国以外的发达资本主义国家经济上遭受严重的破坏。拿英国来说，作为一个称雄一时的老牌资本主义国家，至战争结束后，其全部的外汇储备只剩下 100 万美元，而同期外债则高达 120 亿美元，已经无法再维持战前的领先地位。欧洲其他国家也受到不同程度的创伤。相反，美国不仅其本土没有遭受战火的摧残，反而通过战争极大地促进了本国经济的发展。美国从其自身利益出发，逐渐将其贸易政策从贸易保护主义转向主张自由贸易，并倡议"建设一个贸易多边体系"，贸易自由化成为当时美国对外政策的基本目标。同时在欧洲，一些遭受战争的欧洲国家在重建家园、恢复经济过程中急需从世界其他国家获取大量的初级产品、原材料和各种设备，这同样需要改变当时国际贸易的现状，消除贸易壁垒，实现贸易自由化。

2. GATT 的产生

为了建立一个国际性的贸易组织，美国从 1943 年就开始同其他一些资本主义国家进行会谈。1944 年 7 月，在美国的积极推动下，联合国在新罕布什尔州布雷顿森林的华盛顿山大旅社召开了一次国际性会议即联合国货币金融会议，通常称为"布雷顿森林会议"。根据会议的决定，1945 年成立了国际货币基金组织（IMF），1946 年成立了国际复兴开发银行（IBRD）。

在"布雷顿森林会议"的同时，联合国还举行了联合国贸易与就业会议，以建立管理国际贸易的国际贸易组织（International Trade Organization，英文简称

ITO)。"哈瓦那会议"虽然曾就建立 ITO 达成过协议"国际贸易组织宪章"(哈瓦那宪章)，但某些协议签字国的国内立法机关未予批准。特别是当时起主导作用的美国政府也于 1950 年宣布不打算寻求国会批准"哈瓦那宪章"时，联合国原计划建立的第三个国际经济组织 ITO 的希望落空。

在这种情况下，各方不得已退而求其次，23 个缔约国决定让"国际贸易组织宪章"的第六章《关税与贸易总协定》(GATT)从 1948 年 1 月 1 日起单独临时生效。其后，《关贸总协定》临时适用了 47 年(1948—1994)，戏剧性地成为战后总体上制约多边国际贸易的条约。

10.1.2 GATT 的作用与局限性

1. GATT 的作用

关贸总协定自临时生效以来，发挥了重要的历史作用。主要体现在以下几个方面：

关贸总协定通过八轮多边贸易谈判，签署了许多协议，发展和完善了多边贸易体制，对国际贸易进行规范和管理提供了国际贸易环境，而且促进了世界经济增长。

增加了贸易政策透明度。关贸总协定对贸易条例的公布和实施，作了既明确又严格的规定，其目的在于增强缔约方政策的透明度。这不仅在宏观上有利于缔约方政府的决策，而且在微观上有利于缔约方生产和贸易企业的经营。

通过八轮多边贸易谈判，对关税作了大幅削减，对非关税措施也作了大幅削减或者制定了规则，缔约方市场都获得了重大改善。

关贸总协定为解决发展中国家与发达缔约方之间的贸易待遇问题提供了机会。经过发展中国家的强烈要求和不懈努力，通过谈判，终于在有关协议中增列了后来称作"普遍优惠制"简称"普惠制"待遇的相关条款。普惠制对促进发展中国家的贸易增长和经济发展起了很大的作用。

根据关贸总协定规定，缔约方之间如发生争端，应诉诸其多边贸易争端解决规则和程序，而不是用有关缔约方的国内贸易法进行裁决。这样可以使缔约方之间的贸易争端获得较为公正的解决。

关贸总协定通过八轮多边贸易谈判，使谈判范围扩及货物贸易以外的国际服务贸易、知识产权和投资。这些领域达成的协议，将从更广泛的领域和更深的层次推动世界贸易增长和世界经济发展，使世界统一大市场发挥更大作用。

2. GATT 的局限性

关贸总协定曾经在国际经济事务中发挥了巨大的作用，但由于其产生背景

的特殊性,它不是一个完善的国际组织,法律不健全,因此在发展过程中不可避免地存在以下局限:

关贸总协定仅是根据《关贸总协定临时适用议定书》生效的临时协议,并不是正式生效的国际公约;从传统的法律和组织来看,关贸总协定是众多国际机构中级别较低的一个,没有自己的组织基础,仅是一个政府间行政协议。

关贸总协定各缔约方同意临时接受关贸总协定的法律义务,并且还同意"在不违背国内现行立法的最大限度内临时适用总协定第二部分"(即关于国民待遇、取消数量限制等规定)。那些不能完全遵守关贸总协定第二部分的国家在"临时"的基础上遵守关贸总协定规定,而不需要改变其现有的国内立法。这使一些国家以此为理由在贸易立法或政策制定中时常偏离关贸总协定的基本义务,削弱关贸总协定的权威性。

关贸总协定仅管辖货物贸易,农产品、纺织品和服装还不受关贸总协定自由化的约束。这与世界性产业结构向服务业、第三产业转变,国际服务贸易及投资的迅速发展不相适应,也与贸易有关的知识产权保护的要求不适应。关贸总协定不能适应国际经贸环境的巨大变化,尤其是经济全球化和知识经济发展的要求。

关贸总协定的争端解决机制要求所有缔约方"完全协商一致"做出决策,即只要有一个缔约方不同意争端解决专家小组的仲裁结果,则该争端解决专家组报告不能通过。因此,这使关贸总协定很难在公正、客观基础上按关贸总协定本身的规则就缔约方之间的贸易争端做出裁决,有贸易大国操纵或控制争端解决结果的可能性。加之美国国会从未批准过关贸总协定,美国始终视关贸总协定为一个政府间的行政协议,采取实用主义的做法。当贸易争端解决对其不利时,就会反对通过争端解决专家小组的裁决报告。这极大降低了关贸总协定的权威性和削弱了关贸总协定解决贸易争端的能力。

关贸总协定是各缔约方在经济贸易利益关系调整过程中妥协的产物,它是由一些"原则"和一系列的"例外"所组成。这种先天不足使各缔约方在援引例外条款时的"越轨行为"难以很好地加以约束。

10.1.3 WTO 的产生背景

关贸总协定在几十年的时间里对世界贸易的发展发挥了重要的作用,取得了举世瞩目的成就,但同时也暴露出它的缺陷:随着世界经济的快速发展和国际贸易格局的日益复杂化,关贸总协定这样一个并不正规的组织越来越不适用于国际贸易的现实。在这样的背景下建立一个更为开放、成熟、更具活力和权威性的多边贸易体制,组建一个为世界绝大多数国家和地区所接受的"国际贸易组织"就显得尤为必要和迫切了。

世界贸易组织的建立是乌拉圭回合贸易谈判的一项重大成果。在 1986 年 9 月乌拉圭回合启动时,15 项谈判议题中没有关于多边贸易体制的制度化建设和完善问题,只是设立了一个关于修改和完善总协定体制职能的谈判小组,由于乌拉圭回合谈判不仅包括传统的货物问题,而且还涉及服务贸易、知识产权保护和投资措施等新议题,这样关贸总协定如何有效地贯彻执行乌拉圭回合形成的各项协议就自然而然地提到了多边贸易谈判的议事日程上来。无论从组织结构还是从协调职能来看,关贸总协定面对庞杂的谈判协议均显示出其先天不足性,有必要在其基础上建立一个正式的国际贸易组织来协调、监督和执行新一轮多边贸易谈判的成果。

创立世界贸易组织的动议最初是由意大利的外贸大臣提出的。1990 年初,时任欧洲联盟轮值主席的意大利首先提出了建立多边贸易组织;同年 7 月,欧洲联盟把这一倡议以 12 个成员国的名义向乌拉圭回合体制职能谈判小组正式提出,随后得到了加拿大、美国的支持。由于西方大国的支持,1990 年 12 月乌拉圭回合布鲁塞尔部长会议正式做出决定,责成体制职能小组负责《多边贸易组织协议》的谈判起草工作。经过一年的紧张谈判,1991 年 12 月形成了一份《关于建立多边贸易组织协议》的草案,并成为同年底《邓克尔最后案文》的一个整体部分。后经过两年的修改、完善和充实,最终于 1993 年 11 月乌拉圭回合结束前形成了《建立多边贸易组织协议》,并根据美国的动议,把"多边贸易组织"更名为"世界贸易组织"(World Trade Organization,英文简称 WTO)。

世界贸易组织协议于 1994 年 4 月 15 日在摩洛哥马拉喀什部长会议上获得通过,与其他附件协议及部长宣言和决定共同构成了乌拉圭回合多边贸易谈判的一揽子成果,形成了《1994 年关税与贸易总协定》(简称"关贸总协定 1994"),并采取"单一整体"义务和无保留例外接受的形式,被 123 个参加者政府所签署。同时,在这次会议上还成立了世贸组织筹备委员会,该委员会主要负责关贸总协定向世贸组织过渡期间的工作。1995 年 1 月 1 日,根据世贸组织筹委会执行大会的决定,世贸组织正式开始生效运转,总部设在瑞士的日内瓦。同年 1 月 31 日,世贸组织举行成立大会。世界贸易组织是乌拉圭回合成果的体现,它的创立使人类长期以来组建国际性贸易组织的理想成为现实。

10. 1. 4　WTO 与 GATT 的联系与区别

根据 WTO 秘书处的定义,WTO 是多边贸易体系的法律基础和组织基础,它通过规定各成员所应承担的主要协定义务,来规范其国内贸易法规的制定与实施,它是各成员通过集体辩论、谈判和裁判,发展其贸易关系的场所,是世界贸易体系的组织基础和制度基础。作为非正规机构的 GATT 虽然终止了,但《1994 年关贸总协定》仍将作为规范世界贸易的法律文件而继续存在。GATT 和 WTO 两者之间既有区别,也存在着密切的联系。

1. WTO 与 GATT 的联系

世界贸易组织和关税与贸易总协定有着内在的历史联系。世界贸易组织继承了关税与贸易总协定的合理内核,包括宗旨、职能、基本原则及规则等。

WTO 继承了 GATT 的诸项原则。非歧视原则、关税减让原则、公平贸易原则等一系列重要原则继续成为 WTO 的指导精神。这是对 GATT 最重要的继承。

WTO 继承了 GATT 的成员、组织机构及其运作机制。GATT 的所有成员国签署乌拉圭回合所有协议之后,自动成为 WTO 的创始成员,WTO 的许多组织机构是由原来 GATT 的机构发展而来的。其总部仍设在日内瓦,秘书处也由原 GATT 秘书处发展而成,并且继承了原秘书处的所有文档。

WTO 的磋商一致决策方式、争端解决机制和贸易政策评审机制等也沿袭了 GATT 的惯例。例如,协定第 14 条第 1 款表明,世贸组织将尽可能地遵从关贸总协定过去的决策、程序和习惯做法,但是世贸组织在很大程度上克服了关贸总协定的许多“先天性缺陷”。如世贸组织对关贸总协定下“完全一致同意”的做法做出了更明确的规定,确立了“协商一致制”。在协商一致不能达成协议的情况下,将采用投票制,并首次使其在某些重要决策中成为一项法律程序,而并非仅仅是一项惯例。

2. WTO 与 GATT 的区别

也许有一些人认为 WTO 只是 GATT 换了一个名字,两者之间没有实质差别。其实不然。WTO 不是 GATT 的更名,也不是 GATT 的简单延伸,相反,它在 GATT 的基础上做出了实质性的变更,极大地丰富了 GATT。WTO 在以下几个方面区别于 GATT:

世贸组织是一个具有国际法人资格的永久性正式国际组织,而关贸总协定只是一个临时性的协定。GATT 从一建立就没有组织基础,而只是一个多边协定。尽管在 40 多年的实践中,各成员都已将 GATT 当作一种永久性的承诺,但其基础仍然没有摆脱“临时”的性质。而 WTO 是根据《维也纳条约法公约》正式批准生效的国际组织。它具有自己的一套组织机构。同时,WTO 作为一个正式的国际经济组织,享有特权和豁免,而且其所做出的承诺是完整的、永久的。

世贸组织管辖的范围较关贸总协定广泛得多。关贸总协定管辖的范围只是货物贸易，并且在实施中农产品贸易、纺织品和服装贸易又脱离其管辖，因而关贸总协定管辖的仅是部分货物贸易。相反，世贸组织则不仅管辖货物贸易的各个方面，将一些长期游离于贸易原则之外的"敏感"领域和"灰色贸易措施"予以消除或者加以限制，并将服务贸易和与贸易有关的知识产权、投资甚至环保等措施纳入它的管理范围。

世贸组织成员承担的义务比关贸总协定更具统一性。世贸组织成员对所有多边协议必须一律遵守，以"一揽子"方式接受世贸组织的协定，不能对其管辖的协议提出保留。而关贸总协定的许多协议，则是以守则式的方式加以实施的，缔约方可以接受也可以不接受，带有自愿选择的性质。

世贸组织以法律形式确立了争端解决机制的权威性。在关贸总协定体制下，贸易争端的解决机制是"一只没有牙齿的老虎"，只要有一个缔约方提出反对通过争端解决机构提出的裁决报告，关贸总协定就不能对争端做出裁决，从而大大削弱了争端解决机制的权威性和有效性。而世贸组织规定，只要不是全体成员完全一致反对争端解决机构提出的裁决，即视为全体通过，并规定了解决争端的时间表，使其效率大大提高，权威性也得以确立。

世贸组织成员更加广泛。关贸总协定最初签订时只有23个成员，曾被称为"富人俱乐部"，后来一些发展中国家也加入进来，成员达到100多个；而世贸组织一成立，成员就有128个，截止到2005年12月底，已达150个。

10.2　WTO 的宗旨、职能及其组织结构

10.2.1　WTO 的地位、宗旨与职能

1. WTO 的地位

WTO 是具有法人地位的国际组织。各成员方赋予 WTO 在行使职能时拥有必要的法定能力，WTO 可以在国际上缔结条约，提起国际损害诉讼以及享受特权和豁免权。可以在成员方范围内订立契约、获得财产和处置财产及提起诉讼。

具有特权和豁免权。其包括任何形式的法律程序豁免，财产、金额及货币管制豁免，所有的直接税、关税豁免及公务用品和出版物的进出口限制豁免等。

具有与其他组织协商和合作权。

与其前身关贸总协定相比，WTO 在调解成员间争端方面具有更高的权威性和有效性。

2．WTO 的宗旨与目标

《建立世界贸易组织的协议》序言部分，规定 WTO 的宗旨是：

提高生活水平，保证充分就业，大幅度和稳定地增加实际收入和有效需求；扩大货物和服务的生产与贸易；

按照可持续发展的目的，最优运用世界资源，保护环境，并以不同经济发展水平下各自需要的方式，加强采取各种相应的措施；

积极努力，确保发展中国家，尤其是最不发达国家在国际贸易增长中获得与其经济发展需要相称的份额和利益。

WTO 的具体目标是：建立一个完整的、更具活力和永久性的多边贸易体制，以巩固原来的关贸总协定为贸易自由化所作的努力和乌拉圭回合多边贸易谈判的所有成果。为实现这些目标，各成员应通过互惠互利的安排，切实降低关税和其他贸易壁垒，在国际贸易中消除歧视性待遇。

3．WTO 的主要职能

（1）监督执行贸易协定。促进世界贸易组织各项宗旨的实现，监督与管理其统辖范围内的各项协议与安排的贯彻实施与运行，并为执行上述各项协议提供统一体制框架。

（2）作为贸易谈判的论坛和载体。为今后的多边贸易谈判提供论坛和场所。

（3）解决贸易争端。按一体化的争端解决规则与程序，主持解决各成员之间的贸易纠纷。

（4）审查各成员国/地区贸易政策。按照贸易政策审议机制对各成员方的贸易政策与措施进行审议。

（5）通过技术援助和训练计划，在贸易政策方面帮助发展中国家。

（6）与其他国际组织合作。与国际货币基金组织和世界银行等相关国际组织合作，以保障全球经济决策的凝聚力和一致性，协调全球的贸易决策，避免政策冲突。

10.2.2 WTO 的组织结构

1．部长会议

世贸组织的最高权力机构是由所有成员主管外经贸的部长、副部长级官员或其全权代表组成的"部长会议"。部长会议至少每两年举行一次。部长会议具有广泛的权力。主要有：

（1）立法权。从法律角度讲，只有部长会议才有权对其协定、协议做出修改和权威性解释。其他任何机构都没有这种法律权力。

（2）准司法权。对其成员之间所发生的争议或其贸易政策是否与世贸组织相一致等问题做出裁决。

（3）豁免某个成员在特定情况下的义务。

（4）批准非世贸组织成员国所提出的取得世贸组织观察员资格申请的请示。

2. 总理事会

在部长会议休会期间，由全体成员代表组成的总理事会代行部长会议职能。总理事会可视情况需要随时开会，自行拟订议事规则及议程。随时召开会议以履行其解决贸易争端和审议各成员贸易政策的职责。总理事会下设：

（1）货物贸易理事会，负责《1994年关贸总协定》及其他货物贸易协议有关事宜；

（2）服务贸易理事会，监督执行服务贸易总协定及分部门协议有关事宜；

（3）知识产权理事会，监督执行与贸易有关的知识产权协定。

这些理事会可视情况自行拟订议事规则，经总理事会批准后执行。所有成员均可参加各理事会。

3. 各专门委员会

部长会议下设立专门委员会，以处理特定的贸易及其他有关事宜。已设立：

（1）贸易与发展委员会；

（2）国际收支限制委员会，负责审议以国际收支困难为理由而采取的贸易限制措施；

（3）预算、财务与行政委员会；

（4）贸易与环境委员会等10多个专门委员会。

4. 秘书处与总干事

世贸组织成立由一位总干事领导的世界贸易组织秘书处（下称秘书处）。世贸组织秘书处设在瑞士日内瓦，秘书处工作人员由总干事指派，并按部长会议通过的规则决定他们的职责和服务条件。

总干事由部长会议选定，并明确总干事的权力、职责、服务条件及任期规则。世贸组织总干事主要以下列身份参与世贸组织活动：

（1）他是世贸组织的捍卫者（监护人）。他可以最大限度地向各成员施加影响，要求它们遵守世贸组织规则。

（2）引导人。总干事要考虑和预见世贸组织的最佳发展方针。

（3）调停人。其职责还包括帮助各成员解决它们之间所发生的争议。

（4）"经理"。负责秘书处的工作，管理预算和所有成员有关的行政事务。

（5）主持协商和非正式谈判，避免争议。

世界贸易组织的组织结构如图 10.1 所示。

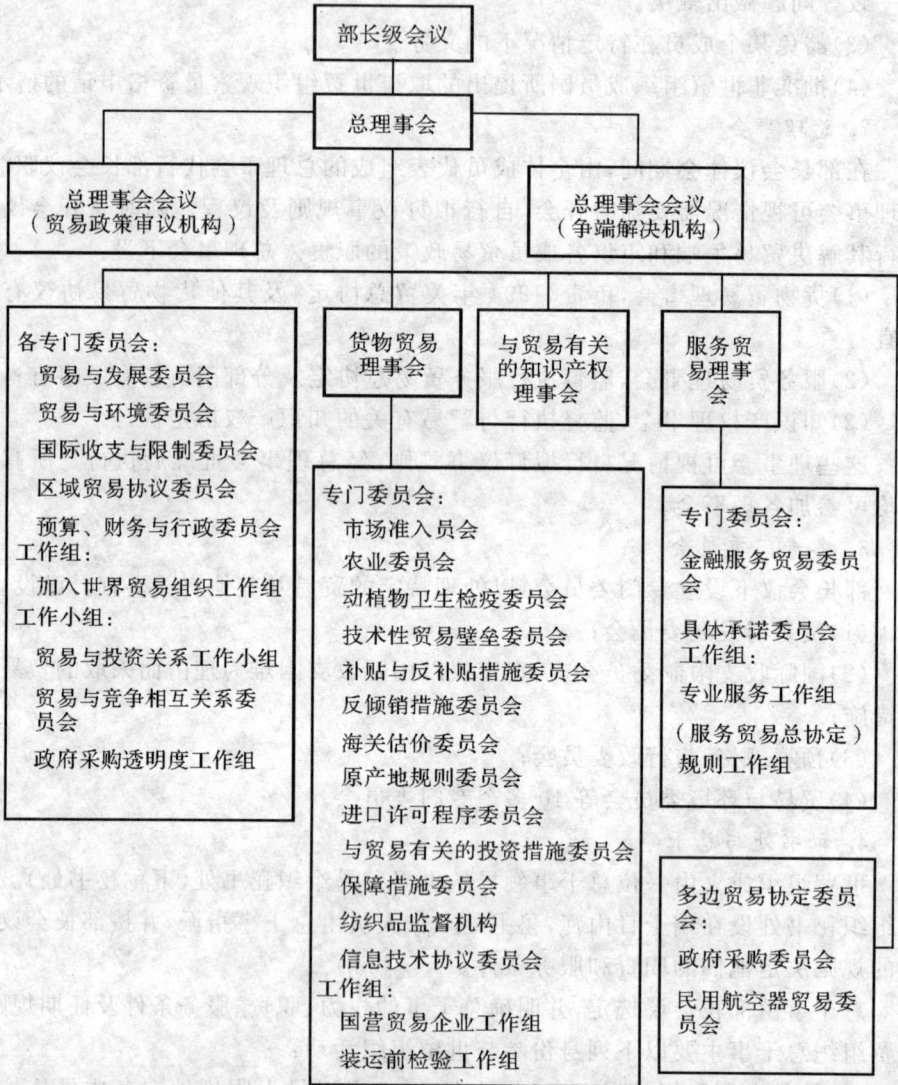

图 10.1 世界贸易组织的组织结构

10.3 WTO 的运行机制

10.3.1 争端解决机制

乌拉圭回合达成的《贸易争端解决规则与程序的谅解》，是世界贸易组织关于争端解决的基本法律文件。同关税与贸易总协定相比，世界贸易组织的争端解决机制更具强制性和约束力。

1. 争端解决机制的管辖范围

世界贸易组织的争端解决机制，适用于各成员根据世界贸易组织各项协定、协议所提起的争端。

特别规则优先。《贸易争端解决规则与程序的谅解》附录 2，列出了所有含有特别规则和程序的协议。如《服务贸易总协定》、《海关估价协议》、《纺织品与服装协议》、《反倾销协议》、《技术性贸易壁垒协议》、《动植物卫生检疫协议》、《补贴与反补贴协议》及有关文件等。《贸易争端解决规则与程序的谅解》并不排斥上述协定或协议中特别规则和程序的适用，而且在特别规则与一般规则发生冲突时，特别规则具有优先适用的权利。

对适用协议的协调。当某一争端的解决涉及多个协定或协议，且这些协定或协议的争端解决规则和程序存在相互冲突时，则争端各方应在专家组成立后的 20 天内，就适用的规则和程序达成一致。如不能达成一致，争端解决机制主席应与争端各方进行协商，在任一争端当事方提出请求后的 10 天内，决定应当遵守的规则及程序。

2. 争端解决机制的原则

争端解决机制的基本原则是平等、迅速、有效和双方接受。这个原则经全体 WTO 的成员同意，如果它们认为其他成员正在违反贸易规则，受到贸易侵害的成员将使用多边争端解决机制，而不是采取单边行动，这意味着所有 WTO 的成员将遵守议定的程序和尊重裁决，不管是受到贸易侵害的成员还是违反议定的成员。

在关贸总协定及 WTO 的贸易争端解决机制的程序方面与法庭有一定相似的地方，但最大的区别在于首先在引起贸易争端的成员方之间进行磋商，并自行解决贸易争端。因此，在贸易争端解决机制的第一阶段是由国家政府之间进行贸易磋商,甚至当案件已经发展到其他阶段时仍然可以进行磋商和调解。

3. 争端解决机制的机构

争端解决机制机构是由"专家组"组成的。专家组由3名(有时是5名)来自不同国家的专家组成,负责审查证据并决定谁是谁非。专家组报告提交给争端解决机构,该机构在协商一致的情况下才能否决这一报告。每一个案件的专家组成员可以从一份常备的符合资格的候选人名单中选择,或从其他地方选择。他们以个人身份任职,不能接受任何政府的指示。

4. 争端解决机制的基本程序

世界贸易组织争端解决的基本程序包括磋商、专家组审理、上诉机构审理、决策的执行及监督等。此外,还有仲裁、斡旋、调解和调停等解决方式。

(1)磋商

一成员方根据某个有关协议提出磋商请求。接到请求的成员方应自收到请求的10天内,对该请求做出答复,并在收到请求后的30天内进行磋商,达成双方满意的解决办法。如果该成员在收到请求之日起10天内未做出答复,或未在收到请求后不超过30天或双方另外同意的期限内进行磋商,请求磋商的成员可以直接请求成立一个专家小组。

要求磋商的成员方应向争端解决机构、有关理事会和委员会通报。磋商应予以保密,并不损害任何一方在以后诉讼中的权利。

(2)专家组审理

专家组审理过程中,专家组要调查案件的相关事实,对引起争议的措施是否违反相关协定或协议做出客观评价,就争端的解决提出建议。专家组一般应在6个月内完成全部工作。

专家组首先听取争端各方的陈述和答辩意见,然后,专家组将报告的叙述部分散发给争端各方。在专家组规定的时间内,争端各方政府提交书面意见,待收到各方的书面意见后,专家组应在调查取证的基础上完成一份中期报告,并散发给各成员方。如专家组在规定的时间内未收到争端各方对中期报告的意见,则中期报告应视为专家组的最终报告,并迅速散发给各成员方。为完成最终报告,专家组有权从其认为适当的任何人或机构获取资料和专门意见。

(3)上诉机构审理

上诉机构只审理专家报告所涉及的法律问题和专家组所作的法律解释。上诉机构可以维持、修改或推翻专家组的结论。上诉机构的审议,自争端一方提起上诉之日起到上诉机构散发其报告之日止,一般不得超过60天。上诉机构如认为不能在60天内提交报告,则应将延迟的原因及提交报告的预期时间通知争端解决机构,但最长不得超过 90 天。争端解决机构应在上诉机构报告散发后的 30 天内通过该报告,除非争端解决机构经协商一致决定不予通过。

(4)决策的执行及监督

专家组报告或上诉机构报告一经通过,其建议和裁决即对争端当事人具有约束力,争端当事方应无条件接受。

在专家组或上诉机构报告通过后的 30 天内举行的争端解决机构会议上,有关成员应将执行争端解决机构建议和裁决的意愿通知该机构。该建议和裁决应迅速执行,如不能迅速执行,则应确定一个执行期限。

在建议和裁决通过后,任何成员都可以随时向争端解决机构提出与执行有关的问题,以监督建议和裁决的执行,除非争端解决机构另有决定。在确定了执行的合理期限 6 个月后,争端解决机构应将建议和裁决的执行问题列入会议议程,并进行审议,直至该问题解决。在争端解决机构每一次会议召开的前 10 天,有关成员应向争端解决机构提交一份关于执行建议和裁决的书面报告。

(5)仲裁

如果争端各当事方同意以仲裁方式解决,则可在共同指定仲裁员并议定相应的议程后,由仲裁员审理各当事方提出的争端。仲裁可以用于不同目的和争端解决的不同阶段,如审理争端、裁定执行的合理期限等。

(6)斡旋、调解和调停

斡旋、调解和调停是在争端各当事方同意下自愿进行的程序,争端的任何当事方均可要求斡旋、调解和调停,并可在任何时候开始,也可在任何时候终止。一旦斡旋、调解和调停程序终止,起诉方即可提出设立专家组的请求。

若在提出请求磋商的 60 天内,已进入斡旋、调解和调停程序,则该起诉方必须从提出磋商要求之日起,在要求设立专家组之前留出 60 天的期限,如果争端各当事方一致认为斡旋、调解和调停程序未能解决争端,则该起诉方可在 60 天内提出成立专家组的请求。如果争端的各当事方同意,在专家组进行工作的同时,斡旋、调解和调停的程序仍可继续。

10.3.2　贸易政策审议机制

贸易政策审议机制是指世界贸易组织成员集体对各成员的贸易政策及其对多边贸易体制的影响,定期进行全面审议。实施贸易政策审议机制的目的是促使成员方提高贸易政策和措施的透明度,履行所做出的承诺,更好地遵循世界贸易组织规则,从而有助于多边贸易体制平稳运行。

1. 贸易政策审议机制的产生

贸易政策审议机制是 1988 年乌拉圭回合谈判中期审评会议临时批准的,由关税与贸易总协定理事会负责实施,1989 年开始运行。世界贸易组织正式成立后,贸易政策审议职责由世界贸易组织总理事会承担。即总理事会同时也是贸易政策审议机构。

贸易政策审议对象主要是世界贸易组织各成员的全部贸易政策和措施,审议范围包括货物贸易、服务贸易和知识产权领域。贸易政策审议机制还要求对世界贸易环境的发展变化情况进行年度评议。

贸易政策审议机构的审议有利于世界贸易组织各专门机构的审议。世界贸易组织专门机构——如纺织品监督机构、补贴与反补贴措施委员会等,只负责审议成员执行特定协议的情况,包括在成员提交通知的基础上,对通知涉及的具体贸易政策和措施进行审议。贸易政策审议结果不能作为启动争端解决程序的依据,也不能以此要求成员方增加新的政策承诺。

2. 贸易政策审议机制的目标与作用

贸易政策审议机制的目标是敦促成员方遵守多边贸易协议的规则、纪律和承诺;通过定期评审成员方的贸易政策和实践,评估它们对多边贸易体系的影响;通过向其他成员方通报贸易政策及其变化来增加透明度,使其他成员方更好地了解该成员方的贸易政策和实践,以促进多边贸易体系更好地发挥作用。

贸易政策评审机制有三方面的作用:第一,被评审方要定期提交一份关于本国贸易政策与实践的详细报告,这有利于增加成员方贸易政策的透明度,从而在总体上改善国际贸易环境;第二,通过评审,可对成员方违反多边规则、纪律和承诺的贸易政策提出批评,敦促成员方遵守这些规则、纪律和承诺,从而使多边贸易体系更好地发挥作用;第三,经贸往来密切的成员方之间进行友好的对话和磋商,这有利于增进成员方对彼此贸易政策和实践的理解,减少贸易争端,及时化解纠纷。

3. 贸易政策评审的周期

贸易政策评审的周期取决于各成员方对世界贸易体制的影响程度。确定这种影响程度的主要依据,是成员方在世界贸易中所占的比重。成员方占世界贸易的份额越大,接受审议的次数就越多。排名前 4 位的成员方每 2 年评审一次,第 5～20 位成员方每 4 年评审一次,其余的成员方每 6 年评审一次,对最不发达国家的评审间隔期限则可以更长。但当某一成员方贸易政策和实践发生变化,并对贸易伙伴产生重大影响时,贸易政策评审机构在与该成员方协商后,可提出进行下一次评议,以便评议贸易政策变化带来的影响。

⊡→【案例分析】

贸易政策评审机制还要求总干事以年度报告的形式，对影响多边贸易体制的国际贸易环境变化情况进行综述。该报告列出世界贸易组织的主要活动，并指出可能影响多边贸易体制的重大政策性问题。最初几次世界贸易环境评议的经验表明，这种评议提供了一次重要的机会，特别是在不举行部长级会议的年份里，使世界贸易组织成员可以对国际贸易政策与贸易环境发展趋势进行总体评估。

4. 贸易政策评议的程序

贸易政策评审机构的评议程序是参照关税与贸易总协定 1989 年以来的做法制定的，并根据 1996 年世界贸易组织成员的谅解作了修改。评审的程序可分为四个阶段。

首先，贸易政策评审机构与被评审方进行磋商，确定评审方案并完成准备工作。

其次，被评审方政府提供一份本国贸易政策和实践报告，指出它在评审期内贸易努力方向与变化情况，世贸组织秘书处从自身的立场出发也提交一份对被评审方贸易政策和实践报告。

然后，贸易政策评审机构召开会议，由评审机构任命主发言人主持讨论。各成员方可对被评审方有关的贸易政策与实践提出质问、批评或表扬。被评审方的贸易代表随后对各成员方的提问进行答辩。

最后，世界贸易组织秘书处负责将被评审方提交的报告、秘书处的报告以及评审机构的会议记录三份文件合订在一起，并印刷出版。

10.3.3　加入退出机制

1. WTO 的加入

世界贸易组织允许任何国家申请加入。要成为世界贸易组织成员，必须按照同世界贸易组织成员谈判商定的条件加入，不同的申请加入方根据自己的经济发展水平进行有关谈判。因此，它们加入世界贸易组织的条件是不一样的。新成员加入世界贸易组织的条件，具体体现在加入协议书和减让表中。

加入世界贸易组织从申请谈判到正式加入，大致可以分为四个阶段。

第一阶段：提出申请和受理。

申请加入方首先应向世界贸易组织总干事递交正式申请加入信函，表明加入世界贸易组织的愿望。世界贸易组织秘书处负责将申请函发给全体成员，并把审议加入申请列入总理事会会议议程。

总理事会负责审议加入申请并设立相应工作小组。所有对申请加入方感兴趣的世界贸易组织成员都可以参加工作组。总理事会经与申请加入方和工作组成员磋商后,任命工作组主席。

第二阶段:对外贸易制度的审议和双边市场准入谈判。

申请加入方应向工作组提交现行关税税则备忘录及有关法律、法规,由工作组进行审议。工作组成员通常会要求申请加入方进一步以书面形式说明和澄清对外贸易制度的运作情况,申请加入方必须做出回答。

工作组将根据需要召开若干次会议,审议申请加入方的对外贸易制度及作出有关答复。

在对外贸易制度审议的后期,申请加入方同有关成员开始双边货物贸易和服务贸易的市场准入谈判;凡是提出双边市场准入谈判要求的成员,申请加入方都要与其进行谈判。一般情况下,谈判双方需要在申请加入方加入前达成双边市场准入协议。

第三阶段:多边谈判和起草加入文件。

在双边谈判的后期,多边谈判开始,工作组着手起草"工作组报告书"和"加入议定书"。工作组报告书包括工作组讨论情况总结;加入议定书包括申请加入方与工作组成员方议定的加入条件,并附有货物贸易和服务贸易减让表。

在工作组举行最后一次正式会议上,工作组成员协商一致通过上述文件,达成关于同意申请加入方加入世界贸易组织的决定,并提交部长级会议审议。

第四阶段:表决和生效。

世界贸易组织部长级会议对加入议定书表决,须经 2/3 的多数成员同意方可通过。

申请加入方以签署或其他方式向世界贸易组织表示接受加入议定书。

在世界贸易组织接到申请加入方表示接受的文件之日起第 30 天,有关加入文件开始生效,申请加入方成为世界贸易组织正式成员。

2. 退出 WTO

任何成员都可以退出世界贸易组织。在世界贸易组织总干事收到书面退出通知之日起的 6 个月期满后,正式退出。退出应同时适用于《加入世界贸易组织协定》和其他多边贸易协定。

由于政治和其他原因,一些成员不同意相互之间适用世界贸易组织协定,即互不适用,《加入世界贸易组织协定》规定:有关成员应在自己或另一成员成为正式成员时明确表明互不适用的立场,才能互不适用。在关税与贸易总协定向世界贸易组织过渡时,为避免互不适用条款被用作新的贸易限制手段,任何关税与贸易总协定缔约方不能相互援引互不适用条款,此前已经相互援引了该条款的除外。

10.4　WTO 的法律文件体系与基本原则

10.4.1　WTO 的法律文件体系

　　世界贸易组织的法律文件体系，主要是由《建立世界贸易组织的协议》及其四个附件组成。世界贸易组织协议是乌拉圭回合谈判的主要成果，经成员方立法机构正式批准，于 1995 年 1 月 1 日生效。世界贸易组织协议包括 29 个独立的法律文件，其范围包括从农产品到纺织品与服装，从服务到政府采购，从原产地规则到知识产权和投资等各项内容。协议由条文本身的 16 条和附件组成。条文本身并未涉及规范和管理多边贸易关系的实质性原则，只是就世界贸易组织的结构、决策过程、成员资格、接受加入和生效等程序问题做了原则性规定。事实上，有关协调多边贸易关系和解决贸易争端以及规范国际贸易竞争规则的实质性规定，均体现在四个附件中。这四个附件包括 13 个多边货物贸易协定、《服务贸易总协定》和《与贸易有关的知识产权协议》（这三项构成附件一），《贸易争端解决规则和程序的谅解》（附件二），《贸易政策审议机制》（附件三），及四个诸边协议：《政府采购协议》、《民用航空器贸易协议》、《国际奶制品协议》、《国际牛肉协议》（附件四），其中《国际奶制品协议》和《国际牛肉协议》已于 1997 年 12 月 31 日终止。附件一、附件二和附件三作为多边贸易协定，所有成员方都必须接受；附件四属于诸边贸易，仅对签署方有约束力，成员可以自愿选择参加。

　　此外，从广义上讲，世界贸易组织协议还包括 1994 年马拉喀什会议上的部长决定、宣言和谅解及《1994 年关贸总协定》等。上述协定、协议共同构成了世界贸易组织的实体基础，从而在国际贸易中确立了比关贸总协定范围更加广泛、约束性更强的一整套国际贸易法律体系。

10.4.2　WTO 的基本原则

　　WTO 的基本原则是在继承 GATT 基本原则的基础上，进行必要的补充和修改而成的。它们源自 1994 年的 GATT、服务贸易总协定和历次多边贸易谈判所达成的一系列协议。这些基本原则贯穿于世界贸易组织的各个协定和协议中，构成了多边贸易体制的基础。最主要的几项原则如下：

1. 最惠国待遇原则

最惠国待遇原则（Most-Favor-Nation Treatment）本质上意味着一成员平等地对待其他成员，在不同成员之间实施非歧视待遇。这是一成员方处理与其他各成员方贸易关系应遵循的基本原则。

最惠国待遇是指一成员方将在货物贸易、服务贸易和知识产权领域给予任何其他第三方（无论是否世界贸易组织成员）的优惠待遇，立即无条件地给予其他缔约各成员方。

在国际贸易中，最惠国待遇的实质是保证市场竞争机会均等。它最初是双边协定中的一项规定，要求一方保证把给予任何其他国家的贸易优惠（如低关税或其他特权）同时给予对方。关税与贸易总协定将双边协定中的最惠国待遇作为基本原则纳入多边贸易体制，适用于缔约方之间的货物贸易，乌拉圭回合将该原则延伸至服务贸易领域和知识产权领域。

最惠国待遇原则包含四个要点：

（1）自动性。这是最惠国待遇的内在机制，体现在"立即和无条件"的要求上。当一成员给予任何第三方的优惠超过其他缔约成员享有的优惠时，这种机制就启动了，其他成员便自动地享有了这种优惠。这第三方可以是世贸组织成员，也可以不是。在新成员加入世界贸易组织时，如果已有成员和新加入成员中的一方，或两个新加入成员中的一方，宣布不与对方适用《建立世界贸易组织协定》，即互不适用，则任何一方都不能自动地享有另一方给予其他成员的优惠。

（2）同一性。当一成员给予其他国家的某种优惠，自动转给其他成员方时，受惠标的必须相同。

（3）相互性。任何一成员既是给惠方，又是受惠方，即在承担最惠国待遇义务的同时，享受最惠国待遇权利。

（4）普遍性。指最惠国待遇适用于全部进出口产品、服务贸易的各个部门和所有种类的知识产权所有者和持有者。

2. 国民待遇原则

国民待遇原则（National Treatment）本质上意味着一成员平等地对待外国和本国的产品或服务等，在出口成员和进口成员之间实施非歧视待遇。这是一成员方处理本国与其他各成员方贸易关系应遵循的基本原则。

国民待遇是指对其他缔约成员方的产品、服务或服务提供者及知识产权所有者和持有者所提供的待遇，不低于本国同类产品、服务或服务提供者及知识产权所有者和持有者所享有的待遇。

国民待遇原则包含三个要点：

（1）国民待遇原则适用的对象是产品、服务或服务提供者及知识产权所有者和持有者，但因产品、服务和知识产权领域具体受惠对象不同，国民待遇条款的适用范围、具体规则和重要性有所不同。

（2）国民待遇原则只涉及其他成员方的产品、服务或服务提供者及知识产权所有者和持有者，在进口成员方境内所享有的待遇。

（3）国民待遇定义中"不低于"一词的含义是指，其他成员方的产品、服务或服务提供者及知识产权所有者和持有者，应与进口成员方同类产品、相同服务或服务提供者及知识产权所有者和持有者享有同等待遇，若进口成员方给予前者更高的待遇，并不违背国民待遇原则。

3. 透明度原则

为保证贸易环境的稳定性和可预见性，世界贸易组织除了要求成员方遵守有关市场开放等具体承诺外，还要求成员方的各项贸易措施（包括有关法律、法规、政策及司法判决和行政裁决等）保持透明。

透明度原则是指，成员方应公布所制定和实施的贸易措施及其变化情况（如修改、增补或废除等），不公布的不得实施，同时还应将这些贸易措施及其变化情况通知世界贸易组织。成员方所参加的有关影响国际贸易政策的国际协议，也在公布和通知之列。

透明度原则的主要内容，包括贸易措施的公布和贸易措施的通知两个方面。

公布有关贸易措施，是世界贸易组织成员最基本的义务之一。如果不公布有关贸易措施，成员就很难保证提供稳定的、可预见的贸易环境，其他成员就难以监督其履行世界贸易组织义务的情况，世界贸易组织一系列协议也难以得到充分、有效的实施。比如，成员方决定对进口产品进行反倾销调查，出口方企业需要获得该成员方有关反倾销的法律、法规及程序、计算方法等信息，否则就无法有效应诉。因此，世界贸易组织要求成员方应承担公布和公开有关贸易措施及其变化情况的义务。成员方除了公布有关贸易措施之外，还承担应其他成员要求提供有关信息和咨询的义务。世界贸易组织不要求成员披露可能会导致影响法律执行，或违背公共利益，或损害某些企业合法商业利益的机密信息。比如，一国汇率、利率的调整在实施之前，通常不要求予以公布。

世界贸易组织对成员方需要通知的事项和程序作了规定，以保证其他成员能够及时获得有关成员在贸易措施方面的信息。

4. 自由贸易原则

世界贸易组织倡导并致力于推动贸易自由化，要求成员方尽可能地取消不必要的贸易障碍，开放市场，为货物和服务在国际间的流动提供便利。

在世界贸易组织框架下,自由贸易原则是指通过多边贸易谈判,实质性削减关税和减少其他贸易壁垒,扩大成员方之间的货物和服务贸易。

自由贸易原则包含五个要点:

(1)以共同规则为基础。成员方根据世界贸易组织的协议,有规则地实行贸易自由化。

(2)以多边谈判为手段。成员方通过参加多边贸易谈判,并根据在谈判中做出的承诺,逐步推进贸易自由化。货物贸易方面体现在逐步削减关税和减少非关税贸易壁垒,服务贸易方面则更多地体现在不断增加开放的服务部门,减少对服务提供方式的限制。

(3)以争端解决为保障。世界贸易组织的争端解决机制具有强制性,如某成员被诉违反承诺,并经争端解决机制裁决败诉,该成员方就应执行有关裁决,否则,世界贸易组织可以授权申诉方采取贸易报复措施。

(4)以贸易救济措施为"安全阀"。成员方可通过援用有关例外条款或采取保障措施等贸易救济措施,消除或减轻贸易自由化带来的负面影响。

(5)以过渡期方式体现差别待遇。世界贸易组织承认不同成员之间经济发展水平的差异,通常允许发展中成员履行义务有更长的过渡期。

自由贸易原则主要体现在关税减让原则和取消非关税壁垒原则上。

关税减让原则是 WTO 的主要宗旨,WTO 成员国通过多边贸易谈判减让关税。对于已经列入关税减让表的商品关税,各缔约方不得采取任何形式进行变更。

关税透明度高,易衡量,但对进出口商品价格有直接影响,特别是高关税,是制约货物在国际间自由流动的主要壁垒。因此,世界贸易组织在允许成员方使用关税手段的同时,要求成员方逐渐下调关税水平并加以约束,以不断推动贸易自由化进程。

在前七轮多边贸易谈判的基础上,乌拉圭回合达成长达 23000 页的成员方具体产品关税减让表,大幅度降低了关税水平,扩大了关税受约束的产品范围。在成员方履行了各自的关税减让承诺后,工业品的平均关税水平,发达成员由 6.3% 降至 3.8%,发展中成员由 20.5% 降至 14.4%。从 1995 年开始,工业品约束关税税号占整个税号的比例,发达成员由 78% 升至 99%,发展中成员由 21% 升至 73%,经济转型成员由 73% 升至 98%。美国、欧洲共同体、日本、加拿大等发达成员还承诺,在药品、医疗设备、建筑机械、农业机械、家具、啤酒、蒸馏酒、纸和纸制品、钢材、玩具等 10 个部门实行零关税。

1996 年 12 月,28 个成员方签署了《信息技术协议》,同意在 2000 年 1 月 1

日前全部取消信息技术产品关税和其他税费,后来又有 27 个成员方签署该协议,同意逐步取消信息技术产品的关税。签署该协议的发展中成员方,最迟可在 2005 年 1 月 1 日前全部取消信息技术产品关税和其他税费。

取消非关税壁垒原则。非关税贸易壁垒通常是指除关税以外各种限制贸易的措施。随着关税水平逐步下调,非关税贸易壁垒增多,且形式不断变化,隐蔽性强,越来越成为国际贸易发展的主要障碍。世界贸易组织就一些可能限制贸易的措施制定了专门协议。

(1)为使技术法规、技术标准和动植物检验检疫措施不对贸易构成不必要的障碍,《技术性贸易壁垒协议》和《实施卫生与植物卫生措施协议》规定,成员方应尽量以国际标准为依据确定检验检疫标准。

(2)为防止海关任意估价,《海关估价协议》规定,海关应主要依据货物的实际成交价格来估价。如海关对进口商申报的成交价有疑问,可按该协议规定的顺序采用其他估价方法。

(3)为避免成员方的进口许可程序影响贸易的正常运行,《进口许可程序协议》对成员方的进口许可程序进行了规范。

(4)为使原产地规则不对国际贸易构成不必要的障碍,《原产地规则协议》规范了成员方确定原产地的标准,强调应当建立公正、透明、可预见、可操作和统一的原产地规则。

(5)为使装运前检验不对贸易造成不必要的迟延和不公平待遇,《装运前检验协议》规定了使用装运前检验制度的成员方应遵循的原则与规则。

(6)为防止投资措施对贸易产生限制作用,《与贸易有关的投资措施协议》禁止成员方采取当地含量要求、贸易平衡要求、国内销售要求等投资管理措施。

(7)为防止国营贸易企业的经营活动对贸易造成扭曲影响,世界贸易组织要求成员方的国营贸易企业按非歧视原则,以价格等商业因素作为经营活动的依据,并定期向世界贸易组织通报国营贸易企业情况。

5. 公平竞争原则

世界贸易组织是建立在市场经济基础上的多边贸易体制。公平竞争是市场经济顺利运行的重要保障,公平竞争原则体现于世界贸易组织的各项协定和协议中。

在世界贸易组织框架下,公平竞争原则是指成员方应避免采取扭曲市场竞争的措施,纠正不公平贸易行为,在货物贸易、服务贸易和与贸易有关的知识产权领域,创造和维护公开、公平和公正的市场环境。

公平竞争原则包含三个要点:

(1)公平竞争原则体现在货物贸易领域、服务贸易领域和与贸易有关的知识产权领域。

(2)公平竞争原则既涉及成员方的政府行为,也涉及成员方的企业行为。

(3)公平竞争原则要求成员维护产品、服务或服务提供者在本国市场的公平竞争,不论它们来自本国或其他任何成员方。

10.5 中国与 WTO

10.5.1 中国与 WTO 的渊源

中国是关贸总协定创始国,是 1947 年签署关贸总协定的 23 个国家之一。1951 年,中国台湾以"中华民国"名义宣布退出关贸总协定,以后中国中断了与关贸总协定的联系。从 20 世纪 60 年代起,中国开始参与关贸总协定的许多重要活动,并于 1986 年 7 月,向关税和贸易总协定提出了恢复中国在关贸总协定缔约方地位的申请。此后,中国以"全面参加方"身份参加了乌拉圭回合各项议题的谈判,作为全面参加方,中国有权参加关贸总协定召开的与乌拉圭回合有关的所有正式和非正式会议,但对谈判结果没有最后表决权。乌拉圭回合结束前,中国与关贸总协定缔约方举行了密集的市场准入谈判,以期在乌拉圭回合结束前达成协议,但未果。因此,虽然中国政府于 1994 年 4 月在马拉喀什召开的关贸总协定部长级会议上签署了"乌拉圭回合多边贸易谈判结果最后法案",但仍未能成为世界贸易组织创始成员。

1995 年 1 月 1 日,世界贸易组织正式成立,但在美国等西方国家的阻挠下,我国没有能够成为 WTO 的创始成员国。与此同时,美国等国也认识到完全把中国排除在世界贸易组织之外,对其自身利益也不利,于是又通过各种外交途径表达了和我国早日恢复谈判的愿望。不久,"中国关贸总协定缔约方地位工作组"更名为"中国加入世贸组织工作组"。

2001 年 11 月 10 日,在卡塔尔首都多哈举行的 WTO 第四次部长级会议通过了中国入世议定书草案。中国长达 15 年的复关和入世艰难谈判终于画上了圆满的句号。经过全国人民代表大会批准,完成了国内立法程序,2001 年 12 月 10 日中国成为 WTO 的正式成员。

10.5.2　中国加入 WTO 的立场

中国加入 WTO 始终坚持三个原则：以发展中国家地位加入；与经济发展水平相适应，权利和义务平衡；承诺关税减让和非关税壁垒的消除。

对于中国台湾加入 WTO 的立场是：一个中国原则，反对两个中国及一中一台的安排；实行单独谈判、先中后台的原则。鉴于中国内地与中国台湾的海关、贸易制度不同，待中国内地先加入 WTO 和中国台湾的名称问题解决后，中国内地不介入中国台湾 WTO 之间的事务。中国台湾可以有自己单独的席位和投票权。

▷【本章小结】

在中国成为世界贸易组织成员和经济全球化不断加强的今天，了解和掌握有关 WTO 的基本知识非常重要。本章从关贸总协定引出世界贸易组织，主要介绍了两者的联系和区别；介绍了世界贸易组织的宗旨、职能和组织结构，运行机制和法律文件体系及 WTO 的基本原则。

▷【案例分析】

中美半导体芯片争端案

2000 年，国务院颁布《鼓励软件产业和集成电路产业发展的若干政策》（亦称"18 号文件"），规定：对国内增值税一般纳税人销售其自行开发生产的软件产品，2010 年前按 17％的法定税率征收增值税，对实际税负超过 6％的部分即征即退。

2001 年 12 月财政部和税务总局又出台了《关于进一步鼓励软件产业和集成电路产业发展税收政策的通知》（70 号文），鼓励国内芯片产业的发展：将 18 号文中规定的税负由 6％下调为 3％。即中国政府把 14 个百分点的税金退还给在中国国内设计和生产芯片的厂家。

两个文件都规定，进口芯片应纳 17％的增值税，不享受这类优惠。

中国的政策引起了美国厂商和企业的异议。美国政府认为，中国的集成电路虽然从国外的进口占据了 80％的市场份额，但中国在半导体行业实行的增值税退税政策不仅对美国出口产品构成直接性的歧视，而且扰乱了集成电路领域的国际投资。这与中国需要履行的国际贸易义务不符。美国芯片厂商：该领域国际价格竞争异常激烈，中国对国内芯片厂商的退税政策不仅使后者享有巨大的优势,对美国厂商构成不公平竞争,而且会进一步鼓励美国公司把生产基地迁往中国。

半导体问题成了当时中美贸易中的重大问题。2004 年 3 月 18 日,美国就中国集成电路增值税退税政策提出 WTO 争端解决机制下的磋商请求。2004 年 7 月 14 日,中美签署"中美关于中国集成电路增值税问题的谅解备忘录",具体内容为:

中方于 2004 年 11 月 1 日前修改有关调整国产集成电路产品增值税退税政策,取消"即征即退"的规定,并于 2005 年 4 月 1 日正式实施。谅解备忘录签署前享受上述政策的企业及产品可继续执行"即征即退"政策直至 2005 年 4 月 1 日;中方必须于 2004 年 9 月 1 日前宣布取消国内设计国外加工复进口的集成电路产品增值税退税政策,2004 年 10 月 1 日正式实施。

案例点评

国民待遇原则是 WTO 成员国处理本国与其他成员国之间贸易关系应遵循的基本原则。在对待外国和本国的产品或服务时,对出口成员和进口成员要实施非歧视待遇。可见,国民待遇原是一项对 WTO 所有成员都具约束力的核心原则,禁止成员国歧视外国公司或进口的产品,禁止对其征收未对本国相同产品征收的税费。因此,增值税退税政策不符合世贸组织的国民待遇原则,这正是美国向世贸组织申诉要求我国取消半导体增值税退税政策的直接原因。

要从根本上解决这个问题,还应从我国自身角度入手。首先,半导体产业属于资金密集型产业,资金问题就是制约我国相关企业发展的瓶颈,所以能否寻找到适合企业发展的融资渠道,是目前最紧迫的问题。其次,随着原材料供应和采购全球化趋势的日益明显,走国际化道路、参与国际竞争成为企业降低成本的现实途径。最后,企业还要积极开发产品新技术,提升品牌,增强产品竞争力。

随着入世时间的延长,我国越来越深入地参与到国际市场的竞争中,我们必须熟悉和灵活运用国际市场的游戏规则。只有这样才能在国际贸易中减少贸易纠纷,维护自身利益。从长远的角度看,此举也有利于我国相关幼稚产业的发展。

☞【思考练习】

1. WTO 与 GATT 的联系与区别有哪些？
2. WTO 的宗旨和目标是什么？
3. 简述 WTO 的基本原则。

第 11 章

当代国际贸易格局 ≫ ≫ ≫　≫

> 本章依次介绍了发达国家、发展中国家、新兴工业化国家、中东欧转型经济国家等在第二次世界大战后对外贸易的发展、现状及其贸易政策与措施。要求掌握美国、欧盟、日本等主要发达国家的贸易发展和贸易政策演变,也要掌握不同发展程度的发展中国家,包括新兴发展中国家、经济转型国家以及中国的对外贸易发展状况和政策演变,并能够结合国际贸易理论去分析、认识当代国际贸易发展过程中各国贸易政策变化背后的深层原因。

11.1　发达国家的对外贸易

11.1.1　战后发达国家对外贸易的基本特点

第二次世界大战后,由于发达资本主义国家在世界贸易中占据主导地位,战后世界贸易的特点很大程度上是发达国家的对外贸易决定的。即发达国家对外贸易的特点是与世界贸易一致的。战后,发达国家对外贸易的基本特点主要体现在以下几方面:

1. 发达国家对外贸易在世界贸易中占支配地位,但它们本身的对外贸易发展很不平衡

发达国家在世界贸易中占支配地位,这是世界贸易的主要特征之一(见表11.1),并且这一特征至今未变。1970 年发达国家在世界出口中所占的比重为

72％，在世界进口中所占的比重也为 72％。即使是 1973 年以后，发达国家在世界贸易中所占的比重有所下降，但直到 1995 年发达国家在世界出口中所占的比重仍为 67.3％，仍占世界进出口总额的 2/3 以上。

表 11.1　战后各类型国家在世界出口中的比重(1950—1990)

年份	世界出口总额(亿美元)	发达国家(%)	发展中国家(%)	中央计划国家(%)
1950	641	65	27	8
1960	1 280	67	21	12
1970	3 128	72	18	10
1980	19 979	63	28	9
1990	33 101	75	18	7

资料来源:根据我国出版的各期《世界经济年鉴》数据整理。

在发达国家中，对外贸易的发展也是不平衡的。主要表现是，美国在对外贸易中的地位逐步下降，而西欧和日本的作用越来越大。从表 11.2 可见，在世界出口总额中，美国从 1950 年的 16.7％逐步下降到 1995 年的 11.6％，而日本却从 1.4％上升到 8.8％，德国更是从 3.3％上升到 10.1％。

表 11.2　1950—1995 年资本主义国家在世界出口中所占比重

年份	世界出口额(亿美元)	美国(%)	英国(%)	德国(%)	法国(%)	意大利(%)	日本(%)
1950	607.00	16.7	10.0	3.3	5.0	2.0	1.4
1960	278.70	11.6	8.0	8.9	5.4	2.0	3.0
1970	3120.70	12.5	6.2	10.3	5.7	4.2	4.9
1980	19942.87	10.7	5.6	9.4	5.4	3.8	6.3
1989	31000.00	11.8	4.9	11.0	5.8	4.6	3.9
1992	37000.00	12.1	5.2	11.6	6.4	4.7	9.2
1995	50200.00	11.6	4.8	10.1	5.7	4.7	8.8

资料来源:联合国贸发会议,《国际贸易与发展统计手册》,1993 年,第 2 页;关贸总协定 1988 年、1989 年、1992 年年度报告;世界贸易组织秘书处 1995 年 4 月 4 日报告。

2. 战后国际贸易发展经历了由高速发展转向向缓慢、停滞和回升的三个阶段

战后，国际贸易的发展变化大致可分为三个阶段。从战后到 1973 年石油危机爆发为第一阶段;1973 年到 80 年代末 90 年代初的东欧剧变、苏联解体为第二阶段;90 年代初以来是第三阶段。第一阶段国际贸易增速超过了生产增速。1950—1973 国际贸易出口增速为 7.3％，而同期的世界生产量年平均增长率不过 5.4％。

1973 年石油危机爆发后,西方发达国家经济遭受沉重的打击,陷入经济滞胀困境,受其影响,国际贸易出口量年均增长率明显下降。从 1973 年到 1985 年,世界出口贸易量的年均增长率只有 2.4%,其中 1981 年世界出口贸易量增长停滞,1982 年不仅没有增长,据关税和贸易总协定估计,反而下降了 2%。

90 年代初,国际贸易发展开始回升,其增长速度高于同期世界经济的增速。1990—1997 年世界商品贸易的年增长率约在 4%～10% 之间波动,而世界经济的增长率则最高年份不过 4%,最低年份不到 2%。60 年代国际贸易占全球 GDP 的比重为 24%,到 2000 年这一比重上升到 51%。从各国情况看,也基本呈这一趋势。如美国 1980 年对外贸易占其 GDP 的比重为 21%,2000 年这一比重上升为 26%;德国这两个年份的比重分别是 58% 与 68%,英国是 52% 与 57%,法国是 44% 与 57%,印度是 17% 与 27%,中国则从 13% 猛增到 50%。

3. 国际贸易商品结构不断优化

最明显的变化就是工业制成品在国际贸易中的比重逐步超过了初级产品。从表 11.3 可见,战前 1937 年工业制成品比重只有 36.7%,战后逐步上升,到 1990 年已达到 75%。贸易结构的变化不仅表现在商品贸易内部,而且从广义的角度看,它还表现在服务贸易和技术贸易的迅速发展上。战后,国际服务贸易正成为各国新的经济增长点。目前,发达国家服务业占其国内生产总值比重达 2/3,其中美国已达 3/4,发展中国家这一比重也达 1/2 左右。发达国家服务业从业人数占其总就业人数比重达 2/3,发展中国家这一比重达 1/3;服务贸易额到 90 年代初已接近 1 万亿美元,技术贸易额估计也超过 500 亿美元。

表 11.3 初级产品和工业制成品在国际贸易中的比重

	1937	1955	1963	1970	1987	1990
初级产品	63.3	51.0	42.3	42.6	27.8	25.0
工业制成品	36.7	49.0	55.9	55.4	68.8	75.0
其他	—	—	1.8	2.0	3.4	—
总计	100	100	100	100	100	100

资料来源:P. L. 耶茨:《对外贸易四十年》,联合国贸发会议与发展统计手册,1989;陈源、高玲珍编著《国际贸易》,北京大学出版社 1994 年版,第 75 页。

4. 战后发达国家的技术性贸易壁垒已代替传统的贸易限制,成为主要的限制进口和保护贸易的措施

据统计,20 世纪 70 年代,在国际贸易的非关税壁垒中,约有 10%～30% 是

由技术障碍引起的,进入 90 年代后,这一比重不断上升。世界贸易组织货物贸易理事会每年得到的有关《TBT 协议》的通报有 600—700 件,是各协议中最多的。近年来,国际上主要的贸易争端主要都与技术性贸易壁垒有关,如出口木质包装案、金枪鱼案、二恶英污染案等。

5. 跨国公司在国际贸易中的地位越来越重要

1968 年全世界跨国公司只有千余家,它们在国外的子公司仅 27300 余家;1997 年跨国公司已发展到 6 万多家,海外分支机构 8 万多家,总产值达 2.1 万亿美元,总出口额接近 2 万亿美元,占全球出口总额(6.5 万亿美元)的 1/3。此外,跨国公司的内部贸易已成为世界进出口贸易的一个主导因素。据联合国贸发跨国公司与投资司 1994 年指出:"世界贸易中约有 1/3 属于企业内贸易,约 80％的技术转让费支付发生在同一企业内部"[①]。跨国公司及其内部贸易的迅速发展推动国际分工的深化,影响国际贸易的商品结构和地区分布。

以上是发达国家对外贸易总体上的共性特点,其中主要发达国家美国、欧盟、日本的对外贸易具体发展状况又显示出不同个性。

11.1.2　美国的对外贸易

第二次世界大战后,美国的经济实力不断壮大,成为当今世界最主要的发达国家,具有世界上最高的生产力水平和劳动生产率,在科技领域中居世界领先地位[②],是世界上最大的专利出口国;美国的国民生产总值遥遥领先于世界各经济大国,1995 年美国的 GNP 为 7.1 万亿美元,占世界 GNP 总额的 25.6％,人均 GNP 达 2.7 万美元;美国的产业结构发生了巨大的变化,战后在新科技革命的推动下,第三产业在国民生产总值的比例为 70％以上,服务业、金融保险业、商业的发展非常迅速。近三十年来,美国制造业的总的发展趋势是从资本密集型、劳动密集型和资源密集型产业,向高技术密集型产业转化,高新技术产业的就业份额提高了 20％。近几年来,美国无论是货物贸易的出口,还是服务贸易和技术贸易的出口均位居世界第一。研究美国经济贸易的发展规律,具有重要的典型意义。

1. 战后美国对外贸易发展状况和特点

美国的进出口贸易额一直是世界上数一数二的。1985 年以前,美国一直是

---

① 联合国贸发跨国公司与投资司:《1994 年世界投资报告:跨国公司、就业与工作环境》,联合国出版署。

② 根据世界经济论坛的排序,其增长竞争力构成成分中,技术指数排序是第一。《世界经济论坛 2002--2003 年全球竞争力报告》,机械工业出版社 2003 年版。

世界上最大的贸易国家;1986年,美国的贸易降到原联邦德国之后,位居世界第二;1989年,美国又成为世界最大出口国;1990年,德国又超过美国再次成为世界最大出口国。从1991年起,美国又重新超过德国成为世界最大的出口国。

战后美国的对外贸易发展速度总体较快,其中进口又明显快于出口。1946年美国的出口贸易额为690亿美元,到1994年达到5124亿美元,48年间增长了6.43倍,年均增长率为4.27%;而同期进口贸易从420亿美元上升到6893亿美元,增长了15.41倍,年均增长率高达6%。2000年美国商品进出口总额达到19991.17亿美元,其中出口7824.28亿美元,进口12167.43亿美元,分别比1999年高出12.45%和18.75%,创历史新高。

战后美国外贸地区结构发生了深刻的变化。美国的贸易对象主要是西欧、日本和加拿大,但近年来这一趋势有所改变,美国的贸易重心已逐步转向亚太地区。1948年美国对西欧的出口额占其出口总额的比重曾高达35.2%,1975年下降为30.4%,1992年进一步降到19.2%;而美国对亚洲的出口比重却越来越大,1946年仅为12.7%,1982年上升为31.8%,首次超过欧洲,1992年这一数字达到66.4%。可见,美国的外贸重心已从欧洲转移到亚太地区。在进口方面,亚太地区一些新兴工业化国家和地区,如日本、中国、中国台湾地区、韩国、新加坡、中国香港地区和东盟等,在其进口贸易中所处的地位日益重要。这些国家和地区所占份额1980年为7.3%,1984年为11.5%,1993年上升到21.6%。1994年,美国的十大进口伙伴中有半数是亚太地区的国家和地区。

美国外贸商品结构也发生了重大变化。美国进出口商品构成具有不断高级化的趋势。1950年初级产品占美国进口总额的70.2%,制成品占28.5%,其中燃料、矿产品和金属1970年在总出口中所占比重为9%,1985年下降至8%,1993年仅为4%;其他初级产品也大幅下降。到1991年,初级产品进口所占比重已下降到22%,而制成品则上升为78%。在工业制成品中,机械运输设备、杂项制成品、化学制品美国出口总额中所占比重最大且相对稳定,2000年这三大类商品出口占美国总出口额的比重是67.85%。与出口商品结构特点相似,机械及运输设备等资本品的进口在美国总进口中也同样占有很重要的地位。2000年,这两大类商品的进口额是5531.87亿美元,占进口总额的45.46%。高新技术,具有高附加值的商品在美国对外贸易中占重要地位,且占出口比重不断提高,根据美国商务部资料,2000年美国先进技术产品进出口总额达到4493.07亿美元,在美国对外贸易总额中占17.91%。

美国在国际服务贸易方面居世界领先地位。服务贸易出口在世界服务业出口中所占份额一直在10%以上,大大高于其他发达国家。服务贸易在美国外贸进出口总额中的比重日益提高。1980年服务业出口占出口总额的13.8％,1993年已达26.1％;服务贸易进口占进口总额的比重也从1980年的12.4％上升到1993年的17.3％。服务贸易每年有大量的贸易顺差,为改善美国商品贸易收支逆差起了十分重要的作用(见表11.4)。

表11.4　美国1998—2002年服务贸易顺差　　　单位:亿美元

年份	1998	1999	2000	2001	2002
顺差额	799.6	805.9	797.8	694	648

资料来源:根据美国商务部统计数据汇编。

美国对外贸易发展的主要问题是巨额贸易逆差。1971年美国商品贸易中首次出现了20亿美元的贸易逆差,1977年上升到292亿美元,1984年首次突破1000亿美元,1987年上升为1736亿美元,1997年更达到2044亿美元,1999年美国的外贸逆差增加到3259亿美元。2000年美国的贸易逆差达到历史新高,为3753.8亿美元。2002年再创新高,增至4180.4亿美元。日本一直是美国最大贸易逆差国,1985年美国对日本的贸易逆差占其全部贸易逆差的比重是1/3;但2000年以后中国已取代日本,成为美国的第一大贸易逆差国,2000年美国对中国贸易逆差是838亿美元,而对日本是816亿美元。2001年美国对日本的贸易逆差是690亿美元,对中国是831亿美元;2002年对日本是700亿美元,对中国是1031亿美元。美国巨额贸易逆差主要原因有:①美元比价过高;②美国产品的国际竞争力下降;③美国进口迅速攀升。其原因在于:一是美国私人消费势头旺盛;二是美国产业结构调整,增加对国外进口的传统工业品依赖性。此外,新兴工业化国家以其廉价的劳动力使纺织品、服装等劳动密集型产品以及钢铁、家电等部分资本和技术密集型产品在美国市场上具有相对强的竞争力。

2. 战后美国的外贸政策与措施

美国对外贸易政策的改变受其经济实力的制约。美国在经济实力处于绝对优势时,倾向推行贸易自由化外贸政策;当其实力逐渐削弱而处于相对优势地位时,推行贸易保护主义则成为其外贸政策的主要倾向。

(1)自由主义的公平贸易

第二次世界大战后的美国是世界上最强大的经济和贸易国家,打破高关税壁垒、实现贸易自由化符合美国垄断资本对外扩张的需要,因此美国成为战后贸易自由化的积极倡导者和推动者。其贸易自由化在以下几个方面体现出来:

①1962年10月4日,肯尼迪政府颁布的《扩大贸易法》取代了1934年的《贸易协定法》,该贸易新法是美国追求自由贸易的真正开端。该法在关税减免、

推动贸易自由化方面给予总统更大授权，总统可削减关税 50％ 以上，直至 100％。

②在战后多次关税总协定谈判中，美国政府奉行多边主义和自由贸易的原则，使得减低各国关税取得实质性进展。1967 年 6 月底，关贸总协定成员国在"肯尼迪回合"减税谈判中达成协议，确定工业品关税平均削减了 35％，减税分五期进行，至 1972 年 1 月 1 日全部完成。

③美国国会通过了《1974 年贸易法》。新贸易法的重点在于授权总统就消除非关税壁垒与各国进行谈判，而此前没有涉及非关税壁垒问题；同时，美国为了进一步扩大农产品出口，新贸易法强调关税和非关税壁垒的消除不仅包括工业品，也包括农产品；新贸易法还规定了"进口补救"措施，即当进口商品的竞争发生"严重危害"时，总统有权采取提高关税、设置进口限额等措施，这就是有名的"301 条款"。"301 条款"反映了 1971 年美国贸易收支出现了自 1894 年以来的首次逆差后，美国的贸易保护主义势力开始抬头，但美国还未从根本上改变自由贸易政策。

通过关税及贸易总协定的七轮谈判，美国的关税壁垒大大降低。从关贸总协定成立前的进口商品平均关税为 26.4％，到 1987 年东京回合的减税完成之后，美国除石油以外的工业品关税减税至 4.3％。

(2)新贸易保护主义

从 20 世纪 70 年代末开始，美国的经济形势不容乐观，外贸逆差逐步扩大。日本、西欧经济的崛起动摇了美国在世界经济中的领导地位，美国认为贸易自由化政策导致其贸易伙伴的出口增加。在这种情况下，美国国会在制定贸易法案时，采取了强硬的态度。《1988 年综合贸易法》对"301 条款"作了重大修改，并增加了新规定，形成"普通 301 条款"、"特殊 301 条款"和"超级 301 条款"，将保护对象扩展到服务贸易、投资、知识产权领域，具有强烈的攻击性。新贸易保护主义的主要表现在于：①限制进口的主要措施从关税壁垒转向非关税壁垒；②扩大征收"反倾销税"与"反补贴税"的行动；③加强财政、金融、外汇等鼓励出口措施。

11.1.3 欧盟的对外贸易

欧盟在世界经济中具有举足轻重的地位。它的前身是欧洲经济共同体，是由法国、联邦德国、意大利、荷兰、比利时和卢森堡 6 国签订的《罗马条约》，于 1958 年 1 月 1 日成立。1967 年 7 月，欧洲经济共同体与欧洲煤钢共同体、欧洲原子能共同体合并，合并后仍称欧洲经济共同体。1973 年 1 月 1 日，英国、爱尔兰和丹麦加入，欧洲经济共同体扩大为 9 国。至 1986 年 1 月 1 日，希腊、葡萄牙和西班牙先后成为其成员国,欧洲经济共同体扩大为12国。1995年1月1日起,芬兰、奥地利和瑞典又加入,欧洲联盟扩大成15国。通过《经济与货币联盟条约》(即《马斯特里赫特条约》),欧盟向经济与货币联盟迈出了实质性步伐。

1. 欧洲联盟对外贸易发展状况与特点

欧盟对外贸易额增长较快,贸易地位显著提高。从1950年到1995年,欧盟地区出口与进口贸易额年均增长分别是11.5%和11.1%,均高于同期世界贸易额年均增长相应的比值11.1%和11.0%。随着欧盟对外贸易的较快增长,它在世界出口贸易中的比重显著上升,从1950年占世界出口的30.7%提高到1998年占世界出口的41.5%。

欧盟对外贸易的另一个显著特点就是成员国之间的内部贸易比重不断扩大。成员国的内部贸易占其出口总额的比重从1958年的32.1%提高到1996年的60.4%,目前已达到65%以上。

欧盟全部对外贸易的80%左右是与发达资本主义国家进行的,其中除了内部贸易外,欧盟的主要对外贸易对象就是美国,但与美国的贸易额总的呈下降趋势,进口占欧盟进口总额的比重从1958年的11.4%下降到1992年的7.2%;出口从1958年的7.9%下降到1992年的6.5%。并且欧盟与美国一直存在农产品方面的贸易摩擦。这是由于欧盟实行共同农业政策,对农产品进口实行差价税,给予农产品出口补贴,从而使美国农产品处于不利的竞争地位。

欧盟与日本的贸易历来不大,与发展中国家的贸易呈下降趋势。1958年与发展中国家的进口与出口分别占其进出口总额的29.3%和27.4%,但到1992年,这一比重分别下降到12.1%和13.4%。欧盟是中国仅次于日本、美国的第三大贸易伙伴。

欧盟的对外贸易商品结构中,工业制成品占主要地位,其中机器设备处于最重要地位,其次化工产品出口呈缓慢上升趋势,70年代中期以来,高新技术产品在欧盟对外贸易领域占据越来越重要地位。20世纪70年代以来,工业制成品占其出口的70%左右。20世纪90年代以来,这一比重进一步上升,1994年工业制成品占其出口总额的80%。

2. 战后欧盟对外贸易的政策与措施

(1)关税同盟

关税同盟是欧盟对外贸易政策的一项重要内容。其主要内容是:对内在成员方之间分阶段削减直至全部取消工业品关税和其他进口限制,实现共同市场内部的工业品自由流通;对外则通过逐步拉平各成员方的关税率,实行对外统一关税。为了实现关税同盟,欧洲共同市场采取了以下主要措施:①取消成员方之间的关税，统一对外关税率。先是原六国之间的工业品和农产品的减税，分别于1968年7月和1969年1月建成关税同盟；英国、丹麦和爱尔兰三国加入共同市场后，也分别与原六国之间分期减税，到1977年7月1日和1977年底，三国与原六国之间的工业品和农产品也分别实现了互免关税。此后，希腊、西班牙和葡萄牙加入欧共体也实现了关税同盟。从1986年3月1日起，欧共体的共同对外关税进行调整，到1993年开始全面适用欧共体对外关税。②实行差别关税。欧盟按进口产品的种类和来源国采取不同的税率。在农产品方面，实行共同的农业政策，其要点是：第一，对非成员方的农产品进口征收差额税，即按非成员方的进口价格同成员方农产品价格差额征税；第二，成立各类农产品的共同市场组织，制定共同价格，使农产品在共同体内自由流通；第三，对成员方农产品出口实行价格补贴，各成员方要把征到的农产品进口差额税上缴共同体，建立农业共同基金以补贴农产品出口。到1980年底，共同农业政策的实施范围已包括欧盟各国的绝大部分农产品。

(2)关税与非关税壁垒

欧盟对某些农产品如谷物、猪肉、禽肉、蛋品和奶制品等的进口征收差价税，这样就使美国、加拿大、澳大利亚、新西兰等重要农产品出口国出口的农产品在欧盟失去竞争的优势。

非关税壁垒是欧盟限制进口的主要措施，欧盟进口商品中有一半以上受到各种非关税壁垒的影响，其影响程度远远高于美国和日本。欧盟使用非关税壁垒主要有：进口配额制、"自动"出口限额制和进口许可证制。到2005年纺织品配额取消后，目前除了对部分钢铁仍实施关税配额外，欧盟基本上已取消了进口配额制；欧盟使用"自动"出口限额范围比较广，限制的主要为纺织品、服装、汽车、运输设备、钢和钢铁制品、鞋类等；进口许可证制的目的在于管理限制整个欧盟市场的进口产品和落实监督制。

(3)贸易条约和协定

欧盟通过签订贸易条约与协定，扩大对外贸易关系。如与非洲、加勒比、太平洋发展中国家签订的《洛美协定》，与欧洲自由贸易联盟签订自由贸易区协议，与地中海沿岸国家签订特别贸易和援助协定等。

11.1.4　日本的对外贸易

1. 日本对外贸易的发展状况与特点

日本经济在第二次世界大战后取得了巨大成功。从20世纪40年代一直到80年代，日本经济迅速崛起。日本的国民生产总值和工业生产总值在1968年超过联邦德国,仅次于美国,居资本主义世界第二位。

日本经济的许多增长是由不断增加的出口拉动的,其中出口贸易额的增长尤为突出。战后日本的对外贸易额增长迅速,出口贸易额由 1950 年的 8.2 亿美元增长到 1995 年的 4430 亿美元。1950—1995 年出口贸易的年均增长速度为15.8%,分别比同期工业发达国家出口贸易增长速度高 11.3 个百分点。相比之下,进口贸易增速略低于其出口贸易增速,进口贸易年均增长率在 1950—1995年为 13.8%。日本在世界贸易中的地位是逐步提高的。日本的出口贸易在世界出口贸易中所占的比重从 1950 年 1.4% 上升到 1970 年的 6.1%,1994 年更进一步提高到 9.5%。但从 1996 年起,日本的对外贸易由升转降。2001 年,其出口排名降为世界的第 26 位。

日本出口商品结构的显著特点是工业制成品所占的比重比较大,出口商品结构不断优化,而且出口商品比较集中。制成品在日本出口中的比重由 1970 年的 92.5% 上升到 1994 年的 95.6%;其出口商品比较集中,主要出口部门是运输设备、电子元件、非电子器械、消费用电器等,2001 年这些部门商品出口分别占世界市场份额的比重是 14.42%、14.12%、13.60%、10.4%[①],这些商品的出口占日本出口总额的比重超过 52%。

日本进口商品结构的最大特点是初级产品占进口的绝大部分,这是与日本自然资源贫乏,发展工业所需的原料、燃料等初级产品必须大量进口分不开的。不过,日本进口的初级产品在不同时期具体的项目有变化。50 年代的原材料所占比重较大,60 年代的纤维原料及食品的进口比重大大降低,燃料和矿产原料增加,70 年代的燃料进口比重大大提高。自 80 年代以来,日本进口制成品的比重上升,从 1984 年的 30% 上升到 1994 年的 55%,1995 年已超过进口商品的60%,这和日本海外投资企业的产品返销比率不断扩大是分不开的。

从日本进出口地区来看,日本对发达国家与发展中国家或地区的出口大体各占一半。日本的出口对象主要是美国和亚洲国家,特别是东南亚国家。日本对这两个市场的出口一直占其出口总额的一半以上。1995 年日本对美国、加拿大出口占其出口总额的 28.9%,对西亚以外亚洲国家或地区的出口占其出口总额的 43.4%。日本对美国的出口,在 50 年代主要是纺织品,60 年代以来钢铁、收音机、电视机、汽车的出口数量不断增加。日本对美国出口大于进口,有巨额顺差。日本对中东和西欧的出口增长较快,对中东的出口占其出口总额的比重

---

① International Trade Centre UNCTAD/WTO. 转自《世界经济论坛 2002～2003 年全球竞争力报告》,机械工业出版社 2003 年版,第 418 页。

从五六十年代的 3％左右增加到 80 年代的 12％,1993 年上升到 13.5％。日本对西欧的出口也是逐步上升的,1995 年对这一地区的出口占其出口总额的 16.7％。

日本的进口有一半来自发达国家。日本从美国和加拿大的进口约占其进口总额的 1/3。这一比重不断下降,从 1970 年的 34.4％下降到 1994 年的 25.9％。南亚和东南亚一直是日本工业原料和食品的重要来源地,而中东地区是其石油等燃料的进口地区,从五六十年代进口占其进口总额的 10％,一直上升到 1980 年的 40.4％,此后不断下降,1995 年已降至 12.8％。

2. 战后日本对外贸易的政策与措施

第二次世界大战后,日本的外贸政策是随着日本经济形势的变化和日本在世界市场上地位的变化而变化的。战后到 50 年代末期,实行严格的外贸管制;此后,逐步实行了贸易自由化。其贸易政策的总发展趋势是从对进口限制由严格向逐步有选择地放松,贸易自由化水平不断提高;同时,鼓励和促进出口是其一直奉行的贸易政策。

(1)从限制进口到进口自由化

战后至 50 年代,是日本进口限制最严格的时期。1949 年 12 月,日本颁布了《外汇与外贸管理法》,对外汇和外贸进行直接管制,50—60 年代日本进口税一直呈递增趋势。进入 60 年代,日本经济迅速发展,同时在强大的国际压力下,日本政府不得不废止了各种管制进口的行政措施,实行贸易自由化政策。1960年颁布《贸易与外汇自由化计划大纲》并开始实施,日本的贸易自由化率从 1960 年 4 月的 41％上升到 1964 年 4 月的 93％左右,直接管制也逐步过渡到关税政策。70 年代以后,日本的贸易自由化程度进一步提高。1979 年 12 月颁布了《新外汇法》,对进口受限制的商品由 1970 年的 90 种减少到 1979 年的 27 种,限制进口品种的比率降到 3％,进口自由化比率达 97％。80 年代以后,日本贸易收支顺差不断扩大,同其他发达国家贸易摩擦迭起。为缓和外贸摩擦,日本政府采取进一步开放国内市场的政策,通过简化进口手续、降低进口关税、完善进口信贷体制、扩大制成品进口等措施,使日本的贸易自由化程度越来越高。

(2)鼓励出口的政策

鼓励和促进出口是日本战后一直奉行的贸易政策。日本出口战略主要集中在不断提高有关产业的效率、质量和生产率上。战后至 60 年代,日本振兴出口的政策措施有:1954 年成立了财团法人"海外贸易振兴会"(1958 年改称"日本贸易振兴会"),专门为日本企业进入海外市场服务;对出口企业实行出口优惠融资制度,设立了日本进出口银行融资制度、出口保险制度、外汇资金贷款等制度,极大地促进了日本的出口。

60 年代以后,日本继续推行振兴出口的贸易政策,完善了振兴出口贸易的有关制度和措施,并推行多元化的出口贸易政策,迅速促进了出口的扩大。

70 年代,日本重视调整产业结构,实行促进出口商品结构的升级和市场多元化政策,并加强对外投资和经济合作。

80 年代,在继续调整产业结构的同时,迫于对美欧贸易摩擦的加剧,日本开始向"有节制地出口"转变,宣扬"海外投资立国"的思想,鼓励企业对外投资,以替代直接的商品出口。同时,鼓励区域经济合作,谋求日本经济的国际化,也为更进一步的对外贸易发展创造有利的国际环境。

值得关注的是,日本经济的这种成功与不断发展在 20 世纪 90 年代戛然而止,20 世纪 90 年代 10 年内的年均 GDP 增长下降到 0.6%。失业从 1990 年的 2.3% 上升到 2002 年的 5.4%。造成这种结果的原因是多方面的:一是以出口导向型为特征的日本经济出现了由于出口减少而制造业缩小、进口增加代替了国内生产的现象;二是制造企业持续到海外投资,以至造成国内投资萎缩、社会需求流失等严峻的局面。这种局面迫使日本不得不重新审视其自身到目前为止参与东亚国际分工的状况,进而进一步调整其战略目标和形式。然而,不管日本政府如何努力,日本经济至今依然不景气。

11.2 发展中国家和地区的对外贸易

11.2.1 发展中国家和地区对外贸易的基本特点

发展中国家人口众多,人均国民收入较低,经济发展不平衡,普遍存在所谓的二元经济结构现象。第二次世界大战后,发展中国家的对外贸易状况和发展变化可归纳成如下特点:

1. 在世界贸易中的所占比重小,且呈下降趋势

发展中国家和地区在世界贸易中的比重从 1950 年的 33% 下降到 1996 年的 28%。

2. 对外贸易发展不平衡

(1)发展中国家对外贸易在各洲的分布中,50 年代,亚洲第一、拉美第二、非洲第三;60 年代以后,亚洲发展较快,非洲也较快,缩小了与拉美的距离。1996

年世界出口贸易中,亚洲发展中国家和地区占 21.8%,拉美占 4.8%,非洲占 1.9%。

(2)发展中国家制成品出口集中在少数国家和地区。中国香港、韩国、印度、巴西、新加坡、墨西哥、阿根廷、巴基斯坦、泰国和马来西亚约占发展中国家和地区制成品出口的 70%以上。

(3)制成品出口国家在世界出口贸易地区分布中呈上升趋势,而其余的发展中国家所占比重呈下降趋势。从 1955 年到 1996 年,制成品出口国家在世界出口贸易所占比重从 4.4%提高到 16.3%,而其余发展中国家所占比重从 14.2%下降到 7.3%。

(4)在整个发展中国家和地区贸易中,石油出口国家贸易始终处于顺差地位。其顺差从 1955 年的 22.90 亿美元上升到 1980 年的 1827 亿美元,1996 年为 912 亿美元。

3. 进出口商品结构有改善

战后初期,发展中国家和地区在进出口商品结构上,主要以出口初级产品为主(如农产品、矿产品),进口则以工业制成品为主。随着发展中国家经济的发展,工业制成品在出口商品比重中有所提高,所占比重从 1955 年的 7.6%提高到 1995 年的 66.6%,制成品在进口中的比重从 1970 年的 67.5%上升到 1995 年的 76.5%。

4. 主要贸易对象是发达国家,但比重在下降

1970 年向发达国家的出口占发展中国家和地区总出口额的 71.6%,1995 年下降到 55.0%,同期从发达国家的进口占整个进口中的比重从 72.2%下降到 57.3%。而同期发展中国家相互的进出口贸易均有所增长,占其总出口额的比重也有所提高,从 1980 年的 26.5%逐步上升到 1995 年的 36.6%[1]。

11.2.2　发展中国家的对外贸易政策与改革措施

战后,多数发展中国家相继制定了对外贸易发展战略和措施。这些发展战略和措施主要体现在以下几个方面:

1. 进口替代战略

所谓进口替代贸易(Import Substitution),就是通过建立和发展本国的制造业等其他工业,替代过去的制成品进口,以带动经济增长,实现工业化,纠正贸易

---

[1]　World Economic Survey, United Nations, 1992, Annex, Table A. 16;Direction of Trade Statistics, Yearbook, IMF, 1996.

逆差,平衡国际收支。

大多数发展中国家在工业化初期选择了这种进口政策。其办法是:利用高额关税、进口许可证或数量限制等非关税手段,来限制直至完全禁止制成品特别是基本消费品的进口,保护国内市场;同时利用严格的外汇管理政策、币值高估的汇率制度,鼓励基本消费品工业所需原材料和技术设备的进口,达到扶持本国新兴消费品工业发展的目的;实行优惠的投资政策,通过减免税优惠发展国民经济重点部门,通过发放低息优惠贷款支持进口替代工业的发展,以最终实现基本消费品进口替代。

进口替代战略对经济发展会产生积极和消极两方面的影响。主要的积极影响有:①为发展中国家的工业尤其是制造业的发展创造有利条件;②促进了这些国家经济结构的改善,国内生产总值中工业特别是制造业的比重上升较快,而农业的比重相对下降;③能保证把外汇用在最关键的地方,发挥最大的效益。进口替代战略的主要消极影响有:①阻碍出口的发展,容易导致国际收支的恶化,原因主要在于:一方面进口机器设备、中间产品和原材料需大量外汇,另一方面受贸易保护和汇率措施影响的国内工业产品成本高、质量低而缺乏出口竞争力,结果进口替代的贸易政策并没有缓和发展中国家国际收支上的困难,反而使情况日趋恶化;②忽视其他非进口替代经济部分的发展,尤其是忽视了基础工业和农业的建设;③过度限制进口会排斥竞争机制,保护落后,降低国民经济长期的和整体的效益。

2. 出口导向战略

所谓出口导向(Export Orientation)贸易战略,就是使本国的工业面向国际市场,并以制成品出口逐步替代过去的初级产品出口。这种贸易政策的主要目的是,利用扩大出口来积累资金,从而带动整个工业和国民经济的发展与增长。

由于国际收支恶化等因素,一些发展中国家或地区在第一阶段基本消费品进口替代完成以后,实行了发展战略的转化,选择了出口导向的进口贸易政策,如60年代中期前后,首先是东亚和东南亚的一些国家和地区如新加坡、韩国、我国的台湾省等。这些国家利用自身的廉价劳动力优势,通过积极引进外国资本和技术,进口外国廉价的原料和能源,发展劳动密集型的加工装配工业,通过出口带动了经济的增长,缓和国际收支的严重压力。此后,巴西、墨西哥、菲律宾、马来西亚、泰国、印度、巴基斯坦、土耳其等国都先后不同程度地转向这种出口替代发展贸易战略,或采取进口替代和出口导向相结合的战略。

实行出口导向贸易政策关键是提高出口商品的竞争能力,开拓和扩大国际市场。为此,实行这一贸易政策的发展中国家和地区相应采取了一系列的政策和措施。①在外贸政策上,通过对出口产品给予补贴、减免关税、提供信贷和保险,出口部门所需的原材料、零配件和机器设备的进口减免关税或减少进口限制;②在外汇和汇率政策上,主要改变本币高估而不利于本国产品出口的情况,从高估汇率逐步向均衡汇率靠拢,有的国家甚至还实行低估汇率政策,以鼓励出口;③在投资政策上,对面向出口的企业提供减免企业所得税、营业税等更大的优惠;④在外资政策上,一些国家和地区实施了有利于吸引和鼓励外国投资的政策,给外国投资者提供各种优惠和方便。

出口导向战略的优点是:①促进了出口贸易发展,从而增加资金积累,有利于改善一国经济发展的条件,使国民经济出现较快的发展;②引进竞争机制,理顺资源配置关系,有利于经济效率的提高;③制造业在国民生产总值中所占比重显著上升,工业化进程快于其他发展中国家;④符合国际贸易规范,遭到报复的概率降低。

出口导向战略也存在一些问题:①出口导向战略使一些发展中国家和地区严重依赖世界市场,从而容易受到世界市场波动的冲击;②出口导向战略推动了出口,但同时原料、零部件、能源以及机器、设备的进口也同步加快,结果使许多发展中国家出现了严重的国际收支困难,背上沉重的债务负担;③另一个不良后果是工业自主性差。许多出口工业部门成为加工装配型工业,对外国技术和原材料依赖性强,同时国内一些重要工业部门,特别是机械、化工、电子电器、医药、汽车等新兴工业,不同程度地被外商所控制。

3. 积极拓展出口市场和扶持出口的政策与措施

(1)通过建立地区性贸易集团扩大集团内部贸易。近几年西方国家纷纷建立区域经济集团或构筑经济圈,这种趋势使发展中国家得到了重要的启示。发展中国家的区域经济合作也进入了新的活跃期。一方面,原有的区域经济合作组织提出了新的目标,如 1967 年成立的东南亚国家联盟(ASEAN,简称东盟),在 1999 年提出了未来 15 年建立自由贸易区的新目标。另一方面,新的区域经济合作组织纷纷涌现,北非的马格里布联盟先建立自由贸易区,1995 年以前建立关税同盟;东亚合作从 1997 年正式启动,已构筑了良好基础,目前一年一度的"10＋3"会议走向正式化;再如,2001 年成立的贸易和反恐合作的上海合作组织,至今已举行了五次峰会,步入了实质性合作阶段。

(2)通过引进外资扩大出口。发展中国家通过引进外资与外商合资经营,利用外方的先进技术和信息,开发出口新产品,利用外方的出口渠道扩大出口,也是避开进口配额、突破贸易壁垒的有效途径。一些新兴工业化国家和地区如韩国、中国台湾、中国香港、新加坡、阿根廷、巴西等在这方面取得较大发展。

（3）在扶持出口方面，许多发展中国家都放松了对出口贸易的控制，取消出口许可证制度，简化出口手续，同时为增强本国产品在国际市场上的竞争能力，各国政府对本国出口商品实行出口退税、免征增值税、补贴、提供信贷和担保等一系列财政和金融手段。例如，80年代后半期，智利政府规定：年出口额不到750万美元的商品退税10%，对年出口超过750万美元但不足1125万美元的商品退税5%；智利政府还实行刺激出口的财政、金融政策，为中小企业提供出口信贷，对非传统商品出口实行信贷保险，对传统产品出口增加10%的补贴；此外，为了鼓励商品出口，智利政府在汇率方面实行合理的货币贬值，以促进出口。

4. 加强管理与逐步自由化

为加强对外贸易的管理，许多发展中国家一方面对对外贸易机构作了不同程度的调整，以更有效地实施管理；另一方面也制定了有关政策、法令，并协调和监督政策的实施，以保护出口商的合法权益。

80年代以来，发展中国家和地区逐步实行开放的贸易政策，相继放宽或取消进口许可证制度、降低关税率，逐步减少和取消非关税壁垒，开放国内市场，实施自由贸易政策。

11.3 新兴工业化国家的对外贸易

我们把典型的市场经济国家分成两类：一类是最发达的市场经济国家，包括澳大利亚、荷兰、法国、英国和美国；另一类是新兴工业化国家或地区（Newly Industrializing Countries or Emerging Economies），此类国家或地区从20世纪60年代亚洲"四小龙"开始，包括巴西、墨西哥、埃及、印度尼西亚、马来西亚等。以下主要以亚洲"四小龙"为例，说明新兴工业化国家经济与贸易发展的一些共同特征。

亚洲"四小龙"的发展道路

在20世纪60—80年代，亚洲"四小龙"经济高速发展，其成功的发展道路和较高的增长率为世人称奇。因此，研究"四小龙"的发展道路，对发展中国家确立经济发展理论、模式和制定政策具有启发和借鉴意义。

1. "四小龙"经济发展状况与特点

亚洲"四小龙"即新加坡、韩国及中国的台湾和香港地区，是第二次世界大战

后,尤其是 60 年代中期以来世界上经济发展最为突出的典范。这四个国家或地区的经济发展特征表现为以下几个方面:

(1)经济增长速度快。50 年代,"四小龙"经济非常落后,经过战后 30 多年的发展,迄今已进入发展中国家的最高发展水平行列。在 20 世纪 60—80 年代中期,新加坡的 GDP 平均实际增长率为 9%,韩国为 8.4%,中国台湾为 9.1%,中国香港地区为 8.2%。这种发展速度在世界上是少见的,它不仅大大高于同期发展中国家和地区 5.3% 的平均增长水平,也大大高于发达国家 4% 的平均增长水平。以人均 GDP 衡量,2001 年韩国已近 2 万美元,而新加坡、中国台湾和中国香港地区均超过了 2 万美元,这些数据已接近或超过了世界主要发达国家的同期水平(见表 11.5)。

表 11.5　2001 年"四小龙"及世界主要发达国家的人均 GDP 单位:美元

	新加坡	韩国	中国台湾	中国香港	美国	德国	加拿大
人均 GDP	23 250	18 149	22 559	25 581	34 888	25 715	28 611
世界排名	20	26	21	15	1	13	6

资料来源:《世界经济论坛 2002—2003 年全球竞争力报告》,机械工业出版社,2003 年 8 月。

(2)经济增长的外向型程度极高。50 年代,"四小龙"经济处于起步阶段,除中国香港地区和新加坡外,中国台湾和韩国属内向型经济。60 年代中期以后,"四小龙"提出了"出口为生命线"、"出口第一"等口号,使出口增长的成效相对显著。自 60 年代中期以来的 20 多年时间里,中国香港和新加坡的出口贸易平均增长率在 18% 左右,中国台湾和韩国的出口贸易年平均增长率达 25% 以上。1980—1987 年,发达国家出口年平均增长率仅为 3.7%,发展中国家为 1.1%,而新加坡为 6.5%、中国台湾为 15.3%、中国香港为 13.7%、韩国为 14.8%。由于"四小龙"对外贸易,特别是出口贸易的持续增长,成为经济发展的重要动力,有力地带动了"四小龙"的经济发展。

(3)工业化进展迅速。在 50 年代前后,"四小龙"的经济结构按性质可分为两种类型:新加坡和中国香港为贸易型,对外贸易是它们的主导产业,其他部门都是为对外贸易服务的;韩国和中国台湾还是以农业为主,工业基础薄弱,主要是一些轻纺部门。60 年代后的 20 多年里,随着工业化进程的加快,工业逐渐成为它们经济中的一个重要支柱,国民经济中农业的比重进一步下降,工业制成品的比重大幅度提高。不过,"四小龙"的工业起初还是以劳动密集型部门为主,进入 70 年代后,都不同程度地向重工业化和高科技化转移。从 1965—1987 年,机械、运输设备和其他制成品在出口结构中的比重变化是：中国香港由 87% 提高到 93.7%，韩国由 59% 提高到 92%。由此，亚洲"四小龙"在战后不到 30 年的时间内实现了压缩型的工业化，由传统的农业经济或转口贸易经济转变为现代工业经济，比发达国家实现工业化少用了 70 多年时间。

2."四小龙"的外贸发展战略

亚洲"四小龙"经济起飞，具有多方面的因素，其中主要的推动因素应该是它们都实行了适宜的经济发展战略，其中包括适宜的对外贸易发展战略和政策。"四小龙"中除了中国香港长期实行自由经济政策外，其他都是在政府的干预之下，通过实施外向型经济发展战略实现的。在对外贸易方面，"四小龙"贸易发展战略主要分为进口替代、出口导向以及国际化、自由化和科技化战略三个阶段。

(1)进口替代与出口导向战略阶段

20 世纪 50 年代，即战后的经济发展早期，亚洲"四小龙"中的中国台湾、韩国、新加坡都经历了一个进口替代战略阶段。其实质是：以本国或本地区生产的工业制成品取代从国外进口产品，以满足国内市场的需求，并希望以此来逐步实现工业化。

经过进口替代战略阶段，亚洲"四小龙"以轻纺工业和劳动密集型产品为主的制造业有很大的发展。但由于它们均属于领土狭小、消费有限的国家或地区，内部市场已经不足以容纳迅速发展起来的劳动密集型的加工工业。另一方面，随着世界性产业结构的升级，美日等发达国家转向资本密集型工业，其国内市场所需的劳动密集型消费品的相当一部分，改为由进口解决。这样，亚洲"四小龙"在 60 年代开始逐步转向出口导向贸易战略阶段，走国际市场寻求出口。其基本内容是：大力引进国外资本和技术，结合国内的廉价劳动力，充分利用原有的工业基础和基础工业设施较好的条件，发展出口加工和装配工业，通过扩大对外贸易，来带动整个经济的增长。

(2)国际化、自由化和科技化战略阶段

进入 80 年代后，由于受两次石油危机的冲击，世界经济又进入了一个调整时期。生产力的发展及世界经济一体化和区域化步伐的加快，金融国际化和自由化趋势增强，贸易摩擦加剧。面对这些背景，深深卷入国际分工的亚洲"四小龙"也需要调整发展战略，重新对经济结构进行调整，以适应世界经济发展的潮流。这一战略主要有三个方面，即科技升级和工业结构高级化，经济结构多元化以及经济的国际化和自由化。

尽管亚洲国家特别是新兴工业国家，近些年开创的增长型经济取得了奇迹般的成就，但若要实现可持续发展，必须要将增长型经济转化为创新型经济，吸收外国技术,推动技术产业化,摆脱对外国直接投资的过度依赖,这样才能克服全球化带给发展中国家的负面影响。

11.4　中东欧转型经济国家的对外贸易

20 世纪 80 年代末和 90 年代初,原苏联、东欧(实际上是指"中欧和东欧",或其通用名称"中东欧")发生剧变,原来以苏联为核心的经互会解体,原经互会各国政治经济体制不复存在,故这些国家称为转型国家。目前,联合国把世界上的所有国家分为三类,即发达国家、发展中国家和中东欧转型经济国家。中东欧转型经济国家一共有 22 个,一是独联体国家,包括俄罗斯、乌克兰、白俄罗斯等共 11 个成员国;二是波罗的海 3 国,即爱沙尼亚、拉脱维亚和立陶宛;三是中东欧 8 个国家,包括原南斯拉夫、罗马尼亚、匈牙利、保加利亚、波兰、原德意志民主共和国、斯洛伐克和阿尔巴尼亚。

中东欧转型经济国家在转型后,给各国经济带来了重重困难:通货膨胀严重、失业人数增加、外债沉重,经济增长经历了几年的滑坡和低迷状态。1990—1995 年,它们总体实际 GDP 年均增长率是-7.5%。从 1995 年开始,这些国家的总体经济情况开始好转。1995—1999 年总体 GDP 年均增长率为 0.5%,2000 年和 2001 年经济状况进一步好转。2004 年中东欧经济转型国家的平均经济增长率为 6.1%,较 2003 年 5.6%的增幅提高 0.5 个百分点,其中独联体国家 2004 年平均经济增长率为 7.4%,除独联体国家外的东欧国家的经济增长率为 5%,中欧和波罗的海沿岸国家为 4.9%。

11.4.1　中东欧转型经济国家对外贸易总体概况

1. 进出口贸易状况开始好转

从 1995 年开始,转型经济国家的经济发展也带动了进出口贸易的发展。1995—2000 年期间,其 GDP 的总体增长率为 1.4%,进口额增长率是 4.0%,而出口增长率达到 6.5%。其在世界贸易中的比重很小,但在逐步上升。转型经济国家占世界出口额的比重,1995 年是 3.1%,2000 年上升为 4.4%;其占世界出口额的比重从 1995 年的 2.9%上升到 2000 年的 3.7%。

2. 贸易流向和贸易产品结构

由于地理位置的原因,目前中东欧转型经济国家的主要贸易对象是西欧国家,其次是转型国家之间贸易,再次是亚洲、北美、中东、拉丁美洲以及非洲。2000年西欧国家的进出口贸易额占其贸易总额的一半以上,其中出口占54.1%,进口则占56.6%,其进出口内部贸易占进出口总贸易额的比重分别是31.5%和26.6%。

表 11.6 2000 年贸易流向和贸易产品构成

	出口贸易量 (10 亿美元)	份额	
		出口(%)	进口(%)
总　计	271	100.0	100.0
地区			
北美	12	4.2	2.8
拉丁美洲	6	2.3	1.2
西欧	147	54.1	56.6
转型经济国家之间	72	26.6	31.5
非洲	3	1.0	0.5
中东	7	2.4	0.7
亚洲	20	7.6	6.7
产品分类			
农产品	24	8.9	10.7
矿产品	93	34.3	15.0
工业制成品	147	54.2	72.0

资料来源:世界贸易组织 2002 年年度报告。

转型经济国家进出口贸易产品结构的主要特点是:工业制成品位居第一,矿产品第二,农产品第三。1995 年转型经济国家货物出口额是 1535 亿美元,其中制成品为 831 亿美元,占 54.1%;矿产品为 458 亿美元,占 29.8%;农产品为 212亿美元,占 13.8%。从表 11.6 可见,2000 年这些产品出口额的相应比重分别是54.2%、34.3%和 8.9%,与 1995 年的数据相比,进出口贸易产品结构没有根本变化。

11.4.2 中东欧转型经济国家对外贸易体制与措施

中东欧转型经济国家的外贸体制与措施的变化主要表现为:废弃记账贸易方

式;变更国家垄断外贸体制;改革进出口关税,减少或取消出口限制与许可证制度。

1. 废弃记账贸易方式

原苏联和中东欧转型国家的对外贸易以易货记账贸易方式为主。过去,原苏联对外贸易中易货贸易方式占 75%。自 1991 年起,这些转型国家改为实行按国际市场作价原则的现汇贸易。

2. 变更国家垄断外贸体制

中东欧转型国家的外贸体制变化体现在以下几个方面:第一,将原有国营专业外贸公司变为股份公司,实行自主经营、自负盈亏;第二,允许私人经营外贸,匈牙利、波兰、原捷克斯洛伐克、原南斯拉夫等国新的法律规定允许私人经营外贸;第三,放宽进出口管理,实行进口放开制度,其中,波兰除石油、钢铁、铜、化肥、武器等 10 多种商品受国家管理外,其余全部放开经营,匈牙利 1990 年把 65%～75% 的进口商品放开;第四,取消国家外贸计划,企业有权根据自己的情况制订进出口计划,取消国家财政补贴,采取退税、优惠贷款、浮动汇率等经济手段鼓励出口。

3. 改革进出口关税税率,减少或取消出口限额和许可证制度

俄罗斯在这方面的改革具有代表性。

11.4.3 俄罗斯的经济与对外贸易

1. 俄罗斯的经济与对外贸易发展概况

自 1992 年 1 月 2 日起,俄罗斯政府实行对经济的"休克疗法",一种激进的经济改革方式,其核心是全面放开物价和国营企业大规模私有化。这种改革并未使俄罗斯经济立即好转。从实施情况看,苏联解体、经互会解散,俄罗斯的世界经济地位大大下降,直到 1996 年,俄罗斯对外贸易才开始呈现出增长的势头,当年俄罗斯的实际 GDP 增长 1%,1998 年的金融危机给俄罗斯经济以沉重打击,但随后的两年其经济发展明显好转。1999 年其 GDP 增长率为 5.4%,2000 年为 8.3%,2001 年其 GDP 为 309.95 亿美元,增长率为 5%,经购买力平价调整后的人均 GDP 是 8947 美元,是中国同比数值(4329 美元)的一倍多。

转型后俄罗斯外贸逐步得到改善。从俄罗斯进出口贸易总额来看,上个世纪 90 年代前半期,俄罗斯每年对外贸易额在 600 亿～1000 亿美元之间浮动,1993 年是 699 亿美元,比 1992 年的 794 亿美元下降了 11.9%;1994 年由下降转为增长;1995 年继续增长;1996 年达到 1331 亿美元,比上年增长 5.2%;1997 年为 1360 亿美元,增长 2%。随后的年份,俄罗斯的进出口贸易在逐步继续增长(见表 11.7)。

表 11.7 1999 年—2004 年俄罗斯进出口贸易总额增长情况

年 份	1999	2000	2001	2002	2003	2004
出口额(亿美元)	755.51	1050.33	1018.84	1073.01	1359.29	1832.07
进口额(亿美元)	395.37	448.62	537.64	609.66	760.70	937.82
进出口总额(亿美元)	1150.88	1498.95	1556.48	1682.67	2119.99	2769.89
增长率(%)	86.13	131.39	103.84	108.11	125.99	130.66

资料来源:俄罗斯联邦中央银行 2006 年 2 月网上公布的资料。

俄罗斯进出口商品结构。俄罗斯有非常丰富的矿产、木材等自然资源储备,其矿产开采一直是俄罗斯的支柱产业之一,俄罗斯的木材加工和纸浆产业也很发达。在俄罗斯的商品出口结构中,能源燃料、原材料占有很大的比重。1996年,其出口商品中能源占 45%,包括出口原油 1.27 亿吨、天然气 2000 亿立方米;金属约占 15%;机器设备占 9%。根据世贸组织和联合国贸发会的数据,2001 年,其出口部门中矿产品占 59.9%、基础制造业为 18.2%,化学制品为6.2%、木制品为 4.3%、混合制造业为 3.4%。有关专家预测,俄罗斯在国际贸易市场上,在一个相对长的时期内,仍将扮演资源出口国的角色,能源燃料、矿产、木材仍将是俄罗斯对外贸易出口的主要商品。俄罗斯传统的出口商品有一部分机器、设备,但近年来,这类产品的出口数量有所减少,其主要原因可能是俄罗斯传统的机械技术产品失去了竞争优势,一些产品很难取得国际认证和进入标准化的行列。

在俄罗斯的进口商品中,尽管机器和设备在俄罗斯进口总额中的比重在逐年下降(从 1992 年的 35%减少到 1997 年的 27%),但这两类商品在俄罗斯进口总额中仍占最大比重。机器和设备的大部分是由德国、英国、意大利、法国和日本等国向俄罗斯提供贷款实现的。占俄罗斯进口总额第二大比重的是食品和原材料商品,1997 年达到了 14%。一方面,谷物、小麦、植物油进口的物量和价值量都减少了;另一方面,肉和肉制品、奶酪、黄油、糖果制品、柑橘、咖啡、酒精饮料等的订货增加了。

90 年代以后,俄罗斯外贸的另一个特点是进出口业务持续顺差。1994 年,俄罗斯出口超出进口 176 亿美元。1996 年,俄罗斯的外贸顺差创下了最高记录,达到 391 亿美元。1997 年,外贸顺差减少到 321 亿美元。2004 年,俄罗斯贸易顺差上升到 894 亿美元。俄罗斯外贸顺差增加的主要原因是原材料、黑色金属、有色金属、化工产品出口急剧增加,以及进口的大量减少,其中包括农产品和其他食品购买量大大减少。

在苏联解体前，主要商品交换是与前社会主义国家进行的，尤其是经互会成员国。如今在俄罗斯进出口贸易中，工业发达国家居主要地位。这些国家是俄罗斯能源燃料、原材料商品的主要需求国，而西欧国家、美国、日本是设备、先进技术工艺、食品、医疗用品以及俄罗斯所需其他制成品的主要供应国。1997 年，俄罗斯 70％的进口和 67％的出口是与发达国家之间进行的，与前经互会成员国进口贸易比重只占 9％，出口贸易比重占 12％，与发展中国家进出口贸易比重均为 13％。俄罗斯与工业发达国家的大部分商品贸易发生在西欧。特别是欧洲经济和货币进入"欧元"时代后，随着贸易阻碍的消除，外汇风险的减低，给俄罗斯对外贸易的发展提供良好的契机，俄罗斯与西欧一些国家形成了相对成熟和稳定的贸易关系。我国占俄罗斯联邦的外贸比重不大，但近几年增长较快，1999 年我国与俄罗斯的进出口贸易额是 57 亿美元，比上年同期增长 4.4％。2000 年是 80 亿美元，同比增长 39.9％[①]。

贸易方式发生了改变。长期以来，原苏联和东欧国家的对外贸易以易货记账贸易方式为主。1991 年俄罗斯联邦成立后，实行自由贸易，其对外贸易按国际市场价格作价的现汇贸易方式结算贸易收支。

2. 俄罗斯的对外贸易政策与措施

(1)改革进口关税税率

1992 年 7 月 1 日，俄罗斯开始试行《临时进口关税税则》，税率幅度为 5％～22％。当时，俄政府把进口商品的国家划分为发达国家、发展中国家和不发达国家三类。从发展中国家进口的商品，凭原产地证书"A"享受减半征收进口税的待遇；从不发达国家进口的商品，凭证免税。

1993 年 3 月 15 日，俄罗斯决定从次年 4 月 1 日起，随国际上通用的协调税目所规定的 94 类商品一律实行新的统一进口税率，税率幅度为 5％～150％。并规定对与俄签订双边贸易协定的发展中国家实行优惠税率，即在普通税率的基础上减半征税，但必须凭原产地证书"A"。

1994 年 9 月，俄罗斯政府向国际货币基金组织和世界银行提交了《俄罗斯政府关于 1994 年底及 1995 年若干经济政策的备忘录》。同时，俄外交部还拟定出一份草案，表示将逐步降低进口税，决定在三年之内将进口税的平均水平降低到 10％以下。

俄罗斯政府决定 1998 年对部分进口商品采取提高进口税率、制定进口限额

---

① 根据国务院发展研究中心欧亚社会发展研究所提供的数据，转引起《东欧中亚市场研究》的综合资料，2002 年第 4 期。

和发放进口许可证等三项控制措施。

（2）改革出口关税税率

自 1992 年年初以来，俄罗斯对出口税先后进行了多次变更。其中 1992 年 12 月 11 日的变更，使俄罗斯出口关税税率水平普遍下调，课税从以前的 75 大类商品减少到 53 大类。从 1993 年 11 月 1 日起执行新出口关税税则，这一税则的主要变化有两点：一是课税范围由先前的 53 大类商品减少到 29 大类，免除畜产品及其加工品、部分种类的食品、工业品等的出口关税；二是出口关税税率普遍下调，从先前的 5％～70％降低到 3％～25％。其中农产品和粮食下调幅度最大，部分种类的有色金属及其原料下调幅度也较大。

根据 1994 年 9 月俄罗斯向国际货币基金组织和世界银行提交的《备忘录》，到 1994 年底，俄罗斯取消农产品的出口税。其他出口商品税率的平均值比年初降低 50％，到 1995 年底取消所有出口商品的关税。

（3）减少、取消出口限额与许可证

1992 年 11 月 6 日，俄罗斯政府第 854 号决议确定出口限额和许可证制度。1994 年 4 月，俄罗斯同国际货币基金组织签订了一项协议。协议规定，俄罗斯应在 5 月份以前取消对除原油、柴油、天然气、电力、铜、铝以外的所有出口商品的数量限制。

在俄罗斯政府向国际货币基金组织和世界银行提交的《俄政府关于 1994 年底及 1995 年若干经济政策的备忘录》中明确提出，从 1995 年 1 月 1 日起，取消对石油和石油制品出口的许可证、配额管理，建立起以竞争为基础的石油产品出口体制。

（4）争取加入世界贸易组织

1993 年 6 月，俄罗斯正式申请加入关税总协定。1995 年 1 月 1 日世界贸易组织建立后，举行加入世界贸易组织的谈判，并已成为世贸组织的观察员，目前仍然在为争取早日加入世界贸易组织而努力。

11.5　中国的对外贸易

11.5.1　中国对外贸易发展概况和特点

新中国成立后到 1978 年前，中国经济在美国与苏联等国的多重打压下，不得不采取"自力更生、艰苦奋斗"的封闭式、内向型、极端进口替代的贸易发展战略,对外贸易经历了一个异常艰难的发展过程。统计资料表明,中国对外贸易总额在 1950 年只有 11.3 亿美元,到 1978 年也仅 206.4 亿美元。虽然年均增长率为 11%,但我国对外贸易总额占世界贸易总额的比重极小,1953 年这一比重是1.5%,而 1977 下降到了 0.6%。闭关自守的代价是如此之大,以至于直到 1992年,即执行对外开放政策 15 年后,中国对外贸易总额占世界贸易总额的比重才恢复到 1928 年 2.8% 的水平[1]。

改革开放以来,中国对外贸易的发展状况和主要特点可以总结如下。

1. 对外贸易规模不断扩大,增速较快

2004 年我国对外贸易总额突破了 1 万亿美元,达到 11547.7 亿美元,比1978 年的 206.38 亿美元增长了 56 倍。中国外贸增长率高于国内生产总值和世界贸易增长率。1978－2003 年,我国对外贸易年均增速为 23%,同期的国内生产总值年均增速为 15%,世界贸易年均增速为 7%。我国对外贸易在世界贸易中的地位也显著提高,2004 年中国对外贸易总额已位居世界第三(见表11.8)。

表 11.8　中国对外贸易在世界贸易中的比重和名次

年份	1978	1997	2000	2001	2002	2003	2004
名次	32	10	7	6	5	4	3
比重(%)	1	3.3	4.3	4.41	4.86	5.45	6.2

资料来源:根据中国统计网上数据编制。

2. 进出口商品结构不断优化

表 11.9　中国进出口商品结构变化情况　　　　　　单位:%

年份		1980	1985	1990	1995	2000	2004
初级产品	出口	53.4	54.2	25.7	14.4	10.2	6.83
	进口	34.8	17.1	18.5	18.5	20.8	20.9
工业制成品	出口	46.6	45.8	74.3	85.6	89.6	93.17
	进口	65.2	82.9	81.5	81.5	79.2	79.1

资料来源:根据中国统计网上数据编制。

　　　[1]　吴敬琏:《当代中国经济改革》,上海远东出版社 1999 年版,第 333 页。

(1)从出口商品结构看

第一,如果以初级产品和工业制成品的大类划分,中国工业制成品出口比重不断上升,现已占出口额的绝大部分,2004年工业制成品已占我国对外贸易出口总额的93.17%(见表11.9)。

第二,机电产品出口增速加快,出口额从1985年的16.7亿美元增长到2004年的3234亿美元,占全国出口总额的比重从1985年的6.1%上升到2004年的54.5%。这表明中国制造业在经济全球化的过程中成功地承接了国际制造业转移,参与经济全球化的程度在不断加深。

第三,高新产品出口额从1997年的163.1亿美元增长到2004年的1655.4亿美元,相应地占全国出口产品总额的比重从8.9%上升到27.9%。

第四,轻纺产品出口绝对值一直在上升,但占全国出口总额的比重总体呈下降趋势。纺织服装产品出口从1998年的428.54亿美元上升到2004年的1655.4亿美元,但占全国出口总额的比重却从1998年的23.32%下降到2003年的18.36%。

中国出口商品结构有待于进一步优化,因为我国出口商品仍以劳动密集型产品为主,出口商品的技术含量和附加值相对较低。

(2)从进口商品结构看

中国进口商品中以工业制成品占多数,初级产品占相对少数比重。但多年来,我国进口商品结构的变化相对较小,初级产品和工业制成品的比重较为稳定(见表11.9),1980年我国初级产品和工业制成品的进口分别是34.8%和65.2%,到了2004年相应的数据分别是20.9%和79.1%。"九五"期间,中国进口商品结构升级显著,以信息、通讯类产品为主的高新技术产品进口大增,技术引进项目和金额成倍增长,而同时国内技术和生产能力逐步完善的进口商品大幅度减少。

3. 对外贸易方式多样化

改革开放前,中国只有一般的商品贸易。改革开放后,除原有的贸易方式外,中国还采用加工贸易、补偿贸易、边境贸易、电子商务等多种方式开展对外贸易。

4. 外贸经营主体多元化

(1)20世纪90年代以来,外商来华投资迅猛增加,外商投资企业的进出口额随之大幅增长,1996年外商进出口贸易额占我国进出口贸易总额的比重是47.3%,2004年上升为57.4%,外商投资企业已成为中国对外贸易的中坚力量。

(2)由于受多种因素影响,国有外贸企业进出口额在对外贸易总额中的比重不断下降,从1997年的50.4%一直下降到2004年的28.5%。集体、私营及其他形式企业近年来已成为中国外贸进出口增长中最活跃的因素,它们的贸易额占中国对外贸易总额的比重不断上升,从2000年4.7%上升到2004年的14.0%。

5. 从对外贸易地理方向看,中国进出口市场不断扩大

改革开放20多年来,特别是90年代以后,由于推行市场多元化战略,使中国进出口贸易的地理方向逐渐向全方位发展,中国对外贸易基本上摆脱了严重依赖西方发达国家和前苏联东欧国家的局面,呈现出主要贸易伙伴和地区多元化同步发展的格局。至2004年,我国已与世界228个国家和地区建立了经济贸易关系。2004年我国的前十位贸易伙伴是欧盟、美国、日本、中国香港地区、东盟、韩国、中国台湾、俄罗斯、澳大利亚、加拿大,当年它们对中国的进出口额占中国对外贸易总额的百分比依次为15.4%、14.7%、14.5%、9.8%、9.2%、7.8%、6.8%、1.8%、1.8%、1.3%,总体占我国进出口贸易总额的83.1%。同时近年来,我国同拉美、南亚、中东、非洲和独联体、中东欧国家间的贸易也在急速发展,这些国家占我国商品进出口总额的比重日益上升,其中同印度、巴西、墨西哥等发展中大国的年商品贸易额均超过了20亿美元。

11.5.2 中国对外贸易体制改革

改革开放前,我国的对外贸易在计划经济体制影响下,长期处于一种"互通有无,调剂余缺"的辅助的、从属的地位,只是国内生产的简单延伸,只能被动地跟着国内生产走,而不能对国内生产发挥积极促进作用。这种外贸体制的基本特征是:国家高度垄断对外贸易,并由政府直属的国营外贸公司统一经营、统负盈亏,企业没有任何经营自主权。

1978年12月,我国制定了以经济工作为中心,对内改革、对外开放的新政策方针,中国对外贸易体制改革提到议事日程。中国对外贸易体制改革的历程大体上可以分为三个阶段:1978—1987年为第一阶段;1988—1992年为第二阶段;1992年至今是第三阶段。

第一阶段,改革的主要特点是:中央在外贸领域逐步放权,并减少指令性计划的控制。在放权方面,主要是中央向地方下放外贸经营权和审批权,把原来拥有外贸经营权的外贸企业从1978年的12家猛增到数千家;在计划控制方面,强调指令性计划、指导性计划和市场调节相结合,改变单一指令性计划的管理模式。根据这项改革,国家进出口商品计划收购从原来的3000多种,逐步减少到不足100种;国家又缩小了指令性计划的管理范围,使得多数进出口产品由各类

外贸公司放开经营。

第二阶段,我国外贸体制改革的主要特点是:全面推行对外贸易实行承包经营责任制,计划控制的范围进一步缩小。改革的主要内容是:改进外贸计划和财务体制,以1988年出口计划为基数核定各外贸企业的出口收汇、上缴外汇和出口盈亏三项指标,且保持三年不变,让各类外贸企业自负盈亏;同时,改变地区差别的外汇留成方法,实行按不同大类商品全国统一的外贸留成比例,以创造平等的竞争条件;取消出口补贴;建立健全外汇调剂市场,使对外贸易逐步走上统一政策、平等竞争、自主经营、自负盈亏、工贸结合、推行代理制和实行分级审批许可证的轨道。这一阶段,出口受计划控制的商品从1988年的21种降低到1992年的14种,指导性计划管理的商品从91种下降到6种。

第三阶段,在外贸管理体制方面,强化经济手段,改革主要是以降低关税和减少非关税壁垒为特征。在减税方面,从1991年开始逐步降低进口商品的关税,使我国关税的算术平均税率由1992年的39.9%降低到2000年的15%。降税涉及的产品范围很广,既包括国内短缺的原料和供应不足的机械设备,又包括国际上普遍受保护的农产品,以及对国内产业有竞争压力的小汽车、彩电等工业制成品。在非关税措施方面,从1992年以来,为推进亚太经合组织贸易自由化的进程,我国在放宽非关税管制、取消进口许可证、削减补贴和降低服务部门准入门槛等方面做出了重大的承诺,进行了多次改革。根据中国政府在入世议定书中所作的承诺,2005年中国取消所有工业品非关税措施,农产品补贴占农产品增加值的比重也将限制在8.5%以下,并逐步开放基础电信、金融、法律、会计、分销、房地产、计算机软件和系统等服务市场。

概括地说,我国的外贸体制改革目标是促进进出口、保护国内产业和参与多边贸易自由化进程。改革的最终目标是建立一个政府干预较少、实行自由贸易的体制,也即实现贸易自由化。

11.5.3　中国对外贸易的政策调整

从1978年以来的改革过程中,我国所面临的国内外环境发生了很大的变化,使我国的贸易政策也相应地进行了相当大的调整。

1. 鼓励出口方面

长期以来,我国对外贸易政策的基本点是为国内企业和市场提供过度的保护,其结果是企业失去了技术进步的动力,导致国民经济一直处于极低效率运行的状态下,随着对外开放和我国参与经济全球化进程的深入,我国对外贸易政策的重点已从过去单纯的保护国内市场转向鼓励出口,国家推出了贸易补贴、外汇留存、出口退税以及用于出口的进口关税减免等多种优惠政策,但是在实践中这些政策都先后发生演变。其中,贸易补贴增加了财政负担,不利于外贸企业成为自主经营、自负盈亏的实体,1988 年国家实行承包定额补贴制度,逐步减少财政对对外贸易亏损的补贴,直至 1991 年取消了对外贸易企业的这种财政补贴。外汇留成制度在 1994 年正式取消。我国于 1985 年 4 月经国务院批准后正式实施出口退税的制度,历经多次改革,对出口退税的管理也逐步完善。

2. 对外贸易的关税手段方面

建国初期,我国平均关税相当高。随着改革开放和对外贸易的发展,我国逐步加强对关税政策手段的控制和管理,1985 年我国正式发布了新的《中华人民共和国进出口关税条例》,并于 1987 和 1992 年先后对其修订。如今我国的关税水平已大大下降,虽然名义关税水平比许多国家高(目前未加权的平均关税率为12%),但已处于很低的水平上。

3. 非关税壁垒方面

20 世纪从 80 年代初期起,我国的非关税壁垒是逐步提高的,先后采取的主要措施有进出口许可证、进口配额、进口检验措施、指定经营、外汇管理以及行政控制等。目前,我国进口许可证、指定经营和进口配额正逐步消减,进口检验措施已和 WTO 的要求基本一致,但还需要在简化程序、统一检查、统一条款等方面作进一步的努力。从 1996 年起,我国实现了人民币在经常项目下的有条件兑换,使外汇管理作为一种非关税壁垒基本上退出了历史舞台。实施行政控制的措施主要是为了扶持机电产业,控制相关产品进口的目的。20 世纪 90 年代以来,由于各级政府先后制定了许多透明度不高的内部规定、目录管理及进口替代清单,为了入世谈判和国内统一市场的建设,国务院设立专门机构,负责相关地方法规的清理。在控制机电产品的进口时,决定今后只执行那些公布的法律、规定、规则和条例,以取代过去的内部规定和目录管理;进口替代清单也在逐步减少和废除。自从 2001 年 12 月 1 日加入 WTO 后,我国已经清理了全部原有内部行政控制措施,并及时公布了一大批符合乌拉圭协议要求的法律法规文件。

⇨ 【本章小结】

本章对当今世界三大类国家(发达国家、发展中国家和中东欧转型国家)和主要贸易国家的贸易现状和特点作了概括性分析与总结。主要分析其贸易地位、贸易政策、贸易结构及贸易地理方向等。目的是掌握当今世界国际贸易的格局与发展方向。

⇨【案例分析】

中美彩电、家具倾销与反倾销问题

中国加入世界贸易组织后,中美经贸关系中的许多问题正在消除,如最惠国待遇、市场准入等部分老问题得到了解决,但另外一部分老问题和新争端又逐步上升为双边贸易摩擦的焦点。2003 年,反倾销继续成为中美贸易摩擦的焦点。2003 年 11 月 24 日,美国初步裁定在美国市场倾销彩电的中国彩电生产商包括长虹、厦华、TCL、康佳公司。并将对华彩电倾销率确定为 27.94％～45.87％,其中长虹为 45.87％、TCL 为 31.35％、厦华为 31.7％、康佳为 27.94％,其他彩电企业为 40.84％[①]。较高的反倾销税不仅严重削弱中国产业的国际竞争力,而且影响中国彩电生产的大企业对美出口,而且将直接给中国企业造成高达 4.8 亿美元的损失。同年 7 月,由美国 14 家家具生产企业组成的美国家具生产商合法贸易协会也联合向美政府递交了反倾销申请,声称中国产品已对美国家具行业造成严重打击。

案例点评

特别需要指出的是,在中美协议中,关于反倾销条款的内容,允许美国维持其现有的反倾销方法,即将中国作为非市场经济国家对待,且这一条款的有效期长达 15 年。但是,美国在处理对中国的所谓反倾销中经常违背 WTO"客观、公正"的原则,滥用中美协议中关于允许美国维持其现有的反倾销方法的条款。美国在对华产品反倾销诉讼裁决中,采用信息完全不可靠的商品价格来衡量中国商品价值。例如在对华彩电反倾销诉讼初裁中,美商务部采用从一非官方网站上获得的高于实际价格 50％的所谓替代价值来计算长虹该类彩电的公平价值,而不采用另一中国公司提供的 25 英寸 CRT 彩色显像管的市场经济购入价格来计算长虹的 25 英寸 CRT 彩电的价值;采用从同一非官方网站上获得的高于实际价格 16％的所谓替代价值来计算其他中国公司的 29 英寸 CRT 彩电的公平价值,却不采用长虹提供的 29 英寸 CRT 彩色显像管的市场经济采购价格,来衡量其他中国彩电厂家生产的 29 英

---

① 赵瑾:《中美经济摩擦的焦点和主要问题》,《世界经济》2004 年第 3 期。

寸 CRT 彩电的公平价值。这一做法不能保证美国在确定正常价值时实施的"替代价值"政策完全符合《1994 年关贸总协定》中的相关规定。美国对华实施"替代价值"政策过程中违背 WTO"客观、公正"原则的行为,使中国企业遭受莫大危害,对中国的外贸产生了极为不利的影响,也严重阻碍了中美贸易的正常发展。

【思考练习】

1.战后发达资本主义国家对外贸易发展的主要特点是什么?

2.战后美国对外贸易发展状况与特征是什么?

3.战后日本对外贸易的政策与措施有哪些?

4.欧盟所实行的对外贸易政策有哪些具体内容?

5.发展中国家对外贸易的基本特点是什么?

6.发展中国家通过什么措施拓展出口市场?

7.试论述 20 世纪 90 年代以来中东欧转型经济国家的对外贸易状况。

8.改革开放以来,中国对外贸易的主要特点是什么?

参考文献

1. 〔美〕Paul R. Krugman, Maurice Obstfeld. 国际经济学理论与政策（英文版,第 5 版）. 北京:清华大学出版社,2001.

2. 〔美〕Dennis R. Appleyard Alfred J. Field, Jr. 国际经济学. 北京:机械工业出版社,2003.

3. 〔德〕Peter K. Corneelius,〔美〕Michael E. Porter,〔瑞士〕Klaus Schwab. 世界经济论坛 2002—2003 年全球竞争力报告（The Glolal Competitiveness Report 2002—2003）（翻译版）. 北京:机械工业出版社,2003.

4. 王珽玖,李小北. 国际贸易学. 北京:经济管理出版社,2002.

5. 刘家顺,张知宝. 现代国际贸易. 北京:机械工业出版社,1995.

6. 赵伟. 国际贸易——理论政策与现实问题. 大连:东北财经大学出版社,2004.

7. 尹翔硕. 国际贸易教程. 上海:复旦大学出版社,2001.

8. 贾建华. 新编国际贸易理论与实务. 北京:对外经济贸易大学出版社,2003.

9. 陈宪. 国际贸易——原理·政策·实务. 上海:立信会计出版社,2003.

10. 朱钟棣,郭羽诞,兰宜生. 国际贸易学. 上海:上海财经大学出版社,2005.

11. 刘慧芳. 国际贸易理论、政策与实务. 北京:中国经济出版社,2005.

12. 张二震,马野清. 国际贸易学（第 2 版）. 南京:南京大学出版社,2003.

13. 托马斯·孟. 英国得自对外贸易的财富. 北京:商务印书馆,1959.

14. 李斯特. 政治经济学的国民体系. 北京:商务印书馆,1981.

15. 凯恩斯. 就业、利息和货币通论. 北京:商务印书馆,1983.

16. 薛荣久,张玮,唐宜红. 国际贸易. 北京:对外经济贸易大学出版社,2005.

17. 王新奎. 国际贸易. 上海:上海人民出版社,2003.

18. 战勇. 国际贸易. 大连：东北财经大学出版社, 2005.

19. 盛洪昌. 国际贸易. 北京：中国人民大学出版社, 2004.

20. 陈同仇, 薛荣久. 国际贸易. 北京：中国商务出版社, 2006.

21. 隆国强. 加工贸易——工业化的新道路. 北京：中国发展出版社, 2003.

22. 裴长洪. 中国对外经贸理论前沿(4). 北京：社会科学文献出版社, 2006.

23. 王世浚. 国际经济合作理论与实务. 北京：对外经济贸易出版社, 1997.

24. 北京国际问题研究中心. 分化与组合——转变中的世界. 北京：中国人民公安大学出版社, 1993.

25. 伍贻康, 周建平. 区域性国际经济一体化的比较. 北京：经济科学出版社, 1994.

26. 李湘黔. 国际贸易导论. 北京：国防科技大学出版社, 2005.

27. 赵玉阁. 中国对外贸易教程. 北京：科学出版社, 2004.

28. 张相文. 国际贸易学. 武昌：武汉大学出版社, 2004.

29. 江林, 王玉平著. 关贸总协定法律体系运用指南. 上海：华东师范大学出版社, 1993.

30. 戴超平. 国际服务贸易概论. 北京：中国金融出版社, 1997.

31. 刘勇. 论服务贸易自由化. 高教研究与实践, 2005(5)

32. 孔祥俊. WTO 知识产权协定及其国内适用. 北京：法律出版社, 2002.

33. 陈春洁. 中国入世问题报告. 北京：中国社会科学出版社, 2002.

34. 仲鸿生. 世界贸易组织(WTO)规则. 大连：东北财经大学出版社, 2006.